学校课程发展
精品丛书

丛书主编

舒小红 / 杨四耕

主编

舒小红

在地文化与课程图谱

华东师范大学出版社

·上海·

图书在版编目（CIP）数据

在地文化与课程图谱/舒小红主编. —上海：华
东师范大学出版社，2020
（学校课程发展精品丛书）
ISBN 978 - 7 - 5760 - 0718 - 3

Ⅰ.①在… Ⅱ.①舒… Ⅲ.①地方文化—课程设计—
中小学 Ⅳ.①G633.98

中国版本图书馆 CIP 数据核字（2020）第 164633 号

学校课程发展精品丛书

在地文化与课程图谱

丛书主编　舒小红　　杨四耕
主　　编　舒小红
责任编辑　刘　佳
项目编辑　林青荻
责任校对　梁梦瑜　　时东明
装帧设计　风信子

出版发行　华东师范大学出版社
社　　址　上海市中山北路 3663 号　邮编 200062
网　　址　www.ecnupress.com.cn
电　　话　021 - 60821666　行政传真 021 - 62572105
客服电话　021 - 62865537　门市（邮购）电话 021 - 62869887
地　　址　上海市中山北路 3663 号华东师范大学校内先锋路口
网　　店　http://hdsdcbs.tmall.com/

印 刷 者　浙江临安曙光印务有限公司
开　　本　787×1092　16 开
印　　张　15.5
字　　数　243 千字
版　　次　2021 年 2 月第 1 版
印　　次　2021 年 2 月第 1 次
书　　号　ISBN 978 - 7 - 5760 - 0718 - 3
定　　价　46.00 元

出 版 人　王　焰

（如发现本版图书有印订质量问题，请寄回本社客服中心调换或电话 021 - 62865537 联系）

丛书总序

　　区域课程改革既受国家课程改革政策影响,又与学校课程变革主体意愿相关。无论是国家课程改革的落地,还是学校课程变革的统领,都和区域这个中间环节密不可分。就区域课程改革推进模式而言,主要有"自上而下"的空降模式、"自下而上"的草根模式和"平行主体"的分布模式等三种。从宏观角度看,自上而下的课程变革层级设计是最有效的;从微观角度看,自下而上的课程变革主体参与是最重要的;从文化角度看,平行主体的课程变革激励分享是最有意义的。面对各种课程变革模式,如何取长补短是区域课程改革的路径选择和实践智慧。

　　美国当代教育改革家约翰·I.古德莱德(John I. Goodlad)和克莱因(M. Frances Klein)、肯尼思·A.泰伊(Kenneth A. Tye)提出"课程层级论"思想,他们将课程分为五个层级:(1) 理想的课程,由研究机构、学术团体和课程专家倡导的、以纯粹形式呈现的课程形态。这类课程是否产生实际影响,主要看它是否为官方所采纳;(2) 正式的课程,是获得州和地方学校委员会同意,由学校和教师采用的课程,也就是列入学校课程表的课程;(3) 领悟的课程,指头脑中领悟的、理解的课程,被官方采纳的正式的课程会以学科形式呈现,经教师理解和领悟进入实施状态;(4) 实施的课程,教师根据具体的教育情境,对"领悟的课程"作出调整使之成为"实施的课程",进入课堂教学;(5) 体验的课程,这是学生实际体验到的课程,尽管经历了同样的课程与学习,但不同学生会获得不同的学习体验,该层次的课程是对整个课程组织流转的最终检验和落实。①

　　在古德莱德看来,上述五个课程层级,每个课程层级都必须进行三个方面的探究:一是实质性探究,包含对课程目标、学科内容以及教材等课程实体要素的本质和价值研究;二是社会性探究,包括对人类发展过程的研究,通过"政治—社会"研

---

① John I. Goodlad and Associates (eds.). Curriculum Inquiry: the study of curriculum practice[M]. New York: McGraw Hill, 1979: 344 - 350.

究看到利益倾向及其因果关联;三是专业性探究,主要从"技术—专业"角度考察个体或群体对课程的设计、维护和评价,进而改进、推动或者更新课程。① 前两个方面主要探究课程的价值与原理,后一个方面主要探究课程的技术与实践。古德莱德认为每个层级的课程都必须对其本质与价值、政治与社会、技术与专业进行细节性地审视和实践化处理,才能真正促使课程一层一层地垂直落地。

古德莱德"课程层级论"揭示了课程从理论形态到实践形态的运动过程,使人们对课程概念的理解从静态角度转换到动态角度,真正把课程看成是层次化、系统化和生态化的复杂系统,使我们既看到课程的宏观系统,又看到课程的微观层面;既关注原理的探究,又关注实践的落实,对课程从哪里来,要到哪里去,从时间流上考察清楚了。

按照古德莱德"课程层级论"思想,课程改革从区域布局到学生学习整个自上而下的"课程链"有五个层级:(1) 区域层面,代表国家,推行"理想的课程";(2) 学校层面,基于本校,规划"正式的课程";(3) 科组层面,立足学科,设计"理解的课程";(4) 教师层面,深耕课堂,创生"实施的课程";(5) 学生层面,聚焦学习,获得"经验的课程"。每个课程层级内部有一个"势能储层"。按照《简明不列颠百科全书》的解释:势能是由系统各部分的相对位置所决定的储能,势能是系统的特性而不是单个物体或质点的性质。② 势能是个状态量,是相互作用的物体所共有的。我们用"势能储层"这个概念来表达在一个课程层级内的若干要素之间的相互作用情况,每个课程层级就是一个"势能储层",该层级内部各要素,如资源、环境、主体等相互作用,产生一定的"能量",进而推动着课程变革进一步落地,形成区域课程改革的瀑布模型(见图 1)。

1. 区域层面:代表国家,推行"理想的课程"

区域层面如何以国家课程政策为依据,以学科课程标准为基础,整合性地推进"理想的课程"落地?课程是最重要的改革载体,区域课程改革必须立足实际,基于"五育并举"的要求,把对学校发展、教师发展以及学生发展产生影响的各种因素及

---

① (瑞典)胡森,(德)波斯尔斯韦特.教育大百科全书　第 7 卷[M].重庆:西南师范大学出版社,2006:109.

② 姜椿芳.简明不列颠百科全书　第 7 卷[M].北京:中国大百科全书出版社,1986:323.

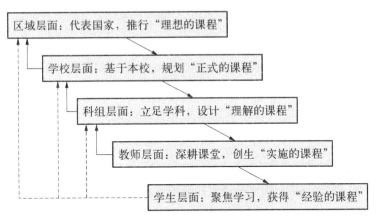

图 1 区域课程改革的瀑布模型图

资源进行整合考虑,建构系统的区域课程变革框架。南昌市东湖区组织各层面专家学者以及校长头脑风暴,广泛听取意见,对区域课程改革进行了梳理和归纳,通过充分调查研究,出台了《南昌市东湖区教育科技体育局关于提升中小学课程品质的指导意见》。这是一份"理想的课程"如何落地的宣言书,该指导意见从意义、目标、重点工作和保障措施四个方面为区域课程改革提供操作性指导意见,其目标在于"实践导向、精细设计,以点带面、聚焦特色,整合力量、共同发展",优化工作机制,整合教研、科研、培训、督导等方面的力量,培育一批有推广价值的课程改革经验,促进区域课程品质整体提升;重点工作聚焦在完善课程体系,加强课程建设,改进课程实施,促进课堂转型,构建多元评价体系等方面;本着"先行试点、积极探索、逐步推广、全面推进"的要求,积极稳妥地推进中小学课程改革,提升学校课程品质。应该说,通过区域课程改革政策设计,系统规划了区域课程改革,提高了区域课程改革的理解力和设计力。

2. 学校层面:基于本校,规划"正式的课程"

学校层面如何立足本校实际,推进课程深度变革呢? 这一课程层级可以研制学校整体课程规划为抓手,规划"正式的课程",进而提升学校课程领导力。南昌市东湖区每所学校均以校长为核心组建学校课程领导小组。学校课程领导小组牵头研制学校整体课程规划,建立与学校内涵发展相匹配的课程体系,提升学校课程品质。学校整体课程规划关注以下七个关键问题:(1) 分析学校课程情境,明确学校课程变革的家底;(2) 确定学校课程哲学,把握学校课程变革的价值取向;(3) 厘定学校课程目标,引领学校课程方向;(4) 设计学校课程框架,建构学校课程体系;(5) 布局学校课程实施,转变课程育人方式;(6) 改进学校课程评价,提升学校课程品质;(7) 探索学校课程管理,保障课程扎实落地。学校根据自身实际情况,以内涵发展为中心,通过整体课程规划,优化学校课程结构,设计适合学生发展的课程体系,有逻辑地推进学校课程变革。① 学校课程变革是一个不断研究、深化的过程,学校整体课程规划本质上是以校长为核心的领导团队关于课程的价值判断力、目标厘定力、框架建构力、实施推动力和管理保障力的探索过程,是课程领导团队通过研究系统规划"正式的课程"的过程。

3. 科组层面:立足学科,设计"理解的课程"

学校是有明确职能分工的科层组织,学科教研组是其中最重要的业务组织。学科教研组层面如何立足学科,设计"理解的课程",便是这一课程层级需要思考的问题。在南昌市东湖区,我们推进学校学科教研组研制学科课程群建设方案,促进教师理解课程的真谛,进入课程领域,发现课程的意义。立足学校与学科实际,学科课程群建设方案主要从以下六个维度进行设计:(1) 确定学科课程哲学,把握学科课程价值观;(2) 厘定学科课程目标,细化学科核心素养要求;(3) 设计学科课程框架,活化学科课程内容;(4) 布局学科课程实施,转变学科学习方式;(5) 改进学科课程评价,提升学科课程品质;(6) 探索学科课程管理,保障学科课程落实。实践证明,学科是中小学教师的专业家园,学科教研组组长是学科课程建设的带头人,是学科课程的主要决策者。通过学科课程群建设方案的设计,带领学科教师走进课程世界,在课程实践中不断建构分享型组织文化,是一所学校课程变革的一个重要维度。

4. 教师层面:深耕课堂,创生"实施的课程"

教师即课程,教师的课程理解决定着教师的教学行为。教师创生课程是专业自主权发挥的体现,是个性化教学生成的重要标志。有学者认为"教师即课程"有两个内涵:其一,教师是课程的内在要素,是课程的有机组成部分;其二,教师是课

---

① 杨四耕.学校课程变革的逻辑与深度[J].中小学教育(人大复印资料),2016(7):45-47.

程的创造者,创造课程是教师的责任。[①] 立足课堂教学,教师创生着最现实、最富有实践感的课程,也就是"实施的课程",其中包含师生关系在内的隐性课程、学科知识的经验再现课程以及拓展延伸的生成课程等表现形态。在南昌市东湖区,我们倡导教师从四个方面激活课程:一是培育课程敏感,让教师在课堂教学中,富有学科育人意识,有迅速捕捉课程资源的机智,充分发展课程的意义;二是提出教学主张,让教师把握学科本质,深化课程理解,对学科课程的理解,在一定意义上就是对学科本质的探寻;三是立足儿童成长,让课堂洋溢生命感,让课程成为给予儿童最重要的礼物,成为支持学生的创造和生长的资源;四是激活课程创生,在鲜活的教育情境中创生课程,践行"教师即课程"的美好追求。从静态知识观到生成课程观,从知识的预设到课程的创生,教师在课堂教学中充分发挥课程实施的主体创造性,实现对课程的情景性理解和把握,全面增值课程的育人价值,这就是"深耕课堂"的意涵,这就创生了"实施的课程"。

5. 学生层面:聚焦学习,获得"经验的课程"

"经验的课程"是学生实际体验到的课程,是儿童经验的改组和改造,是课程运行的最终归宿和效果落实。为了丰富学生的学习经历,促进儿童获得有价值的"经验的课程",在南昌市东湖区,我们强调以下四点。其一,准确把握学科知识的育人价值。学科知识是系统化的人类经验,有其特别的价值。我们倡导以生动的事实与学科知识有机结合的"课程微处理",让儿童从经验中学习,"行动就变成尝试,变成一次寻找世界真相的实验;而承受的结果就变成教训——发现事物之间的联结"。[②] 其二,实现学科知识和学生经验的全面联结。课程既包括静态的知识体系,也包括动态的学习过程,知识体系和经验世界共同构成了课程的风景,促进二者的融通是经验增值的途径。没有学生的经验活动过程,学科知识只是"死的符号",是没有意义的。其三,寻找课程内容与学生经验的最佳结合点。学科知识中的概念归纳、逻辑推理、事理演绎,都必须以学生的生活经验为基点,使学科知识贴近儿童的生活体验,让知识逻辑变为学生可感的经验表达,促使琐碎的经验事实不

---

① 陈丽华.教师即课程:蕴涵与形式[J].课程·教材·教法,2010(6):10.
② (美) 约翰·杜威.民主主义与教育[M].王承绪,译.北京:人民教育出版社,1990:149.

断地向系统的知识逻辑发展。其四,引导学生进行真实的经验探索和评述。经验是具体的尝试过程,学生不能在被动静听中获得经验,只有在亲自"做"的过程中才能发展出真实的经验。教学要为学生提供经验探索的环境,引导学生主动尝试、积极求索,在发现问题和解决问题中获得经验,表述和评价经验的形成过程和成果。

综上所述,区域课程改革是镶嵌于上述五个"课程层级"中的若干不同主体、不同事件和活动构成的系统运作过程,由上至下构成了一个瀑布式课程推进模型。瀑布给人雄伟、壮观的印象,大家可以想象一下这样的画面:瀑布的上方有个储水池,溪流源源不断地往储水池注水,当池面水位达到一定高度,就会在水池边沿溢出,形成壮观的瀑布场景。溪水倾泻到瀑布底端后,又流进了一个储水池,当水面达到一定高度后又会溢出流入下一个水池,如此一层层往下流动,形成连续的瀑布场景。区域课程变革过程也像这样一个瀑布流,在每个"课程层级"都需要经历"储能"的过程,就像溪水流入每一个储水池,都需要时间积累和事件增值,当水位达到一定高度才发生溢出效应。

事实上,区域课程改革是通过设计一系列阶段性项目任务而展开的,从问题界定到需求分析,从项目确定到策略选择,从项目推进到评估反馈,每一个阶段的项目任务都有明确的内容,都会产生瀑布效应。课程改革项目进程从一个阶段"流动"到下一个阶段,逐步落实与推进,并溅起无数"浪花",形成整体"水幕"的过程,我们可以称之为瀑布式课程改革过程。[①] 从深层次看,瀑布式课程改革是课程政策由外部向内部、由宏观向微观、由理念构建向实践创新转换的关键所在,整个过程包含界定问题、需求定位、项目聚焦、策略选择、触点变革、项目推广、评估反馈等阶段。通过瀑布式推进,区域课程改革氛围可以浓郁起来,课程改革项目可以落地有声。

杨四耕
2020 年 6 月 18 日于上海市教育科学研究院

---

① 杨四耕.区域课程改革的瀑布式推进[N].中国教师报,2017-8-16(13).

目 录

学校课程哲学决定着课程的价值取向,是课程价值批判的工具,也是课程不断推进和实践的方法,制约着课程观的产生、发展和变革。课程哲学的积淀性源于其深刻的历史背景。课程哲学在学校在地文化的浸润与支撑下,在学校的课程历史与传统中,保持着鲜活的生命力。学校课程哲学因在地文化的独特价值拔新领异,是饱满的教育情怀和直抵精神内核的诗意呈现。

课程目标是课程的灵魂,课程育人,课程的目标就是培养德智体美劳全面自由发展、适合社会需要的人。只关注课程的目标及其实现远远不够,更应关注学习过程中的个人发展。学生的内在生长,是在一定的在地文化与情境下发生的,厘清在地历史文化和社会脉络,将有效促进儿童经验的延展。注重理解课程目标在文化、历史等方面对个人的影响,从而确立适合校情与学情的有层次的课程目标,用独特图像再造源于地方又联系全球的特色学校课程目标。

第三章│ **课程架构: 在地文化的系统关联**　　　　／ 075

课程架构是课程体系的骨架,体现出一定的课程理念和课程设置的价值取向,通过与环境、与文化的相互作用形成一个完善的促进环。深度剖析在地文化,着力挖掘在地文化资源,科学合理化课程架构,在经验与外在环境相互作用的经验改造中,建构基于本校在地文化的特色课程架构,促进学生个性发展,开发学生内在世界。

第四章│ **课程布局: 在地文化的精致演绎**　　　　／ 123

课程设置应充分考虑学校整体课程,按照年级分为不同层级,让学生由浅入深,在整体连贯的课程之中享受探究性学习的乐趣。在地文化带给课程布局全新思考,引导学生感知周边的生活世界,充分创设一种生活历程,透过学生自身生命体验和自觉,循序渐进地进行课程布局。关注在地文化融合作用下的交互式教育环境,使课程成为有意义的教育"情境",成为发展人性的"生活世界",使学生在理论和实践、意义和行为中培养创新精神和实践能力。

第五章 | **课程实施: 在地文化的深度利用** 　　　/ 163

课程的科学有效实施是达成课程目标的根本办法。课程实施是师生共同探索新知识的发展过程,是师生交互作用、共同完成价值创造的过程。多维的课程实施途径让学生以多样的学习方式参与课程实践,张扬学生生命活性。课程实施又是对在地文化的深度利用,关注课程实施中丰富的在地文化特色,呼应学校的社会属性,尊重课程本身的历史和文化。

第六章 | **课程评价: 在地文化的价值牵引** 　　　/ 187

课程评价价值多元、主体多个、内容多维、手段多样,学校课程评价应关注过程取向,强调评价的过程性、真实性以及情境性,重视情境性评价,不同情境要用不同的评价方法,评价要超越封闭的框架走向开放。每所学校以自己的课程评价语言解释其在地文化在课程实施过程中的重要意义,将独特的在地文化与学生具身性体验有机融合,扩展和放大认知的效果。课程评价自觉地寻找与学校在地文化的相通之道,形成基于在地文化价值牵引的独特课程评价。

第七章 | **课程管理: 在地文化的应然关注** 　　　/ 203

课程管理是制定合适的、具有一定挑战性的目标,并将目标和措施、资源等进行匹配的过程。挖掘课程内涵、深化课程实践,加强课程管理是在地文化的应然关注。课程管理的本质是激发和释放在地文化背景中的人们,用善性和潜能去发挥他们的最大价值,指挥在地文化中的他人用最好的办法去工作。好的课程管理把每一个细节融入在地文化的灵魂深处,并为课程提供思考途径和实践借鉴。

前言

在"这块土地"上生长的课程

　　课程是学生赖以发展的载体,是学生成长的路线图。课程的构成要素包括:课程目标、课程内容、课程结构、课程评价。课程不只是教师劳作的场所,也是教师劳作的成果,在转变学生的同时也转变自身。学校课程的宗旨不在于促使教师成为学术科目的专家,也不在于培养能在测验中取得高分的学生,学校课程的宗旨在于促使师生关切自己与他人,帮助师生在公共领域成为致力于建设民主社会的公民,在私人领域成为对他人负责的个体,运用智力与勇气思考与行动。

　　课程图谱如同绘制地图,但绘制的不是过去事物的静物画面,而是有关现在和未来的一组特色和标记。课程图谱的要素包括:① 内容,学生必须知道什么;② 技能,对于所要指导的内容学生要做些什么;③ 评估,测量内容与技能的成果和表现;④ 评价,基于以上所给出的评估的成果和表现,来评定学生能力的单一或多元标准;⑤ 标准,将精熟目标作为内容或技能的一个框架结构;⑥ 资源,课本、材料和有助于内容与技能教学的参考资料;⑦ 内部一致性,这不是一个用文字表述的要素,但它是视觉化的关键部分,使课程地图所包含的要素具有一致性。课程图谱产生的初衷是保证课程设计的教学计划、教学活动以及学业评价与制定的学习成果目标一致,要解决的是整个人才培养过程中出现的不一致问题。①

　　所谓在地文化,简言之就是学校周边宝贵的文化传承和历史资源。将课程图谱置于广泛的社会、政治、经济、科学、历史、文化等背景中,联系个人深层的精神世界和生活体验来理解课程图谱的意义极为重要。因此,要深入挖掘鲜明的在地文化元素,传承其独特性,让特色在地文化独有的文化元素融入课程图谱之中,不重复、不趋同,确保特色的唯一性和鲜明性;把在地文化特质"化"到课程图谱创意设

---

① 黄慎娥.课程图谱的设计与开发:基于国内外经验[J].基础教育课程,2017(4):15.

计中去,建构在地文化元素与课程图谱巧妙融合的课程体系,让课程图谱散发出迷人的地方底蕴,成为打造学校特色课程地图的重要手段,也使学校能寻觅到在地文化的"根",塑造素质教育的"魂"。优化课程结构,着力构建符合基于核心素养的学生发展需求,体现地域文化特点,激发学生发展潜能,培育学生创新素养的课程图谱是当务之急。现从学校在地文化与课程哲学、课程目标、课程架构、课程布局、课程实施、课程评价、课程管理等方面的联系,谈谈在地文化和学校课程图谱的水乳交融。

一、课程哲学源于在地文化

哲学作为课程的最根本基础,具有非常重要的价值和意义。哲学为课程提供了一种框架以解决广泛的问题和任务,课程在哲学面前具有能动性、选择性。每一种学校课程都隐含着哲学思想和观念,课程与哲学有着天然的血肉关系,如果把课程比作一座大厦,那么课程哲学就是大厦的根基。课程哲学决定着课程的价值取向,全面考察与阐释教育活动的微观系统。课程哲学是课程价值批判的工具,是课程不断推进和实践的方法,课程哲学制约着课程观的产生、发展和变革。

课程哲学源于在地文化,学校周边独特的历史背景和教育环境成为课程哲学的天然温床。宋代王义山《念奴娇·南昌奇观》中有云:"南昌奇观,最东湖、好景重重叠叠。"南昌奇观,最好的属东湖,好景重叠眯眼。百花洲,南昌东湖之洲,百花争妍,万柳成行,从唐代优雅中走来。南昌市百花洲小学,1907 年建校,缤纷百年,演绎"东区两等小学堂"的繁华。百花洲小学承千年文化底蕴,展百年名校风采,绘"百花洲上百花开"的绚丽图景,创"百花齐放春满园"的"百花生态园"。每一个孩子就是一朵花,静待花开是教育的美丽守望,让每一个孩子在丰富的滋养中、在内在的生长中张扬个性、学会合作、向美而行、本色绽放。"百花洲上百花开",让每一朵花儿如其所是地绽放,开放人的潜能,培养创造性人才。

二、课程目标始于在地文化

确定课程目标是课程开发的出发点。课程开发的过程大都决定于预定的教育目标,目标是课程的灵魂。课程目标的确定是设计基础,目标与课程的对应是设计的关键。关注课程目标的达成,其焦点始终是培养什么人、怎样培养人、为谁培养人这一根本问题,始终是为学生的成长和发展提供资源与路径。课程目标不再指向固定的跑道,而是指向个人转变和发展的通道,将课程目标设计成一般性的、转变性的、创造性的课程目标,从而使课程成为开放性的、动态性的、过程性的,以及受学生兴趣驱动的多元而互动的社会情境。

每一所学校都有其独特的历史、独特的文化、独特的校情,这就决定了学校必须走自己的在地文化发展之路。南昌市南京路小学坐落在贤士湖旁,学校因地制宜,以建构特色"贤文化"为核心,确立课程目标为"得贤知、明贤礼、提贤能、启贤行",分小学低、中、高不同阶段设定课程目标,并将其细化成不同阶段的要求和表现,形成了适合不同年龄阶段学生的课程目标;注重理解课程目标在文化、历史、生态平衡等方面对人类状况、社会结构、生态领域的影响,从而确立适合校情、学情的有层次的课程目标,形成源于地方又联系全球的文化感。

三、课程架构起于在地文化

课程不只是制造知识的学科,课程架构需通过其与环境、与他人、与文化的反思相互作用形成一个完善的过程。课程架构没有固定的起点和终点,每个终点都是新的起点,每个起点来自前一个终点。它不是封闭的,而是具有两面性、弹性、解释性的,旨在通过某种自动的、不变的模式,在经验与外在环境相互作用的经验改造与意义完善中建构课程架构。课程架构需对学校周边历史和文化有敏锐的觉察,来拓展我们对教育经验的了解与获取,促进对课程本质的把握。

受在地文化的启迪,理顺学校课程结构,张扬每一个学生的个性需要,是课程的智慧呈现。南昌市滕王阁保育院位于明清滕王阁旧址,与如今的滕王阁风景区相比邻。滕王阁始建于唐永徽四年,其三大价值众所周知,即历史文化价值、艺术观赏价值、科学考察价值。滕王阁保育院将课程划分为健康、语言、社会、科学、艺术五个领域,分别对应"小健将课程""小巧嘴课程""小主人课程""小博士课程"和"小达人课程",其中社会、科学、艺术等方面的课程就是从在地文化中得到启示。《滕王阁序》是初唐四杰之一、才华横溢的文学家王勃最有代表性的作品。它之所以成为脍炙人口的佳作,是因为其高超的语言艺术散发出沁人心脾的芳香,而语言这个领域的课程设置也是由此受到启发。

四、课程布局兴于在地文化

课程包含所有学习经验，也包括认知和情意、外在的和内在的生活经验。课程在布局时应充分考虑学生的年龄特点和心理特征，通过合理布局，课程能成为有意义的教育"情境"，成为发展人性的"生活世界"，在此"情境"中，理论和实践才能挂钩，意义和行为才能交融，学生的学习才能发挥其创造性并具有丰富的意义。

在地文化是课程布局的重要灵感来源。南昌市扬子洲学校位于南昌城郊扬子洲镇，扬子洲镇也被称为南昌人的"菜园子"。南昌城郊自古以来河道湖汊纵横，泥沙冲击之下形成了扬子洲，此洲与环绕周围的江河互相沟通，身处赣江中心，它四季分明，蔬菜基地、河道、湖泊错落有致，未来更有高新大桥、经航大桥、英雄大桥、二七隧道四条跨江通道横跨两江两岸，对接四大热点板块，其西北对接儒乐湖新城，西面对接经开区白水湖片区，南面对接凤凰洲以及老城区，东面对接青山湖西岸。无论是现在还是未来，扬子洲都充满了想象。扬子洲学校是东湖区唯一一所九年一贯制农村学校，学校的"扬子洲课程"运用心理学的知识，在课程布局时考虑一至九年级按年级安排，以此确定不同年级学生的学习目标，由浅入深，由易到难，让学生在整体连贯的课程之中享受学习的乐趣。在课程布局时，充分考虑给学生创设一种生活历程，透过学生自身生命体验和自觉，引导学生在其周边的生活世界中有所感、有所思，在在地文化中吸收扬子洲人"天道酬勤、福田心耕"的文化因子，循序渐进地进行课程布局。

五、课程实施成于在地文化

课程实施是师生共同探索新知识的发展过程，是师生交互作用、共同完成价值创造的过程。多维的课程实施途径促使学生全方位地、以多样的学习方式参与课程实践，还原学生的生命活力，累积学生的生命活性。课程实施需关注学生学习过程中的个人发展，唤起学生自我意识的觉醒和提升，通过师生的反思行为使课程实施得以不断地扩展和生成。课程实施与教学极为密切，教学一方面进行着课程的实践，另一方面也是在解读和建构着课程。教师是学生学习的合作者和伙伴，也是课程实施的开发者和研究者。教师根据学生学习的需要,创造性地开发教学过程,选择和开发教学资源,设计展开多种教学活动,开放学习空间,加强书本知识的学习与社会实际的联系,构建一种新型平等对话的师生关系,使师生在共同的反思中获得心照不宣的理解,教学实施成为一个动态的、多方交流的、发现和发展知识与文化的过程。

在地文化丰富多彩,带有浓重的地方文化特色,且底蕴深厚,是课程实施的依托,并为其铺垫了浓墨重彩的文化背景,激活了课程实施。极大地关注课程实施中丰富的在地文化特色,既呼应了学校的社会属性,也呼应和尊重了课程本身的历史和文化。同时,课程实施的途径和在地文化的多样性相统一,课程实施是多维的:课堂、社团、研学旅行……南昌市南林小学的"青草地课程",和绿叶一起呼吸,和小鸟一起歌唱,是成于在地文化的自由呼吸的教育,"有氧课堂""有氧学科""有氧节日""有氧之旅""有氧社团"……课程实施的多维途径汲取在地文化的土壤、阳光、养料,在在地文化这片青草地上,自然落地生根、枝叶茂荣。红星小学的"大自然课程"倡导"新田园教育",田野的宽广、田园的幸福、田间的欢乐诠释着课程实施的发展坐标,依托扬子洲那一片草、那一片土地、那一席在地文化,缝合了课程与在地文化的一步之遥,还原了教育的本意。"田园课堂""田园节日""田园社团"等这些去除浮躁、朴实接地气的课程实施途径,在无形的在地文化给养下簇拥着时光静静发酵,向幸福出发。

六、课程评价倚于在地文化

评价是课程最敏感的要素,价值多元、主体多个、内容多维和手段多样的评价已成为学校课程评价所追捧的对象。学校课程评价应关注过程取向,将教师和学生在课程开发、实施以及教学过程中的全部情况都纳入评价范围之内,强调评价者与情境的交互作用。学校课程强调评价的过程性、真实性以及情境性,重视学生解决问题的过程,重视采用灵活多样的评价方法调动师生参与课程评价的积极性,重视情境性评价,即不同情境要用不同的评价方法,这不仅促使评价者本身与外在环境不断发生相互作用,在不同情境中使用不同的评价方法,也促使评价者自身在相互作用中产生充满神秘魅力的自组织。课程评价要有体现复杂本质的丰富性,要超越封闭的框架走向开放,要有利于评价者的自组织学习和有将之深化的可能性。

在地文化有它们自身的历史背景、基本概念和最终词汇,每所学校以自己的课程评价语言解释其在地文化在课程实施过程中的重要意义,课程评价的丰富性能促使学校课程进行开放式的、合作性的、对话性的探索。课程评价在在地文化的辉映中有目的地寻求不同的评价方法、关联等,自觉地寻找相通之道,促使课程评价成为有意义的、基于在地文化特殊背景的独特视角。南昌市滕洲小学建构"沉养式课程",提出了"沉根自养,花开群美"的办学理念,通过"沉养课堂""沉养节日""沉养之旅""沉养社团"等实施途径,将课程评价深植于学校周边那片无边的荷田。课程评价倚仗在地文化。"沉养课堂"中谈及的学生自主自学、合作探究、多元互动、和谐共生,正是从那片有姿态万千的荷花、裙边相依的荷叶,与清风共舞的荷塘中得到启示。"沉养节日"里,全体师生漫步荷塘,零距离地置身学校在地文化之中,独特的感悟和体验成为了课程评价的特色创意。

七、课程管理融于在地文化

课程管理是制定合适的、具有一定挑战性的课程目标,并将目标和措施、资源等相匹配的活动。简言之,课程管理就是指挥在地文化中的他人用最好的办法去工作。好的课程管理能把要做的事情和有关人员相匹配,把要完成的任务交给每一个岗位及具体人员。好的课程管理有明确的取向,它的对象是教师所推进的课程建设。课程管理与人打交道,而且是与学校在地文化中的人亲密接触。课程管理的本质是激发和释放在地文化背景中的人们,用善性和潜能去发挥他们的最大价值。好的课程管理把每一个细节融入在地文化的灵魂深处,并为课程提供思考途径和实践借鉴。

南昌市红星小学的"大自然课程",其"新田园教育"秉持"让学习像呼吸一样自然"的课程理念,让学生尽情享受自然与美好。学校课程管理针对学校在地文化、面向课程、张扬个性、动态发展。扬子洲田园牧歌的在地文化生态,浸润着学校师生,师生在积极体验和充分感悟中自由生长。课程管理主体能量在在地文化的影响下越聚越强,形成了在地文化影响链,校长在主导学校课程管理的同时,合理关注在地文化,以科学有效的管理方式促进在地文化与学校课程管理之间的良性互动,确保课程管理的良好运行,提升学校课程品质。

　　总而言之,在地文化是一门底蕴深厚的科学,必须有科学的理论和方法来开发;课程图谱是一门内涵丰富的艺术,需要灵活地与在地文化相融共生,才能彼此成就,走向理念与梦想的实现。学校在地文化离开了课程图谱,它将会变成单调的底色;学校课程图谱离开了在地文化,便会失去生机与活力。学校在地文化与课程图谱相辅相成,互相依存,课程图谱只有沉浸在在地文化的广博浩瀚之中,才能更加灿烂多姿。只有创造性地糅合学校在地文化与课程图谱,才能使课程图景更为绚丽多彩,才能使学校在地文化与课程图谱互相融合共生长。

第一章

课程哲学：在地文化的精神内核

学校课程哲学决定着课程的价值取向，是课程价值批判的工具，也是课程不断推进和实践的方法，制约着课程观的产生、发展和变革。课程哲学的积淀性源于其深刻的历史背景。课程哲学在学校在地文化的浸润与支撑下，在学校的课程历史与传统中，保持着鲜活的生命力。学校课程哲学因在地文化的独特价值拔新领异，是饱满的教育情怀和直抵精神内核的诗意呈现。

　　课程立足哲学,基于价值,回归意义。课程的哲学基础是课程存在的理论基石与内在动力,也是课程实践的"深层语法"和"内在逻辑"。课程实践在本质上是一种价值创造活动,必须遵循一定的价值原则。任何课程构建如果不优先考虑价值取向问题,哲学味寡淡,没有课程哲学做指引,学校课程便成了事务性问题;与价值无涉,缺乏形而上的思考,教育者在实践中便会无所适从,陷入盲目和混乱,课程构建便走不了多远,它便会与立德树人无关。

　　学校课程哲学是课程的观念系统和价值判断系统。课程哲学是积淀性的,是饱满的教育情怀和直抵精神内核的诗意呈现。学校课程哲学源于其深刻的历史背景和特殊的教育环境,学校课程哲学与在地文化关系密切,它只有在学校的课程历史与传统中,才能保持生命力。只有对在地文化的精神内核进行深度挖掘以及转化,才能提炼出充满希望的课程哲学。有着深厚的历史根基和在地文化的支撑,从在地文化的大背景下浸润出来,这样的课程哲学才能寻找到属于自己的独特价值。在地文化在很大程度上决定了学校课程哲学的独特性,而课程哲学则是在地文化的精神内核灵魂所在。南昌市百花洲小学的课程哲学源于百花洲在地文化,百花洲独特的历史背景和千年文化底蕴,成为学校课程哲学的母体和温床。

➡ 在地文化
百花洲畔的美丽

　　南昌市百花洲小学(以下简称"百小"),位于百花洲畔。百花洲,始名于宋朝向子堙的《蝶恋花·咏百花洲》词,地处江西省南昌市市中心八一公园内的东湖之中,湖面约 13 公顷,由东、南、北三个小洲组成。移步八一公园,沿湖而行,穿过那蜿蜒曲折的九曲桥,便踏上了风景优美的百花洲。北洲最引人注目的莫过于那片葱郁的翠竹,各色鲜花儿妩媚娇丽、芳香飘溢,尽头处便是一座"水木清华馆"静静伫立,馆内的书画作品和花卉盆景让园林艺术和书画艺术有机融合。乘兴循湖觅景,垂柳拂掠堤岸,到达南洲,冠鳌亭则立于假山旁。连接东洲和南洲的是苏堤和百花桥,随着"拆墙透绿"工程的开展,百花洲热情地拥抱着"苏圃"。自唐以来,百花洲就是著名风景区。明代以后,分成东、西、南、北四湖,有桥涵相通。在"豫章十景"中,百花洲有"苏圃春蔬""东湖夜月"两景。南宋绍兴年间,豫章节度使张澄在这里修建"讲武堂"以习水军。清乾隆十一年(1746年),江西布政使彭家屏写下了"百花洲"碑。盛唐诗人张九龄、中唐诗人李绅、晚唐诗人杜牧和宋朝诗人辛弃疾等,都留有吟咏百花洲的诗词文章。后来,人们也把整个东湖一带的风景区称为百花洲。

➡ 课程图谱
"百花园课程"的绽放

百花洲小学是一所以科研闻名的百年老校。它始建于清光绪三十三年(1907年),原名"东区两等小学堂"。一百多年来,学校为国家培育出一大批德才兼备的人才。学校先后被评为"江西省首届教学科研先进学校""南昌市科研品牌学校""南昌市名校""南昌市中小学实施素质教育示范学校";2018年,"百小"的课改实验成果"促进随迁子女融入的'四共'合作教育机制的建构与实施"获得国家级基础教育教学成果二等奖。这些荣誉的背后,是历代"百小"人在课程改革中探索不止的脚步。早在2002年,学校就跟随着国家第8次课程改革步伐,初步形成了"科研提师能、课改促生长"的办学策略。历任"百小"领导人传承着这一理念,老师们在课堂上努力践行着,使课程如花绽放,清香四溢。学校多次接待省内外的教育考察团,并长期和省内多所学校保持"手拉手、连心校"关系。基于学校在科研兴校、课程改革方面的成绩,《人民教育》《中小学管理》《江西日报》《江西教育》《南昌日报》等报纸杂志以及中央电视台、江西电视台、南昌电视台等媒体都做了深度报道。在深化教育改革,开创教育新纪元的今天,百花洲小学将继承传统、着眼未来、立足当下,创新发展,谱写素质教育昂扬激越的新篇章。

第一节　让每一朵花如其所是地绽放

百花洲蕴含千年文化灵秀,百花洲小学历经百年芳华。当教育与文化、厚重的历史与先进的课程在这片土地上相遇,"百花开"就不再只是想象中的美好画面,而是现实中的宏大蓝图。

一、学校教育哲学: 百花教育

在"百小"教育人看来,生命是平等的,没有好坏,没有等级;生命是灵动的,各有各的特点,各有各的优势,且在不断发展变化着。"百小"教育人把每一位学生当作一朵含苞待放的花骨朵,立志把"百小"办成"百花生态园"。因而,"百花教育"是灵动教育,让每一个孩子展示独特,彰显个性;"百花教育"是合作教育,让每一个孩子优势互补,学会合作;"百花教育"是唯美教育,让每一个孩子与美相伴,向美而行;"百花教育"是绽放教育,让每一个孩子向上成长,美丽绽放!

做"百花教育",就是把尊重生命作前提,以掌握教育规律为基础,将搭建成长平台当手段,让每一位学生像鲜花一样本色发展,快乐健康成长,绽放出其自有的独特的光芒。因此,我校的办学理念是:让每一朵花如其所是地绽放。

我们的教育信条

我们坚信,

每一个孩子都是一朵花;

我们坚信,

教育是静待花开的美丽守望;

我们坚信,

学校是成就孩子梦想的一片沃土;

我们坚信,

百花洲上百花开是学校最美的图景;

我们坚信,

让每一朵花如其所是地绽放是教育最舒展的姿态。

二、课程理念: 百花洲上百花开

基于以上学校教育哲学和办学理念,"百花洲上百花开"的课程理念应运而生——它有着丰富的滋养,充满了内在的生长力,是个性的张扬,绽放出生命光彩。

课程即丰富的滋养。"百小"在完成国家课程计划的前提下有机整合地方课程、校本课程后形成了本校课程。它体现了学科间的融合、个性与共性的兼顾、课内与课外的互通,满足了社会发展对人才培养的需求。相关学科的融合使得课程的内涵更丰富、外延更广阔。以语文学科为例,"百花园课程"中的语文是在对国家课程(语文教材)、地方课程("百花人文探究")、拓展课程(经典诵读 + 提前读写)进行统整后的大语文,它有着单一的课程无法比拟的丰富滋养。个性与共性的兼顾,来自国家课程的普适性、地方课程的特色性、校本课程的个性。三级课程理念之下的"百花园课程"正好照顾学生的个别差异,满足学生多样化的需求。

课程即内在的生长。孩子的生命成长,自有他的轨迹。教育,就是顺应这个轨迹来促进内在的生长。"百花园课程"为每个学生的内在生长而设计,它考虑到学生的个性特点,遵从生命成长的规律,呵护孩子的天性,给他们的发展提供更多的可能性。课程在设置上,充分考虑到各学科的特点以及内在的关联,并落实到学生成长与发展上,通过课程实施来帮助学生认识世界、认识自我、促进内在的生长。

课程即个性的张扬。学生是个性的,课程是多元的。在国家课程之外,"百花园课程"根据学生的不同兴趣爱好以及特长,设置不同层次、不同类型、不同周期的可供选择的拓展性课程,既保障了基础性学习的要求,又满足了内在的需求,张扬了学生的个性、展示着生命个体的特点。在"百花园课程"中,每一门课都根据学生的发展需要而设置,最大程度地满足了学生的个性需求。

课程即生命的绽放。让每一位学生健康快乐成长,像鲜花一样美丽绽放是"百小"人的教育愿景。基于此,"百花园课程"以三级课程为平台、以激活潜能为目标,带着学生学进去,再从课程中走出来,使之在全面发展的基础上拥有自己的兴趣爱好,与更美好的自己相遇。

第二节　每一个孩子都是一朵花

学校课程是为育人目标的实现服务的。因此,我们从育人目标的厘定出发思考学校课程建设。

一、育人目标

每一个孩子都是一朵花,是独一无二的,花期虽不同,但终会迎上枝头,灿烂绽放。百花洲小学要培养的是"和合、雅美、践行"的学子,每一个孩子、每一朵花都具备如下特质:

和合:和谐、合作、灵动;

雅美:审美、健美、创美;

践行:练习、实习、创习。

在"百小"教育人看来,我们的教育是和谐的、相互合作的、灵动的;我们培养的学子要懂得审美,知道美在哪,学会美、创美,能够在练习、实践中学习知识,学会创造性地学习。每一个孩子都长成本该长成的那朵花,他们或初始灿烂绽放,或需要漫长等待,终会沐浴阳光雨露,昂首绽放。

二、课程目标

作为学校课程建设的重要基点,学校将"和合、雅美、践行"的育人目标细化为课程目标,从低、中、高三个年段使"百花园课程"的培养目标更精准、可行。学校课程目标见表1-1。

表1-1　百花洲小学"百花园课程"目标表

	低 年 段	中 年 段	高 年 段
和　合	在与同伴的交往中初步学会自我管理、自我服务；能够亲近老师、关心同学；与人交流时，养成学会倾听的习惯；有礼貌、守纪律、爱护班集体，初步具有团队意识。	乐于与同学结对子，在与同伴的交往合作中能够自尊自信、自我管理、自我服务。学会关心他人，乐于与他人交流想法；能够调节情绪，培养健康的心态，遵守社会公德，树立社会责任感。	能积极主动地交友，智慧地与人相处，自我管理与自我服务意识强；善于倾听他人的意见或建议，保持乐观向上的心境，拥有健康的心态；遵守道德准则和行为规则，拥有强烈的集体意识和社会责任感，有理想信念、敢于担当。
雅　美	兴趣爱好较为广泛，喜欢一切美好的事物；学习欣赏和赞美他人。积极参加体艺活动，开始养成锻炼身体的好习惯。	形成较为固定的兴趣爱好，培养对美的感知能力，学会欣赏美，懂得将美好展示。积极参加体育锻炼活动，拥有健康的体魄和心胸，感受运动带来的快乐。	具有健康的审美价值取向，有发现、感知、欣赏、评价美的意识和基本能力，能够对生活中的人与事做出评价与选择，形成一定的价值判断；积极主动参加健身健美活动，感受运动之美，积极创造美。
践　行	喜欢学习，愿意思考，初步体验学习与思考的快乐；学习值日，养成劳动的习惯；对身边的事物充满好奇，初步养成探究精神和创新意识。	具有初步的学习能力，尝试独立自主地学习；爱劳动，乐于参加社会实践活动，尝试解决问题；具有好奇心和想象力，学会质疑，有一定的辨析能力。	能积极主动地学习，勤于反思；乐于在生活实践中学习，做到学以致用；动手能力强，以劳动为乐，珍惜劳动成果，理解劳动内涵；有创新精神与批判精神。

第三节　百花洲上百花开

为了培养"和合、雅美、践行"的学子，基于"百花教育"之哲学以及学校课程目标，我们建构"百花园课程"体系。

一、课程逻辑

基于"百花洲上百花开"的课程理念,"百花园课程"逻辑见图 1-1。

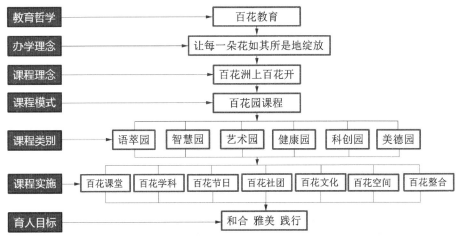

图 1-1　百花洲小学"百花园课程"逻辑图

二、课程结构

根据多元智能理论,我们的"百花园课程"包括"语萃园""智慧园""艺术园""健康园""科创园""美德园"六大课程。如课程结构示意图(图 1-2)所示,"百花园课程"是中心,围绕着它的是六大园地,意味着百花园课程是诞生于百花洲畔、独属于百花洲小学的一朵"奇葩"。

我校将现有的 13 门国家课程整合为六大园地,形成了多彩的"百花园课程"。"语萃园课程"关注的是语言与交流,整合的是国家课程中的语文与英语;"智慧园课程"关注的是逻辑与思维,现阶段指国家课程中的数学课程;"艺术园课程"关注的是艺术与审美,整合的是国家课程中的音乐与美术;"健康园课程"关注的是运动与健康,整合的是国家课程中的健康教育与体育;"科创园课程"关注的是科学与探索,整合的是国家课程中的信息技术与科学;"美德园课程"关注的是自我与社会,整合的是国家课程中的品德、班队会、综合实践课程以及少先队活动等。

每一类课程都体现着三级课程的科学整合:国家课程占 60%,地方课程占

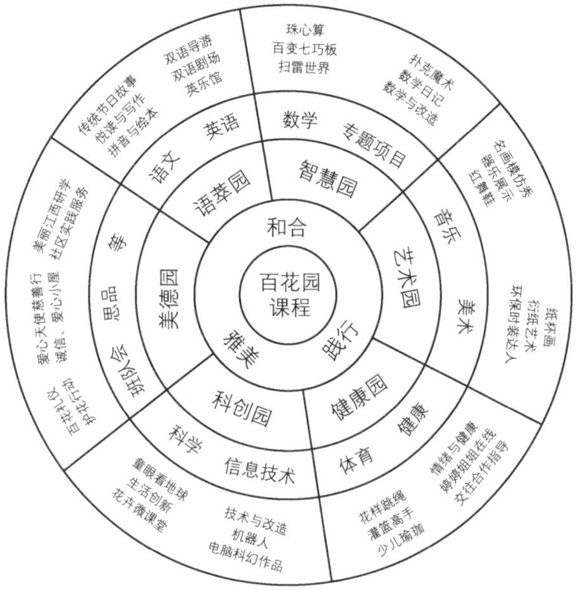

图1-2　百花洲小学"百花园课程"结构示意图

30%，校本课程占10%。这种课程整合并不是随意的、盲目的，而是根据学科自身的特点以及培养目标来定的。比如，语文与英语这两门学科指向的都是语言文字的运用与表达，培养语言与交流能力，将两者划归于"语萃园"是比较科学的做法。这样的课程架构既兼顾了义务教育阶段对学科教学的要求，又通过拓展性课程、探究性课程去激活每一个学生的潜能，培养综合素质的人才，实现"百花教育"。

　　结合本校的办学特色，对三级课程进行细分，六个课程园的触角伸展到了基础性、拓展性、探究性课程。学生在六大园地中快乐地读书、写作、合唱、画画，去参加社团活动、学习百花礼仪等，于是"百花园"才有了"百花齐放春满园"般的绚丽。

三、课程设置

　　除了国家规定的基础课程之外，"百小"的课程按年级进行设置。学校课程设置见表1-2。

表 1-2　百花洲小学"百花园课程"设置表

		语萃园 (语言与 交流)	智慧园 (逻辑与 思维)	艺术园 (艺术与 审美)	健康园 (运动与 健康)	科创园 (科学与 探索)	美德园 (自我与 社会)
一年级	上学期	语文 拼音王国探险 英文字母歌 ……	数学 玩转数棒 珠心算 ……	音乐 唱儿歌 美术 画画乐 校园赏美 ……	体育 跳皮筋 心理 心理游戏 ……	科学 花卉百科 认识电脑 ……	品德 我是班级小主人 百花礼仪 交往合作 ……
	下学期	语文 汉字碰碰碰 英文儿歌合唱 ……	数学 百变七巧板 数学画 珠心算 ……	音乐 唱儿歌 美术 百变彩纸 街道风情 ……	体育 踢毽子 心理 心理游戏 ……	科学 认识科学家 认识键盘 ……	百花礼仪 班队会 爱心接力 ……
二年级	上学期	语文 韵文诵读 英文动画片 ……	数学 四阶数独 数学绘本 口算达人 ……	音乐 红舞鞋 美术 捏泥 社区温暖色 ……	体育 体育游戏 心理 沙盘游戏 ……	科学 动物王国 与电脑交朋友 ……	品德 我是家庭小助手 文明的仪表 真诚开启友谊门 ……
	下学期	语文 童诗诵读 英文动画 ……	数学 乘法口诀 大比拼 六阶数独 口算达人 ……	音乐 童谣达人 美术 糖果拼盘 社区温暖色 ……	体育 体育游戏 心理 沙盘游戏 ……	科学 科幻画 与电脑交朋友 ……	品德 课堂与课间 班队会 爱心义卖 ……
三年级	上学期	语文 语言表演 英语 英文歌谣 ……	数学 九阶数独 数学日记 五子棋 ……	音乐 童谣达人 美术 纸杯画 家乡三色图 ……	体育 接力赛手 心理 情绪与健康 ……	科学 我的"宝宝" 科学小实验 信息 电脑打字 ……	品德 我是百花好少年 百花礼仪 用餐与出游 取长补短开怀笑 ……
	下学期	语文 日记之旅 英语 口语天天练 ……	数学 九阶数独 数学实验 五子棋 ……	音乐 合唱艺术 美术 立体花 家乡三色图 ……	体育 乒乓争霸 心理 健康与饮食 ……	科学 生活与科学 建筑模型 信息 电脑绘画 ……	品德 礼仪之花开满园 班队会 爱心天使 神奇宝盒缓压力 ……

续　表

		语萃园 (语言与 交流)	智慧园 (逻辑与 思维)	艺术园 (艺术与 审美)	健康园 (运动与 健康)	科创园 (科学与 探索)	美德园 (自我与 社会)
四年级	上学期	语文 百花剧社 英语 口语天天练 ……	数学 扑克牌24点 魔方3阶 中国象棋 ……	音乐 小合唱 美术 少儿国画 家乡三色图 ……	体育 花样跳绳 心理 情绪与健康 ……	科学 科学小制作 信息 网络安全 ……	班队会 我是小小升旗手 百花人文探究 交往合作 ……
	下学期	语文 创意读写 英语 口语天天练 ……	数学 魔方4阶 扑克牌24点 中国象棋 ……	音乐 竖笛艺术 美术 创意画 家乡三色图 ……	体育 田径 心理 心理游戏 ……	科学 科技创新 头奥社 信息 电子简报 ……	品德 班队会 爱心在线 百花人文探究 交往合作 ……
五年级	上学期	语文 百花剧社 小小辩论家 英语 英文日记 ……	数学 头脑风暴(一) 魔方变形 围棋 ……	音乐 舞蹈艺术 美术 时装秀 家乡三色图 ……	体育 花样跳绳 心理 心理团辅 ……	科学 车模 信息 电子板报 ……	班队会 我是管理小能手 百花人文探究 ……
	下学期	语文 小小辩论家 创意读写 英语 英文趣配音 ……	数学 头脑风暴(二) 数学步道(一) 围棋 ……	音乐 音乐剧欣赏 美术 名画欣赏秀 纸盘画 家乡三色图 ……	体育 往返接力 田径 心理 青春期教育 ……	科学 科学小实验 信息 模块化编程 ……	百花人文探究 社区实践 交往合作 ……
六年级	上学期	语文 百花剧社 能言善辩 英语 课本剧 ……	数学 数学步道(二) 数学魔术(一) 国际象棋 ……	音乐 舞蹈 美术 衍纸手工 家乡三色图 ……	健康饮食 花样跳绳	科学 科幻天地 信息 机器人 ……	品德 爱的教育 百花人文探究 交往合作 ……
	下学期	语文 能言善辩 美文欣赏 英语 角色扮演 ……	数学 数学小论文 数学魔术(二) 国际象棋 ……	音乐 中外名剧欣赏 美术 手绘创意 家乡三色图 ……	心理团辅 灌篮高手	科学 魔法实验室 信息 动画制作 ……	品德 我是社区好公民 百花人文探究 研学活动 交往合作 ……

第四节　静待花开的温情守望

通过课程实施,"百花教育"才能落地开花,儿童才能像花儿一样如其所是地绽放,老师才能享受静待花开的快乐,学校才能彰显百花齐放的办学特色。为此,百花洲小学通过"百花课堂""百花学科""百花节日""百花社团""百花文化""百花空间""百花整合"等丰富多样的课程实施践行"百花洲上百花开"的理念,实现"百花园课程",见证"让每一朵花如其所是地绽放"。与课程实施同行的是课程评价,这是引领"百花园课程"开发的指南,是把握六大类课程设计的风向标,是展示课程实施效果的试剂。学校课程实施与评价保障了"百花园课程"的"百花绽放"。静待花开的温情守望,使儿童在七种课程实施中自由释放与徜徉,是教育诗情守望的本真魅力。

一、建构"百花课堂",落实学科基础课程

在原有的课堂文化基础上,学校进行了课堂教学文化的重新调整,聚焦核心素养,体现出教学理念的解放,教学目标的饱满,教学内容的丰富,教学方法的互动,教学评价的激励。

(一)"百花课堂"的内涵与实施

"一枝独放不是春,百花齐放春满园。"这里,重视教与学的多样性,鼓励师生间思维的大碰撞;注重培养学生的多向思维,鼓励学生发出自己的声音,让学习过程、思考过程看得见;鼓励从"错误"中开出"智慧的火花"。它包含着以下五个关键词:

①　解放。"百花课堂"是理念解放的课堂。解放儿童的头脑,释放儿童的天性;解放儿童的双手,培养其动手能力;解放儿童的时空,将更多学习的主动权交给学生,以形成百花齐放、各美其美的教学境界。

②　饱满。"百花课堂"是教学目标饱满的课堂。"百花",各门学科各有所长、各负其责,共同培养多样化的人才。在具体的教学中,作为国家课程的基础学科,

其任务是让学生掌握最基础的知识,为继续学习打下坚实的基础,同时培养学生的学习能力以及审美鉴赏能力。

③ 丰富。"百花课堂"是教学内容丰富的课堂。"百花"的兼容并蓄、大气开放使它拥有包容多学科的潜质。这里,鼓励教师多角度解读教材、二度开发教材,对不同的学科进行整合,组成丰富的教学内容,为培养未来高素质的人才提供支持。

④ 互动。"百花课堂"是教学方法互动的课堂。学习过程中的生生互动、师生互动,使教学过程成为师生共同开发、探讨、丰富课程的过程。在互动中,学生真正成为学习的主体,同时发挥自己的个性和创造能力,并最大限度地提升相应的核心素养。

⑤ 激励。"百花课堂"是注重激励式教学评价的课堂。"春风化雨百花开",激励,就是促百花开的春风、春雨。教师要善用激励性评价激发学生的学习热情,增强学生学习的动力,鼓励他们以饱满的激情投入到课堂学习中去,让学生得到自主发展。

(二)"百花课堂"的评价标准

根据"百花课堂"的内涵,我校注重科学的教学评价,并就"百花课堂"制定如表1-3所示的课堂教学评价标准。

表1-3　百花洲小学"百花课堂"教学评价表

评价主体	评　价　标　准	评分
解放的 教学理念 (5分)	1. 符合新课标的理念,注重培养学生的核心素养。(2分)	
	2. 有开放的教师观和学生观,一切以学生的发展为本,将更多学习的主动权交给学生。(2分)	
	3. 面向全体,张扬个性,使每个学生都能得到相应的发展。(1分)	
饱满的 教学目标 (10分)	1. 教学目标的制定符合年段特点以及学生的认知基础,将教学与学生的经验世界相勾连,激活思维。(3分)	
	2. 目标涵盖三个维度,帮助学生在原有基础上得到发展。(2分)	
	3. 各门学科各有所长、各负其责,共同培养多样化的人才。(3分)	
	4. 能根据教学目标的需要,对"百花课堂"进行重组、整合。(2分)	

续　表

评价主体	评　价　标　准	评分
丰富的 教学内容 (30 分)	1. 正确把握教材,并能创造性地使用教材,根据教学需要来开发课程资源,丰富教学内容。(10 分)	
	2. 教学内容有层次、有梯度,在把握基础性知识的基础上注意适度拓展,使不同程度的学生各有发展。(10 分)	
	3. 内容设置根据学生的学习基础,符合学生的发展水平,唤起学生的发展经验,使学生主动参与学习。(10 分)	
互动的 教学过程 (40 分)	1. 根据教学内容来创设恰当的教学情境,教学活动设计科学、组织形式灵活多样,能引导学生主动进行积极的思考。(5 分)	
	2. 设计统整性的问题,练习有价值、有弹性,鼓励学生质疑、创新。(10 分)	
	3. 突出学科思维方法,注重探究,恰当、合理地组织有效的合作学习和互动交流,促进学生的自主学习。(10 分)	
	4. 教师能根据课堂教学情况与课堂生成,恰当地调整教学预设,以便适应变化、互动的课堂。(10 分)	
	5. 在和谐、平等的师生对话的基础上,根据学生的个性发展,促成对话丰富、多维。(5 分)	
激励的 教学评价 (5 分)	1. 能用激励性的语言评价学生的课堂表现,及时、准确、富于个性化,能够包容、激励学生。(3 分)	
	2. 评价方式多样,从尽可能多的角度来满足学生在认知、情感、个性方面的差异。(2 分)	
教学的效果 (10 分)	1. 学生积极参与学习活动,课堂民主,学生思维活跃,不断有智慧火花的绽放。(2 分)	
	2. 学生的主体性地位得到体现,学生乐于动脑、动口、动手,感受到学习的快乐。(3 分)	
	3. 学生学会学习、得到发展,并能促进教学相长。(5 分)	

二、建设"百花学科",落实学科拓展课程

　　近些年来,随着课程改革的进一步深化,特别是信息化时代的到来,社会对"多样化、个性化、创新型"复合型应用人才的需求更迫切,光靠单一的国家课程、地方

课程或者校本课程"线状"建设与实施已经无法满足社会发展对教育的需求，必须实现三级课程的科学整合。因此，"百小"以"百花学科"来推进学科拓展课程的建设和实施。"百花学科"拓展性课程，指教师根据国家基础课程，自主开发的适合学生个性发展的课程。

(一)"百花学科"的实施途径

"1＋X"学科课程群建设。"1"指的是一门基础性课程，"X"是指教师根据国家课程开展的拓展性课程，是基于儿童发展需求、指向核心素养培养的课程，是基础性课程的延伸。"百小"建设"1＋X"学科课程群的途径是：根据学校各学科师资力量，倡导教师在国家课程校本化实施的基础上总结经验，以某门学科为原点，基于该门学科特色进行设计。

1. 建设"醉美语文"学科课程群

课堂，有着与美最近的距离。结合小学生语文核心素养的培养目标，借助"醉美语文"特色课程让学生领略到语言之美、思维之美。"醉美语文"课程群见表1-4。

表1-4 "醉美语文"课程群表

一年级	畅游拼音乐园	拼音王国探险	四年级	我爱课本剧社	故事汇
		字母乐园			课本剧社
		汉字碰碰碰			我编剧本
		字词迷宫			小小演说家
二年级	拥抱绘本娃娃	我读绘本	五年级	诗中季节	春诗组曲
		讲绘本故事			古诗里的夏
		绘本新编			中秋诗会
		我的第一本绘本			冬日情思
三年级	走进诗词国度	童诗诵读	六年级	创意写作	循环日记
		笠翁对韵			词语编故事
		小古文			写科幻片
		诗经吟诵			创意写作

2. 建设"生长数学"学科课程群

"生长数学"是数学课堂教学的愿景,让学生学到具有生长力的数学是"生长数学"教育的核心所在。"生长数学"课程群见表1-5。

表1-5 "生长数学"课程群表

一年级	数学游戏乐园	珠心算	四年级	我的数字,我作主	扑克牌24点
		玩转数棒			魔方3阶
		百变七巧板			我形我数
二年级	挑战计算能手	四阶数独	五年级	思考力训练营	魔方变形
		神机妙算			数学步道
		计算大本营			扑克魔术
三年级	玩转数学游戏	九阶数独	六年级	数学与运用	数学魔术
		趣味闯关			数学步道
		扫雷游戏			数独

3. 建设"悦动英语"学科课程群

基于英语的学科理念,考虑到学生的兴趣及需求,我们在国家课程的基础上开发拓展性课程,组成"悦动英语"特色课程群。"悦动英语"课程群见表1-6。

表1-6 "悦动英语"课程群表

三年级	我爱ABC	英文儿歌	五年级	英文口语秀	口语秀
		字母手指操			英文故事
		彩绘ABC			英文趣配音
四年级	英文乐园	英文歌谣	六年级	外国文化节日	愚人节
		角色扮演			万圣节
		单词大PK			圣诞节

4. 建设"缤纷音乐"学科课程群

音乐,陶冶人的情操、培育人的审美情趣、使人懂得审美,知道美在哪,学会美、创造美,基于这一目标,组成"缤纷音乐"特色课程群。"缤纷音乐"课程群见表1-7。

表 1-7 "缤纷音乐"课程群表

一年级	花之声： 我爱儿歌	儿歌	四年级	花之乐： 器乐演奏	竖笛艺术
		学唱校歌			快乐音响
		小小演唱会			器乐合奏
二年级	花之形： 舞美雅韵	T台秀	五年级	花之歌： 大地欢歌	歌曲联唱
		红舞鞋			歌伴舞
		童谣达人			音乐剧欣赏
三年级	花之灵： 古韵悠悠	唱响古诗	六年级	花之灿： 毕业之季	唱送别组曲
		合唱艺术			写毕业赠言
		读唐诗			巧手绘校园

5. 建设"灵性美术"学科课程群

与音乐一样，美术承担着培养学生对美的感受的任务，教会学生用线条、色彩将美表现出来。"灵性美术"特色课程群的使命就是欣赏美、表现美、创造美。"灵性美术"课程群见表 1-8。

表 1-8 "灵性美术"课程群表

一年级	我爱美术	树叶画	四年级	趣味线描	线描画
		涂画乐			构图联想
		百变彩纸			趣味留言夹
二年级	灵感乐园	捏泥	五年级	创意线描	线描
		儿童科幻画			刊头设计
		糖果拼盘			儿童水墨画
三年级	百变画纸	纸杯画	六年级	创新美术	创意报刊展示
		剪纸			手绘创意
		花瓣拼图			衍纸手工

6. 建设"花样体育"学科课程群

"百小"的体育拥有自己的特色，在对国家课程拓展之后，"花样跳绳"与"体验游戏"这两门校本课程逐渐成熟，多样的活动内容解决了活动场地小的困难，在此基础上对课程进行扩充,形成了"花样体育"课程群。"花样体育"课程群见表 1‑9。

表 1‑9　"花样体育"课程群表

一年级	宝贝加油	跑步达人	四年级	活力赛跑	冲向 50 米
		投掷能手			挑战迎面接力
		无敌风火轮			往返接力
二年级	花样跳绳	车轮跳	五年级	田径为王	竞走我最快
		双摇			投掷我最准
		三角跳			挑战跳高
三年级	快乐体验	传统密令	六年级	球类家族	乒乓争霸
		合力吹气球			运球能手
		两人三足			灌篮高手

7. 建设"智探科学"学科课程群

提高公民的科学素养,是教育者的责任与使命。"百小"以培养学生的核心素养为目标,建立了"智探科学"课程群。"智探科学"课程群见表 1‑10。

表 1‑10　"智探科学"课程群表

一年级	我爱叶子	认识叶子	四年级	趣说天气	气候小常识
		八一公园采叶子			研究暖冬
		树叶是活的吗			空气知多少
二年级	科学启蒙	动物王国	五年级	炫彩科幻作品	想象画
		磁铁游戏			PPT 画作
		测量校园			制作电子简报
三年级	生活与科学	我的"宝宝"	六年级	技术与创新	机器人
		画天气			头奥社
		食物里的学问			航模

(二)"百花学科"的评价标准

课程群建设通过建立评估体系来保障其有效实施,其应具有以下几项标准:

① 课程哲学内涵丰盈。学科课程哲学指向清晰，与学校教育哲学保持一致，体现学校的办学理念，并具有其学科特色，内涵丰盈。

② 课程目标指向清晰。学科课程群目标指向应依据学科课程标准及学校育人目标，基于学校实际，目标定位应高于学科课程标准。

③ 课程内容丰富多维。学科课程群除规定的国家课程之外，拓展类课程应丰富多彩，以学生需求为主，为学生的全面发展搭建平台。

④ 课程实施科学高效。课程实施方法得当、措施有力，充分体现学生的主体地位，有利于学生兴趣的激发。教师教学效率高，教学效果好。

⑤ 课程评价规范全面。课程评价做到多元、全面。结合过程性评价和终结性评价，发挥评价的诊断和激励功能，对学生的学习情况进行整体评价。学校课程评价细则见表 1-11。

表 1-11　百花洲小学"百花学科"评价细则表

A 级指标	B 级指标	评　估　标　准	评 估 方 式	权重	得分
课程哲学	课程哲学	课程哲学与学校教育哲学相一致。	查看课程方案	10 分	
	课程理念	课程理念彰显学科课程特色，特色鲜明。		10 分	
课程目标	课程总目标	总目标指向清晰，高于学科课程标准，与核心素养相对应。	查看课程方案	10 分	
	分年级目标	年级目标与学生年龄特点相符合，设定科学、可行，具有层次性。	查看课程方案、学科课程纲要	10 分	
课程内容	整体设置	课程内容丰富，整体设置具有逻辑性，有梯度，有难度。与课程目标相一致，暗含课程目标，内容与学生生活实际相结合。	查看学科课程纲要	10 分	
	教材资源	教材准备充分，适合学生学习，资源丰盈，形式多样。	查看学科教材	5 分	
课程实施	课时安排	课时安排合理，有一定的科学性。	查看学科课程纲要	5 分	

续　表

A级指标	B级指标	评　估　标　准	评 估 方 式	权重	得分
课程实施	课堂教学	课程实施方法得当,措施有力,充分体现学生的主体地位,有利于学生兴趣的激发。 组织有序,指导学生运用探究、合作等方法。	入班观课 "百花学科" 评价表评价	20分	
	教学效果	学生能在课程中明显提高知识技能,学生喜爱程度高。		10分	
课程评价	评价激励	评价内容具体,措施方法得当,权重明确。	入班观课 查看学科课程 纲要及学生 学业评价档案	10分	

三、创设"百花节日",落实节庆文化课程

把"节日文化"作为课程资源,这是很多学校通行的做法。"百小"也有着本校独特的节庆文化课程,通过它们来为学生提供表现与展示自我的平台。

(一)"百花节日"的创设方法

我校的节日庆典方式多样,有的是结合传统节日而开展的,比如清明节的"鲜花祭英烈"活动;有的是根据现代节日而形成的活动,如国庆节的"向国旗敬礼";还有的是校园节日活动,如"百小体育节"的"体育2+1",等等,这些特别的"节"和活动都是学生们的所爱。

1. 中国传统节日课程

开展以传统节日为主题的活动,目的是大力弘扬中华民族优秀传统文化,增强学生对民族传统节日的喜爱,激发他们对传统文化的热爱与认同。中国传统节日课程实施方案见表1－12。

2. 现代节日课程

我校通过现代节日课程,开展爱国主义教育以及进行多样文化的熏陶,激发学生热爱生活、热爱学习、热爱校园的情感,为他们搭建展示自我的平台。现代节日

课程实施方案见表 1－13。

表 1－12　百花洲小学"百花节日"——中国传统节日课程实施方案表

时 间	百花节日	主 题	活 动
清明节	杜鹃花节	鲜花祭英烈	主题队会、献花留言、小报制作评比
端午节	栀子花节	栀子香飘端午	包粽子、制作端午小报、毕业季活动
中秋节	桂花节	桂花里的圆月	写中秋小诗、桂花赏诗会
重阳节	菊花节	重阳敬老活动	吟诵古诗、"我为重阳留个言"、登高、到社区参加"时间银行"慰老服务
春 节	茶花节	年味大观园	写对联、贴年画、制作春节元宵小报

表 1－13　百花洲小学"百花节日"——现代节日课程实施方案表

时 间	节 日	主 题	活 动
六 月	儿童节	咱要上六一	1. 入队仪式 2. 节目展示
十 月	国庆节	向国旗敬礼	1. 学唱国歌 2. 争当升旗手
十二月	元 旦	同伴巧手迎新年	1. 手工制作 2. 剪贴窗花 3. 致辞新年

3. 校园节日

"百小"校园里各具特色的节日,特具仪式感与教育性,它已经成为学生们感受校园文化、陶冶情操、进行自我展示的一个特殊载体。校园节日课程实施方案见表 1－14。

表 1－14　百花洲小学"百花节日"——校园节日课程实施方案表

时 间	节 日	主 题	活 动
四 月	百小读书节	最是书能致远	开展一系列读书活动及"书香家庭"的评选活动
五 月	百小音乐节	感受音乐之美	开展校园合唱、器乐比赛及"小歌手争霸赛"等系列活动

续　表

时　间	节　日	主　题	活　　动
十　月	百小体育节	体育2＋1	开展花样跳绳、广播操评比等系列体育赛事
十二月	百小戏剧节	走进课本剧	课本剧、舞台剧展演

(二)"百花节日"的评价

我们根据"百花节日"的内涵,以评优、表彰先进为契机,设计了如表1-15所示的"百花节日"评价表。

表1-15　"百花节日"评价表

评价指标	评　价　内　容	权重分	得分
活动方案	1. 主题鲜明,寓意深远,具有时代性、教育性、针对性。 2. 内容贴近学生的生活实际,紧扣时代脉搏,指向学生的核心素养培养。 3. 活动设计有特色、接地气、有创意,凸显出节日的特点。	30分	
活动实施	1. 活动有方案,有评价,有成果展示。 2. 按照"近、亲、实"的原则选择活动,活动内容设计综合考虑节日特色以及学生的实际情况,充分满足学生个性发展的需求。 3. 采取多种形式呈现活动内容,具有开放性和拓展性,不断地给学生以新鲜感,促进思维发展。 4. 师生互动,有情趣;学生参与面广,懂得与他人合作,互帮互助,在体验中感受节日氛围,培养实践能力与合作精神。	40分	
活动效果	1. 活动目标明确,有明确的导向性和时代特点。 2. 活动形式新颖、别致、多样、开放互动,是使学生充分展示自我的平台。 3. 通过节日课程对学生进行传统教育、自我教育,学生在活动中有所得。 4. 学生情感态度、价值观得到了提升。	30分	

四、建设"百花社团",落实兴趣爱好课程

"百花社团",因"百花教育"而来,它是课堂教学的延展和深化,可以不分年级,

由兴趣爱好相近的同学组成，旨在通过丰富多彩的社团活动挖掘学生特长、关注兴趣爱好、培养公民意识，为学生发展提供更广阔的时间与空间。

（一）"百花社团"的建设

百花洲小学的"百花社团"，结合学生特色、根据学科特点，将社团活动的时间安排在课堂教学之外。此外，充分利用家长及社区资源，为学生提供实践机会，将社团活动立体化、生活化。"百花社团"主要类型见表1-16。

表1-16 "百花社团"的主要类型表

课程类别	社团名称	社团课程目标
语萃园课程	诗文诵读社	在社团里，通过古诗文诵读、英文儿歌演唱、表演等活动，培养学生对语言的敏感性，激发他们对语言表达的热爱。
	英语小广角	
智慧园课程	创新思维场	通过数学游戏、棋类游戏等活动来培养学生的数、形观念，培养他们的数学力以及创新思维能力。
艺术园课程	花之韵合唱社团	在艺术类社团课程群中，通过合唱、民乐演奏、舞蹈、书法、剪纸等多种活动来培养学生的审美能力、艺术鉴赏力，传承祖国优秀的传统文化。通过这些传递美、表现美的活动，来陶冶学生的情操，培养其良好的艺术素养。
	花之灵民乐社团	
	花之秀美术社团	
	花之香书法社团	
	花翩跹舞蹈社团	
健康园课程	活力健身园	在"健康园"社团课程群中，通过开展田径、花样跳绳、篮球、乒乓球，以及心理游戏、心理团辅等社团活动，来培养学生健康的身心，增强其身体素质，使其拥有健康的心态。
	阳光心疗社	
科创园课程	科学实验室	在科创类社团课程群中，通过头奥、3D打印、科学实验、航模、制作电子简报等活动来培养学生的动手能力，提高他们的科学素养以及信息处理能力。
	信息大舞台	
美德园课程	红领巾在行动	通过组织学生走出校园，参加重阳节敬老、端午节为老人包粽子、春节为老人写对联、在社区花圃插牌等系列社会活动，培养学生对他人的爱心以及社会责任意识、安全意识等。
	家园的新伙伴	

"百花社团"的实施,不但巩固、拓展学生在课堂所学的内容,而且使其所学的知识得到有效的运用和创新,大力培养学生的创新精神、实践能力,全面提升学生的综合素养和学校的办学活力。

(二)"百花社团"的评价

"百花社团"在评价目的和方法等方面具有全面性、系统性,按照动态生成、真实情境、多元评价、尊重差异、注重过程、关联结果的基本取向开展评价工作。学校社团评价内容见表1-17。

表1-17 百花洲小学"百花社团"评价表

评估内容	评 估 标 准	评 估 方 式	得 分	
			自评	督评
课程方案 (30分)	社团有规范、健全的组织机构,有活动场所。社团指导教师能够指导社团建设。(15分)	访谈学生、查阅资料		
	有社团章程和管理制度,有计划、有总结。工作计划任务明确、重点突出、措施得力。工作总结全面具体。(15分)	访谈学生、查阅资料		
课程实施 (40分)	社团活动常态化、规范化,做到前有计划,后有总结。每学期活动不少于15个课时,过程性资料详实。(20分)	查阅资料、访谈学生		
	社团每学年至少进行一次校内交流展示。(20分)	查阅资料		
课程评价 (30分)	有固定的招收团员办法,根据社团现状,适时招收团员。社团规模建制不少于10人。每学年至少对团员进行一次评定。(15分)	访谈学生、查阅资料		
	社团成员积极参加本社团组织的各项活动,并积极参加各级比赛,取得荣誉表彰。(15分)	访谈学生、查阅资料		

五、做活"百花文化",落实校园环境课程

"百花文化",从空间文化、活动文化等不同的维度来落实校园环境课程,通过

不同的文化形式,使教育走向多元化、生活化,课程因文化有了厚度,文化因课程有了载体。

(一)"百花文化"的内容

"百花文化"是"百小"校园环境的组成部分,包括空间文化及活动文化,旨在使校园环境发挥育人作用。"百花文化"课程维度与实施见表1-18。

表1-18　百花洲小学"百花文化"课程维度与实施表

百花文化课程	内　　容
空间文化	廊道文化:廊道空间有功能
	教室文化:班级文化有特色
	广场文化:学校比赛有展示
活动文化	值周生自主管理
	社团及节日活动的开展
	爱心天使慈善行
	百花礼仪

(二)"百花文化"课程的评价

① 班级文化评选;廊道、广场文化创意征集。

② "值周生自主管理"的评价,主要是根据值周生的表现来评定。大队委将定期或不定期地对值周工作进行检查,评选5名优秀值周生,对于优秀值周生的事迹,在周一集会上进行宣传,或通过广播进行表扬,在校门口宣传栏进行展出。

③ "爱心天使慈善行"的评价,重在"爱心",将评选"爱心小天使",并在六一儿童节或元旦进行表彰。

④ "百花礼仪",通过评选"礼仪之星",让学生变得更文明、优雅。

六、聚焦"百花整合",落实专题教育课程

根据多元智能理论,百花洲小学聚焦"百花整合":落实三级课程的科学整合,

加强课内与课外的整合、学科活动与实践活动的整合。比如：春秋游研学，"三原色整合"，专项整合活动等。

(一)"百花整合"的建设

　　1. 学科整合

　　分为学科内整合与学科间整合两种情况。它不是简单地将学科课程进行重合并重新安排，而是挖掘不同学科的共通之处，以统一的主题整合不同学科的内容，让学生体验不同学科知识间的内在联系，还原学生完整的经验世界。在跨学科的课程整合中，找准不同学科的契合点是关键。这不仅需要教师深入挖掘不同学科教材的内在逻辑关系，还需要不同学科教师的沟通与协作。基于这一理念，"百小"结合本校的办学特色，对现有的 13 门国家课程进行整合，这样的学科整合既兼顾了义务教育阶段对学科教学的要求，又通过拓展性课程、探究性课程去激活每一个学生的潜能。"百花整合"之学科整合见表 1－19。

表 1－19　百花洲小学"百花整合"之学科整合表
("金色十月"自选课程)

	语文＋英语	数学	音乐＋美术	体育＋健康	科学＋信息	思品＋综合
第一学段	语言表演	中国象棋趣味魔方五子棋	手工制作手指画折纸飞机	花样跳绳	趣味闯关	百花礼仪整理收纳心理游戏
第二学段	百花文学社日记之旅英语课本剧	数独数学魔术	纸杯画少儿国画舞蹈	花样跳绳羽毛球	科技小实验PPT 制作	百花礼仪
第三学段	阅读交流英语小导游中外名剧欣赏	数学游戏扫雷世界	音乐剧欣赏纸杯纸盘画衍纸手工	杯子舞花样跳绳篮球	航模	百花礼仪

　　"百小"初步将每年的五月、十月定为"百花课程月"，分三个学段来实施。上午是国家课程，下午是自主选课、走班上课，利用现有的课程与师资来实现拓展。每个学段 12 门拓展性、个性化课程，执教者除了本校教师、外聘教师，还将邀请家长参与。

2. 主题整合

主题整合是以主题为核心,对课程资源进行主题整合。在主题整合的实践中,我们认识到学校只有形成特色的拓展课程体系,才能形成办学特色,才能为孩子们打上人文底色。于是,举全校之力,形成本校独特的课程体系,即在原有的国家课程的基础上,自主开发了"百花人文""百花礼仪""情绪与健康""体验游戏""花样跳绳""交往指导手册""婷婷姐姐100问"等主题式拓展性课程,这些课程有规定的内容,要求在一定的课时内完成,重在培养学生的健全人格、礼仪、感恩之心、团队合作精神。

(1)"百花人文"特色课程实施

"百小"教师结合学校办学特色以及得天独厚的地理优势,开发以"百花人文"为主题的综合实践课程。例如,通过"寻踪百花洲"综合实践活动,学生们进一步认识了家乡,了解了家乡的历史、文化,初步具有了发现问题和解决问题的能力,有了搜集信息和处理信息的能力,有了与人沟通、合作的意识,还培养了热爱传统文化、热爱家乡、热爱祖国的思想感情。"百花人文"特色课程见表1-20。

表1-20　"百花人文"特色课程表

单　元	活 动 时 间	活动主题	活 动 内 容	课时数
单元一	九月至十一月上旬	寻踪百花洲	召开"百花洲的历史"发布会	16
单元二	十一月中旬至一月上旬	走近百花洲	开展以"印象百花洲"为主题的图片展,或PPT展示	16
单元三	三月至四月	保护百花洲	开展"保护百花洲"主题活动	16
单元四	五月至六月	畅想百花洲	以文字或图画表现自己心目中未来百花洲的样子	16

(2)"百花礼仪"特色课程实施

讲礼重仪是中华民族世代相传的优秀传统。因此,让学生成为知书达礼的"谦谦君子"是开发"百花礼仪"这门特色课程的初衷。《百花文明交往礼仪手册》介绍了9个有关校园礼仪的知识,意在让学生知礼、明礼、执礼、悟礼,积累成长正能量,成为合格的学生、文明南昌人、中国好公民。"百花礼仪"特色课程见表1-21。

表 1-21　"百花礼仪"特色课程表

课　时	内　　容	课　时	内　　容
第一课	文明的仪表	第二课	文明的交谈
第三课	文明的交往	第四课	文明的行走
第五课	文明的集会	第六课	文明的课堂
第七课	文明的课间	第八课	文明的用餐
第九课	文明的出游		

(3) "情绪与健康"特色课程

情绪会影响人的认知、创造力、人际关系、健康,它还对形成记忆有很大影响。但是,我们却很容易忽略孩子的情绪。再加上课业负担沉重、学习压力增大,学生在成长的过程中暴露出厌学、焦虑、人际关系紧张等心理问题。基于此,"百小"开发了"情绪与健康"特色课程。"情绪与健康"特色课程见表 1-22 和表 1-23。

表 1-22　"情绪与健康"特色课程表之一

年　级	情绪教育	教　学　内　容
三年级	别害羞	认识害羞情绪,学会克服
	生气了	了解生气情形,缓解情绪
	我好紧张	认识紧张反应,学会缓解
	我被冤枉了	认识被冤枉的感受,学会处理
四年级	我不是胆小鬼	了解害怕什么,直面害怕
	我不孤单	了解孤单情绪,学会应对
	你是我的朋友	了解闹矛盾是什么,学会化解
	我好担心	了解担心的感受,消除担心
五年级	烦恼 bye bye	认识难过的心情,面对与处理
	心花朵朵开	认识开心的情绪,善用好心情
	和爸爸妈妈吵	了解伤心的情绪,学会缓解
	我想念奶奶	进行死亡教育,正确面对

续　表

年　级	情绪教育	教　学　内　容
六年级	我好得意	探索自己的价值,自我鼓励
	勇敢挑战吧	战胜嫉妒心理,调适情绪
	应对家庭风波	调整自己的看法,和谐相处
	让父母更理解我	表达自身感受,学会沟通

表 1-23　"情绪与健康"特色课程表之二

版　　块	健康教育	活 动 内 容	健康教育	活 动 内 容
体验运动	认识自我	我是独一无二的	自信成功	搭座心桥
		说说心里话等		自信要诀
		"和尚"抬水		别说不可能
		分享快乐		成功秘诀
	感恩他人	不做"小拖拉"	室外游戏	记忆考验
		用好零花钱		信任进步行
		独立当家		两人三足
		心怀感恩		无敌风火轮
健康饮食	肉吃多了容易冲动			
	糖吃多了容易发怒			
	生气时泡玫瑰花茶、吃山楂			
	养心安神多吃莲藕			
	缺锌的人容易抑郁、情绪不稳定			
	蔬菜中的钾有助于镇静神经、安定情绪			

(4)"体验游戏"特色课程

传统游戏,也叫民间游戏,它集各种民间智慧于一体,形式多样、内容丰富。《百花交往合作体验游戏》介绍了 16 个适合学生课间玩耍的趣味游戏,既满足了学生好动、好奇、好玩的天性,又通过"玩"使其体验与人交往合作,从而学会交往、学会合作,逐步养成良好的团队精神和互帮互助的品行。"体验游戏"特色课程见表 1-24。

表 1-24　百花洲小学"体验游戏"特色课程表

课　时	内　容	课　时	内　容
游戏一	快乐的小棒	游戏九	"车轮"转转转
游戏二	传统密令	游戏十	合作建塔
游戏三	划正字	游戏十一	背对背坐地起身
游戏四	石头剪刀布	游戏十二	飞碟
游戏五	赶"猪"过河	游戏十三	跳跃"大风车"
游戏六	加油吹羽毛	游戏十四	占领阵地
游戏七	合力吹气球	游戏十五	两人三足
游戏八	多多益善	游戏十六	爱的传递

(5)"花样跳绳"特色课程

"百小"学生活动场地较小,限制了体育活动的开展。学校为落实"阳光体育运动"以及"体育艺术2+1"项目,选择跳绳作为体育活动的主打项目,开发了"花样跳绳"特色项目,并分年级、分层次来让校本课程落地,让学生在花样跳绳运动中学会交往合作,体验与伙伴共娱乐、共运动、共学习的历程。"花样跳绳"特色项目见表1-25。

表 1-25　"花样跳绳"表

课　时	内　容	课　时	内　容
一年级	花样跳绳	四年级	车轮跳、双摇、跳大绳
二年级	花样跳绳	五年级	车轮跳、彩虹跳、双摇
三年级	车轮跳、双摇	六年级	车轮跳、彩虹跳、双摇、三角跳

(6)"交往合作指导"特色课程

进行有效交往是需要学习与实践的,"交往合作指导"就是告知学生与同伴交往的知识与技巧,帮助学生在学习和生活中营造一个和谐的人际氛围,让他们在交往合作中游刃有余,成为"交往合作小能手"。"交往合作指导"手册内容见表1-26。

表 1 - 26　"交往合作指导"手册表

课　时	内　　容	课　时	内　　容
第一章	"主动"开启友谊门	第六章	化"敌"为友乐融融
第二章	"真诚"美好友谊石	第七章	"求同存异"好相处
第三章	"尊重"有道真情浓	第八章	"平等待人"少偏见
第四章	学会"分享"收获多	第九章	挑战"冷落"方法多
第五章	"取长补短"开怀笑	第十章	平衡"异性"有灵招

(7)"心理健康"特色课程

学校以"情绪与健康""交往指导手册""婷婷姐姐在线100问"为蓝本,编写了"心理健康"课程的校本教材,并在三至六年级各班开设,每周一节。课程实施后,学生变得更加开朗、活泼、自信、乐观,能自主、及时、有效地调整自己的情绪和心理状态,精神面貌焕然一新。

(8) 研学课程

包括春秋游研学、毕业课程。结合春、秋不同季节的特点,走进大自然,让学生去感受自然之美、进行探究性学习;根据毕业学生的特点,每个毕业季,设置"感恩母校、体验成长"等不同主题的毕业研学课程,让学生在活动中学会感恩、懂得合作。

(9)"三色课程"

包括红色(讲革命故事)、绿色("环保我先行")、古色("古诗词之旅"),在"三色课程"中对学生进行爱国主义教育、传统文化教育,使他们真正懂得环保的重要性,并能身体力行。

(二)"百花整合"评价的方案

"百花整合"的科学有效,必须有评价机制做保障。评价时,首先得明确评价的对象,它包括了参与课程实施的教师、学生、学校,还包括课程活动的结果,即学生和教师的发展。提倡从以下几个方面进行评价:

① 运用观察法、访谈法,评价学生在学习过程中的表现、整合课程的学习质量

和水平,课下也可以对学生进行访谈,或向学生、家长发放调查问卷,增加对学生学习质量的了解,并根据本人或他人的回答来评价课程。

②坚持评价内容、标准、方式的多元化,重视学校、教师、学生自我的评价,还可以邀请专家及其他人员参与到评价中来,以增强评价的科学性、实效性。

③进行过程评价。过程评价具有开放、激励的功效,贯穿于教学的始终,用它来纠正、引导学生的学习,激发学生学习的动力。

④通过评价了解、把握真实的反馈信息,比较、分析课程是否能够真正促进学生学习,与学生的心理逻辑是否吻合,课程结构是否突破了学科限制,真正指向学生发展;判定课程设计与实施效果,及时做出决策改进课程整合工作。

综上所述,我校"百花园课程"秉承"百花洲上百花开"的课程理念,围绕着"建设家校社和谐合作生态园,培养规正尚美、知行合一社会人"的办学目标,立志通过建设"立体、全面、丰富"的课程群,为学生搭建可供学习、体验、实践的多种成长平台,深入实施素质教育,最终实现"让百小花态园里每一朵都能如其所是地绽放"这一办学愿景。

第二章

课程目标：在地文化的图像再造

课程目标是课程的灵魂，课程育人，课程的目标就是培养德智体美劳全面自由发展、适合社会需要的人。只关注课程的目标及其实现远远不够，更应关注学习过程中的个人发展。学生的内在生长，是在一定的在地文化与情境下发生的，厘清在地历史文化和社会脉络，将有效促进儿童经验的延展。注重理解课程目标在文化、历史等方面对个人的影响，从而确立适合校情与学情的有层次的课程目标，用独特图像再造源于地方又联系全球的特色学校课程目标。

　　培养什么人、怎样培养人、为谁培养人，这是学校课程目标首要关注的问题，也就是说，课程要充分体现其教育功能以达成育人目标的实现，课程目标的确立需关注学生的成长与发展。学生的内在生长，是在一定的在地文化与情境下发生的，它促进儿童经验的扩充与扩展。为了实现生长的目的，课程应以经验为目标，课程目标就是学生的一系列生长经验。课程目标是目的与手段的统一，它不应该是事先设计好的，应该具有一定的弹性和开放性，也并不是一成不变的，而是要根据历史、现实以及在地文化等而变迁的。

　　学校课程目标需回顾历史、审视现实、前瞻未来，遵循"六性"，即价值导向性、科学性、文化属己性、实践操作性、悦纳性、社会认同性，课程目标应成为在地文化的图像再造。课程育人，培养德智体美劳全面自由发展、适合社会需要的人，是课程的最终目标。南昌市南京路小学坐拥贤士湖，以"贤文化"为核心，构建"小贤士课程"，以"得贤知、明贤礼、提贤能、启贤行"为学校育人目标，并将其细化成不同年段的要求和表现，努力形成适合不同年龄阶段学生的目标梯度，成为一个严谨的课程目标序。每一所学校只有善于对照学校自身课程目标，在文化属己性上做研究，挖掘在地文化资源背景，采用个性语言表达，运用独特图像再造，执着坚定地行走，才能形成别人"拿不走"的学校课程目标。

➡ 在地文化
　贤士湖旁有贤士

　　南昌市南京路小学(以下简称"南小")坐落在皎皎玉带河畔，悠悠贤士湖旁。贤士湖地处南昌市中心城区，以风景宜人的青山湖为依托，犹如一颗璀璨明珠点缀其中，是一个集休闲、观赏于一体的景观湖，其优美的水环境，是东湖区又一靓丽的生态名片。在二十世纪九十年代，贤士湖上千亩的莲叶田田，一片片藕田与湖水相接,一眼望不到边,湖水与人融为一体。而今,贤士湖虽只存留一小隅,但湖边城市绿地、临水护栏、亲水栈道、景观照明、休闲广场、景观雕塑、绿化种植等一应俱全。这里一年四季绿树成荫、花香扑面,清风拂过,碧绿的河水荡漾起粼粼波光。贤士湖历史悠久,民间相传,古代湖中有少女姓子墓,故称姓子湖,后谐音"贤士湖"。贤士者,志行高洁、才能杰出的人,这一谐音真是妙不可言,为"南小"积淀了丰厚的文化底蕴。

➡ 课程图谱
南昌市南京路小学: 小贤士课程

南昌市南京路小学创建于 1949 年,原名"江西省第一工农子弟学校",是在江西省第一任省长邵式平同志的亲自关怀下创立的,迄今已有 70 余年的光荣历史。近年来,学校以"养贤正之气,育贤善之人"作为办学理念,结合"贤文化"建设,充分利用学校现有的教育教学特色及丰富的校园文化资源优势,带动学校师资队伍建设与课程开发、管理、评价以及教学资源开发等方面和谐发展,为学校特色发展、教师专业发展、学生个性发展提供了新舞台。通过全体"南小"人的孜孜求索、默默耕耘,学校在现代化办学的征途上,缜密筹划、循序渐进,追求优质教育,打造精品校园。学校曾被评为"全国家庭教育实验研究基地""全国第一批流动人口健康促进示范校""全国青少年校园足球活动南昌市定点学校""建设中的省级义务教育示范校""江西省体育乒乓球项目传统学校""江西省爱国主义教育先进学校""江西省教育系统规范管理年先进单位""江西省教育系统质量提升年先进单位""南昌市文明校园""南昌市文明单位""南昌市德育示范校""南昌市优秀少先队大队部""南昌市'素质教育月'活动先进单位""南昌市青年文明号"。南京路小学以"贤文化"为核心,以"尚贤"精神为指引,打造共同价值观。

第一节　给童心洒下向贤至善的阳光

南昌市南京路小学坐落在皎皎玉带河畔,悠悠贤士湖旁,真可谓"碧波漾处书声起,湖映楼影婀娜生",是教书育人的一处绝佳清雅之地。孔子云:"见贤思齐焉,见不贤而内自省也。"师者施贤、学者师贤,近年来学校以建构特色"贤文化"为核心,着力推进建设"五贤工程",即学贤明、立贤德、提贤能、育贤才、聚贤誉,"南小"人以"求真务实,争创一流"的工作精神,扎扎实实地推进学校"贤文化"建设,见贤思齐,不忘初心,砥砺前行,在教育之路上走得愈发稳健、成熟。在充满生命活力的课程中,给童心洒下向贤至善的阳光,滋养孩子们茁壮成长。

一、学校教育哲学:尚贤教育

学校"贤文化"是对所有主客观世界美好的、高尚的精神、事物的向往与追寻,学习与实践。"见贤思齐,人人成才""选贤任能,绽放精彩",古有"贤明、贤达、贤良"等词,今有"任人唯贤、选贤举能"之说,从古至今"尚贤"是社会崇尚的道德要求。基于学校已有的办学特色及对教育本质的认识,我们构建了学校的教育哲学——"尚贤教育"。让孩子们在"尚贤教育"的熏陶下,不断完善自我。我们希望"南小"的学子具有以下几种品格:一是贤孝,"贤孝者仁爱也",孝贤相继,"南小"是传承仁爱的沃土;二是贤善,"言行恒时随顺友","南小"人一心向善、秉性正直;三是贤礼,"以礼相待"的文明之风吹遍"南小"每个角落;四是贤才,"南小"致力于培养德才兼备的社会主义合格建设者和接班人,让每个"南小贤娃"都能够成为向贤至善的"小贤士"。总之,"尚贤教育"是引领儿童健康成长的教育,是追求真善美的教育:

"贤"是一种向往,饱含在每个"南小"人的灵魂内;

"贤"是一种美德,植根于每个"南小"人的心灵中;

"贤"是一种品格,凝聚在每个"南小"人的身体间;

"贤"是一种使命,落实在每个"南小"人的行动上。

我们的教育信条

我们坚信,

每一个孩子都有美好的向往;

我们坚信,

学校是一个孕育真善美的地方;

我们坚信,

让生命与美好相伴相随是教育的终极追求;

我们坚信,

养贤正之气、育贤善之人是教育的神圣使命;

我们坚信,

给童心洒下向贤至善的阳光是教育的最美图景;

我们坚信,

教育的全部秘密在得贤知、明贤礼、提贤能、启贤行。

二、学校课程理念: 给童心洒下向贤至善的阳光

基于学校的教育哲学和办学理念,我校提出这样的课程理念:给童心洒下向贤至善的阳光。我们赋予这一课程理念新的涵义:

课程即生命的场域。华东师范大学叶澜教授曾经说过:"教育是直面人的生命、提高人的生命、为了人的生命质量而进行的社会实践活动,是以人为本的社会中最体现生命关怀的一种事业。"学校以课程推进的方式让孩子们学会与世界打交道,校园内的一草一木、一物一景、一人一事皆课程,只有走过了、经历了、尝试了,才能发现它们的意义与价值。当孩子们和教师们以课程为媒介,将生命、自然、生活联结,才是教育的真正本源。

课程即生长的种子。"种子",意味着生命的萌发,象征着无穷的力量,我们就是想通过课程在儿童的心里播下思考的种子、探究的种子、方法的种子,为儿童积蓄成长的能量。我们也相信,儿童本身就是一颗萌发着生命力的种子,只要我们提

供合适的土壤,他定能破土而出、拔节生长。

课程即美好的向往。心中拥有美好的向往是促使一个人实现自己人生价值的原动力,成功的课程为孩子的成长注入心灵的滋养,希望孩子们能将在课程中习得的信息、培养的能力,汇集成自己心中美好的向往,促进他们可持续发展。

课程即个性的张扬。学习是孩子自己的事情,是一种个性化的行动,任何人都无法替代。一切教育教学活动都要努力营造一个有利于张扬孩子个性的"场",以儿童生命自由张扬与完满发展为旨归,让儿童的个性在宽松、自然、愉悦的人文氛围中得以释放,在自由自在的氛围中向上生长,在奋发进取的氛围中展现生命的活力。每一个孩子都是独特的、唯一的,我们要让每一个独特的生命绽放不一样的精彩。

"尚贤教育"的理念就是让孩子在校园里的学习和生活中感受到和谐、友爱、平等、互助,让他们主动学习,发现身边的美好。倡导教师发现孩子的闪光点,用欣赏的眼光看待孩子,用多元化的方法评价孩子,形成良好的师生关系。学校为了实施"贤文化"品牌培育,落实"尚贤教育"这一教育哲学,将课程模式确定为"小贤士课程",研发具有各学科特色的"贤乐课堂",将实施的课程分为"贤语园课程""贤智阁课程""贤艺林课程""贤创谷课程""贤善坊课程""贤健湾课程",最终形成"小贤士课程"体系,旨在通过课程的实施,给童心洒下向贤至善的阳光,让每个"南小"学子都能够成为向贤至善的"小贤士"。

第二节 养贤正之气 育贤善之人

一、育人目标

在秉承"养贤正之气,育贤善之人"的办学理念下,学校将育人目标锚定为"得贤知、明贤礼、提贤能、启贤行",立德树人,让孩子学会学习、学会生活、学会交往、学会做人,使之具有科学的世界观、人生观、价值观,成为身心健康的"小贤士"。

　　得贤知：爱学习,乐探究。学会学习,以发现的方式开展学习,每个"南小"学子都应该具有一种善于学习的品质和运用发现式学习方法的能力。

　　明贤礼：明是非,懂感恩。每个"南小"学子都应成为明辨是非、懂得感恩的人。

　　提贤能：欣赏美,勤锻炼。培养艺术水平,勤于锻炼体魄。每个"南小"学子都应掌握一定的特长技艺,从而陶冶情操,强健体魄,并有担当责任的勇气与能力。

　　启贤行：善合作,能创新。有目标,有追求,有行动,重落实。每个"南小"学子都应有理想、有追求,并能为实现理想脚踏实地奋斗。

二、课程目标

　　育人目标是通过课程目标去达成的,为了实现育人目标,我们把育人目标进行了细化,形成了低、中、高年段的分阶段课程目标,具体见表 2-1。

表 2-1　"小贤士课程"分年段目标表

维度目标	低 年 段	中 年 段	高 年 段
得贤知 (爱学习, 乐探究)	按要求完成低年段课程标准规定的学习任务,培养激发热爱各门学科的学习兴趣,学习各学科知识;初步养成善于倾听、主动思考的学习习惯。	按要求完成中年段课程标准规定的学习任务;能够主动参与教学各环节的活动,学习掌握各学科知识和技能;能连贯流畅地表达自己的想法;逐步养成善于思考、主动探究的习惯;有较丰富的想象力和一定的发散思维能力。	按要求完成高年段课程标准规定的学习任务;养成主动思考、敢于探究的学习习惯;能发现问题并寻找解决问题的方法,拥有一定的思辨能力;有自己独特的见解并敢于发表,会进行自我评价与反思;有良好的搜集、处理、筛选、整合信息的能力。
明贤礼 (明是非, 懂感恩)	初步培养良好的学习及生活习惯;学会简单的基本礼仪,讲礼貌、使用文明语,培养爱自己、爱他人、爱班级、爱学校以及感恩父母、感恩师长的积极情感。	逐步形成良好的学习生活习惯;讲文明,懂礼貌,自觉遵守在校一日常规,团结友爱,培养集体荣誉感;能够观察、关注日常学校、社区的人与事并形成积极的认知与评价。	养成良好的学习生活习惯;懂得尊重他人,遵守社会公德;具备爱家乡、爱社会、爱祖国的情感;树立正确的人生观、价值观、世界观,能明晰人生志向并有切合实际的行动。

续　表

维度目标	低　年　段	中　年　段	高　年　段
提贤能 (欣赏美, 勤锻炼)	根据国家基础课程锻炼体魄,陶冶情操;依托体育、艺术等社团活动,激发对美育、体育的兴趣爱好;初步培养感知美的能力。	逐步养成主动参与体艺活动的习惯;掌握相关体育、艺术基本知识与技能;逐步感受并了解中华优秀传统文化;掌握初浅的艺术创作方法。	对体育、艺术产生广泛的兴趣爱好;掌握一定的运动技能;培养感受美、理解美、表达美的能力;通过对中华民族优秀文化艺术作品的鉴赏,培养民族文化自豪感;掌握一定的艺术创作方法,积极体验艺术创作过程。
启贤行 (善合作, 能创新)	初步培养注意力、观察力,能就感兴趣的内容提出问题;初步培养合作意识,争取有有新意的发言与思考;初步培养爱科学、学科学的意识。	形成良好的注意力与观察力,能够分工合作完成学习任务,增强合作意识并乐于分享交流;能够主动参与、体验、实践各类科技创新活动;在生活中增强学科学、用科学的意识。	能在实践活动中提升自我创新意识与创新能力;通过调查、交流和评价展示创新成果;能将自己的创新思维、创新能力运用到学习、生活中,具有科学的理念和思维方式。

在实现课程建设目标的过程中,我们关注课程资源的创建,以各种有效途径推进"尚贤教育"特色形成,以助力"小贤士课程"的构建与实施。

第三节　向上,真善美馨香馥郁

基于"尚贤教育"的哲学以及学校的育人目标,学校建构了"小贤士课程"体系。贤士者,志行高洁、才能杰出之人,学校期待"南小"学子能够积极向上向善,争当"小贤士",让真善美的馨香馥郁而持久。

一、课程逻辑

根据"给童心洒下向贤至善的阳光"这一课程理念,我校把总课程体系设计为

"小贤士课程",我们通过"小贤士课程"的实施,培养"得贤知、明贤礼、提贤能、启贤行"的小贤士。学校课程逻辑见图 2-1。

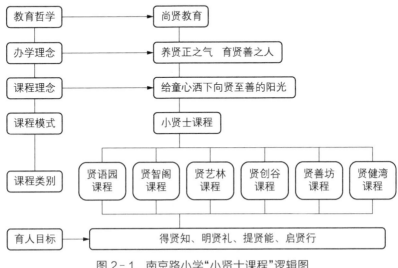

图 2-1　南京路小学"小贤士课程"逻辑图

二、课程结构

依照加德纳的"多元智能"理论,学校以学生综合素质的全面提升为价值取向,按照基础教育的定位、人的成长和发展规律及学生的个性特点,把"小贤士课程"分成六大类: 语言发展类课程、逻辑思维类课程、艺术审美类课程、科学探究类课程、社会交往类课程、运动健康类课程。学校课程结构见图 2-2。

"贤语园课程",属语言发展类课程,在课程中培养孩子的吟诵能力、表达能力、写作能力、英语口语能力等。

"贤智阁课程",属逻辑思维类课程,旨在培养儿童数学推理的能力及逻辑推理的能力,主要课程有一至三年级的珠心算课程,各年级的"中国象棋""国际象棋""魔方世界""神奇二十四"等。

"贤艺林课程",属艺术审美类课程,旨在激发儿童对音乐、书法等艺术的兴趣;

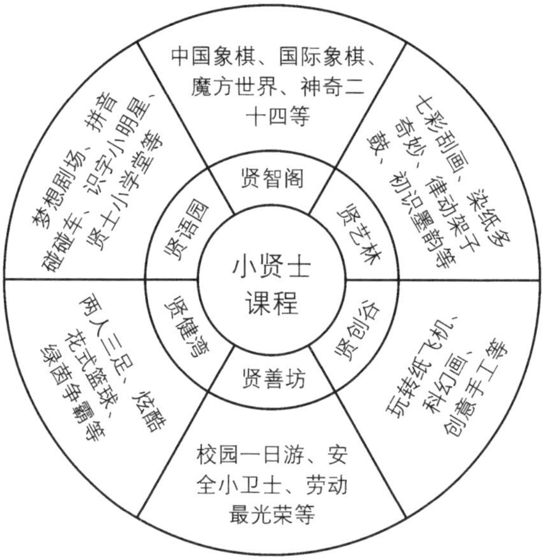

图2-2　南京路小学课程结构示意图

让孩子亲近自然,体验生活,拥有一双发现美的眼睛,培养孩子的审美能力,提升其艺术鉴赏能力。

"贤创谷课程",属科学探究类课程,旨在激发学生对科技的兴趣,培养儿童动手操作的能力。

"贤善坊课程",属社会交往类课程,孩子接触社会参加研学等社会实践活动,体会小公民的职责与义务,培养独立的生活能力,培养爱国之情。

"贤健湾课程",属运动健康类课程,通过各种有益身心的活动,强身健体,既培养孩子的体育技能,又呵护关爱他们的心灵成长。

三、课程设置

基础性课程按照国家规定的课程计划开设,除基础课程以外,学校结合多年的办学经验,在"养贤正之气,育贤善之人"的办学理念的前提下,构建了学校的"小贤士课程"。学校课程设置见表2-2。

表 2-2 南京路小学"小贤士课程"设置表

年级	学期	贤语园课程	贤智阁课程	贤艺林课程	贤创谷课程	贤善坊课程	贤健湾课程
一年级	上学期	1.绘本之旅 2.贤士小学堂	1.伴我学珠算 2.口算小能手 3.智力七巧板	1.七彩刮画、五彩气泡 2.哆来咪大家唱、舞动小浪花	1.科幻画 2.趣味科学小实验：彩虹糖 3.玩转纸飞机	1.校园一日游 2.我的班级我做主 3.祖国祖国我爱您 4.队前教育 5.新年新气象 6.春节——浓浓的亲情	1.宝贝快集合——队列队形 2.蹦蹦跳跳的乒乓球——乒乓颠球 3.小动物赛跑——跑步类 4.可爱的刺猬——滚翻、滚动技能
一年级	下学期	1.拼音王国 2.拼音碰碰车 3.识字小明星	1.伴我学珠算 2.口算小能手 3.智力七巧板	1.染纸多奇妙、小花局、虫虫世界 2.三拍舞步、校歌大家唱	1.奇妙观察站之四季的变化 2.创意手工：折纸	1.校园环保小卫士 2.清明——走进大自然 3.端午——我们包粽子 4.六一——光荣啊，入队！	1.花样沙包——制作沙包 2.足球跟我跑——足球带球 3.《好宝宝》——的律舞 4.小兔子——跳跳跳
二年级	上学期	1.绘本之旅 2.贤士小学堂 3.查字小高手	1.口算小能手 2.魔方世界 3.神奇的记忆力	1.快乐手印画、卡通王国、石头变变变 2.幸福的歌、快乐的音乐会、童趣、鼓乐飞扬	1.科幻画 2.趣味科学小实验：沉与浮 3.玩转纸飞机	1.生日大party——我长大了! 2.班级super star 3.亲亲我的校园——爱护公物	1.大公鸡集训——队列 2.你追我跑——跑类 3.篮球拍拍拍——篮球拍球

续　表

年级	学期	贤语园课程	贤智阁课程	贤艺林课程	贤创谷课程	贤善坊课程	贤健湾课程
二年级	下学期	1. 词语超市 2. 故事王国 3. 妙语连珠	1. 口算小能手 2. 魔方世界 3. 神奇的记忆力	1. 印印玩玩、吹吹画画、不倒翁 2. 快乐的音乐会、鼓乐飞扬	1. 奇妙观察站之奇特的昆虫 2. 创意手工：竹签	1. 青少宫之旅 2. 元宵节浓浓思乡情 3. 我来学雷锋 4. 欢乐非洲鼓 5. 走进八一起义纪念馆	1. 射门比准——足球射门 2. 投球小能手——投掷轻物 3. 小蚱蜢学跳高——跳跃单踏双落
三年级	上学期	1. 梦幻童话世界 2. 经典中外寓言 3. 贤者善记 4. 贤人善书 5. 朗月文学星	1. 计算小达人 2. 国际跳棋 3. 神奇二十四	1. 青花纸盘、活泼的动物乐园 2. 童年的快乐、优美好伙伴、优美圆舞曲、律动架子鼓 3. 初识墨韵、国粹共赏	1. 科幻画 2. 航空航海模型入门篇 3. 建筑模型设计入门篇	1. 我们都是好朋友——文明礼仪，学会相处 2. 安全小卫士 3. 走进滕王阁 4. 妇女节，我爱妈妈——给妈妈一个吻 5. 生活节——校园是我家	1. 七彩阳光健体操 2. 花式仰卧起坐 3. 乒乓对练
三年级	下学期	1. 字母歌我来唱——身体字母操我会做 2. ABC字母歌谣我爱听 3. 字母歌大比拼	1. 计算小达人 2. 国际跳棋 3. 神奇二十四	1. 民间剪纸、个性印章 2. 草原牧歌、律动架子鼓	1. 奇妙观察站之有趣的植物 2. 我是小小发明家：废旧材料再利用	1. 我是小小红领巾 2. 清明祭扫方志敏墓 3. 劳动最光荣 4. 八一——警察叔叔，您辛苦了！	1. 跳远冠军队——架彩虹桥 仰卧推起成"桥"——体操 2. 团结就是力量——接力跑 3. 两人三足

续表

年级	学期	贤语园课程	贤智阁课程	贤艺林课程	贤创谷课程	贤善坊课程	贤健湾课程
四年级	上学期	1. 成语接龙 2. 世界名著之旅 3. 妙笔生花 4. 汉字达人	1. 探索数字奥秘 2. 国际象棋 3. 趣味数学	1. 绿色、低碳、环保diy 2. 家乡美、快乐的校园 3. 晓识笔顺、流动笔触	科幻画 1. 航空航海模型基础篇 2. 建筑模型设计基础篇	1. 中秋佳节倍思亲 2. 走进省图书馆 3. 九九重阳节，浓浓敬老情 4. 你好，大队部 5. 图书跳蚤集市	1. 阅兵队——行进间列队 2. 乒乓对攻 3. 阳光天使韵律操 4. 体操我能行
四年级	下学期	1. 趣味剪贴画 2. 我做书法鉴赏家 3. 字母单词书写大比拼(字母标准手写体) 4. 单词速记我最强	1. 探索数字奥秘 2. 国际象棋 3. 趣味数学	1. 多彩的人物、巧思妙贴 2. 童声飞扬、悠扬竹笛 3. 晓识笔顺、流动笔触	1. 奇妙观察站之种植的乐趣 2. 我是小小发明家：废旧材料再利用	1. 雷锋日——我和社区有个约绘 2. 母亲节——世上只有妈妈好 3. 走进英雄部 4. 我给垃圾桶换换新装 5. 课本剧大赛——过把演员瘾	1. 下一个小超人——50 m跑 2. 跳跳小山羊——分腿腾跃 3. 抛球我能手——推抛实心球 4. 炫酷花式篮球
五年级	上学期	1. 尚贤书童 2. 谈古论今 3. 校园金话筒 4. 品经典，学贤士	1. 数学头脑风暴 2. 围棋 3. 思维导图	1. 国粹剪纸、迷人的花井 2. 家乡美、快乐的校园 3. 掌控四字	1. 科幻画 2. Mbot小车综合技能灭火入门篇	1. 科技之旅——神奇的科技馆 2. 老师，您辛苦了 3. 走进江西红色土地——红色江西 4. 中元——文明祭扫 5. 小小发明家	1. 羽球飞舞 2. 燃烧我的卡路里 3. 军旅拳——立卧撑

续　表

年级	学期	贤语园课程	贤智阁课程	贤艺林课程	贤创谷课程	贤善坊课程	贤健湾课程
五年级	下学期	1. 小小海报设计家（电影、美食、漫画） 2. 课本情景演我会演 3. 英文电影我爱看	1. 数学头脑风暴 2. 围棋 3. 思维导图	1. 迷人的花卉、童心童画 2. 非洲鼓 one two tree，贤雅管乐颂 3. 悬空雅字	1. 四驱车拼装竞速 2. 3D打印入门篇 3. 我是小小发明家：解决身边的问题	1. 体验VR 2. 植树节——今天我也是园丁 3. 父亲节——父爱如山 4. 建党节——没有共产党，没有新中国	1. 足球颠球王 2. 奔跑吧，少年 3. 跳绳与游戏
六年级	上学期	1. 梦想剧场 2. 诗歌大观园 3. 习作总动员 4. 观影之旅	1. 中国象棋 2. 思维体操 3. 魔方世界	1. 百变衍纸、美丽的田野 2. 芬芳茉莉、童声童唱	1. 科幻画 2. Mbot小车技能灭火基础篇 3. 无线电测向	1. 了解家乡 2. 向国旗敬礼 3. 红色基因永传承 4. 环保小英雄 5. 中秋节，民族情	1. 篮下制霸对抗 2. 进击的全球——助跑投掷全球 3. 体测测试我最棒
	下学期	1. 英文诗歌大比拼 2. 经典情景剧故事会《Three Little Pigs》 3. 英文歌曲比赛《Hush little boy》 4. 我是小小音乐赏家(音乐剧、流行乐、乡村乐)	1. 中国象棋 2. 思维体操 3. 魔方世界	1. 国画、素描、趣味折纸 2. 京腔京韵 3. 轩字魂	1. 3D打印基础篇 2. 我是小小发明家：未来的能源	1. 绿色江西，腾飞！ 2. 爱国诗人——屈原 3. 儿童节——少年强则国强 4. 毕业典礼——感恩成长，未来我有一个梦想	1. 少年拳 2. 绿茵争霸 3. 追风少年——跑类

第四节　让生命与美好相伴相随

　　课程实施是将编制好的课程计划付诸实际的过程，是一个整体性的活动。课程实施的目的在于培育儿童的主体性，促进儿童综合素养全面发展。课程实施过程是一个行动的过程，是通过这个过程将观念形态的课程转化为儿童可以接受的，并且具有内在的教育意义的实践操作课程，让儿童在课程实施过程中，享受生命与美好。

一、建构"贤智课堂"，落实学科基础课程

　　在原有的课堂文化基础上，学校进行了课堂教学文化的重新调整，聚焦学生核心素养，体现出教学理念的解放，教学目标的饱满，教学内容的丰富，教学方法的互动，教学评价的激励。

(一)"贤智课堂"的内涵与操作

　　通过"小贤士课程"的实施，我们努力培养"得贤知、明贤礼、提贤能、启贤行"的现代"小贤士"。因此，我们更加重视教与学的多样性；注重培养学生的多向思维；鼓励学生发出自己的声音；让学习过程、思考过程变得更有趣。我们希望我们的课堂是有情趣的课堂。它包含着以下五个关键词：

　　① 释放。"贤智课堂"是理念解放、天性释放的课堂。解放儿童的头脑，释放儿童的天性，以生命成长为目的，提升每一个生命的价值，赋予课堂教学以生命的意义，让课堂充满生命的活力。

　　② 生长。"贤智课堂"是教学目标明确的课堂。生于课改，长于课程，是融入了核心素养的有益尝试。生长课堂是一种目标引领，是一种价值取向，更是一种境界追求。

　　③ 丰实。"贤智课堂"是教学内容丰实的课堂。老师们因材施教，方法各异，在具体的教学中，多角度解读教材，对不同的学科进行整合，组成丰富的教学内容，

让学生们掌握最基础的知识与技能、学会与他人交流、拥有良好身体素养等。

④ 互动。"贤智课堂"是教学方法互动的课堂。这种教育活动是师生进行一种生命与生命的交往、沟通,这种教学过程是一个动态发展着的教与学统一的交互影响和交互活动的过程。这个过程中形成了和谐的师生互动、生生互动、学习个体与教学中介的互动,使教学过程成为师生共同开发、探讨、丰富课程的过程。

⑤ 赏识。"贤智课堂"是注重赏识教育评价的课堂。教师善用赏识教育评价激发学生的学习热情,调动学生的积极性和创造性,以充分发挥学生的智力效应,达到学习的最佳效果。

(二)"贤智课堂"的评价标准

根据"贤智课堂"的内涵,我校注重科学的教学评价,并就"贤智课堂"制定了评价标准。"贤智课堂"教学评价见表2-3。

表2-3 南京路小学"贤智课堂"教学评价表

评价主体	评 价 要 点	效果
教学理念 (释放)	1. 符合新课标理念,能够做到以生为本。	
	2. 有开放的教师观和学生观。	
教学目标 (生长)	1. 教学目标明确,符合教材及学情特点。	
	2. 目标制定关注相关核心素养的培养。	
	3. 达到预期的教学目标。	
教学内容 (丰实)	1. 教材内容处理得当,创造性地使用教材。	
	2. 注意知识的拓展性。	
	3. 联系学生的生活实际,丰富教学内容。	
教学方法 (互动)	1. 恰当、合理地组织有效的合作学习和互动交流。	
	2. 教学形式富于变化,学生兴趣高。	
	3. 课堂提问有启发性,鼓励学生质疑、创新。	
	4. 学生活动面广,质量高。	
教学评价 (赏识)	1. 评价及时,有个性,能够包容、激励、赏识。	
	2. 评价方式多样化。	

二、整合"贤融学科",落实学科拓展课程

随着学校课程改革的逐步深入,单一的课程已经无法满足社会发展对教育的需求,为了全面提高儿童的综合素养,进一步提升儿童的思维能力,培养能适应社会发展需求的复合型人才,必须实现国家课程校本化、地方课程精品化、校本课程特色化,三者有机整合,课程的社会职能才能逐渐凸显。

(一)"贤融学科"的建设路径

根据学校各学科师资力量,"南小"倡导教师在国家课程校本化实施的基础上总结经验,以某学科为原点,设计基于某学科特色的"1+X"课程群。"1"是教师所教授的国家基础性课程,"X"是指教师根据国家课程开展的拓展性课程,是基础性课程的延伸。

1. 建设"贤语园"学科课程群

教师只是课堂的维护者与组织者,儿童才是课堂中的主角。课堂中应形成儿童"书声琅琅、议论纷纷、高潮迭起、写写练练"的氛围,这样的课堂才是高效的课堂,充满浓浓语文味的课堂。打造"贤语园"特色课程,旨在陶冶儿童的情操,培养其审美能力,提高儿童的文化素养。"贤语园"课程群部分课程见表2-4。

表2-4 "贤语园"课程群部分课程表

一年级	绘本之旅	四年级	成语接龙
	贤士小学堂		世界名著之旅
	拼音王国		汉字达人
	拼音碰碰车		妙笔生花
二年级	绘本之旅	五年级	尚贤书童
	词语超市		谈古论今
	故事王国		校园金话筒
	妙语连珠		品经典,学贤士
三年级	梦幻童话世界	六年级	梦想剧场
	经典中外寓言		诗歌大观园
	贤者善记		习作总动员
	朗月文学星		观影之旅

2. 建设"贤智阁"学科课程群

"贤智阁"是以"智"为特色的拓展性学科课程群,志在培养学生的数学素养。"贤智阁"课程群见表2-5。

表2-5　"贤智阁"课程群表

一年级	伴我学珠算	四年级	探索数字奥秘
	口算小能手		国际象棋
	智力七巧板		趣味数学
二年级	口算小能手	五年级	数学头脑风暴
	魔方世界		围棋
	神奇的记忆力		思维导图
三年级	计算小达人	六年级	中国象棋
	国际象棋		思维体操
	神奇二十四		魔方世界

3. 建设"贤艺林"学科课程群

在生活中,让儿童感受艺术的熏陶,让儿童善于思考、乐于表达、乐于创新;在课程中,多给儿童设计、欣赏、体验艺术的机会,让每一位儿童都能用艺术的审美眼光看世界。基于这一目标,组成"贤艺"特色课程群。"贤艺林"课程群部分课程见表2-6、表2-7。

表2-6　"贤艺林"课程群部分课程表(音乐)

一年级	哆来咪大家唱	四年级	童声飞扬
	校歌大家唱		悠扬竹笛
	舞动小浪花		快乐的校园
二年级	幸福的歌	五年级	家乡美
	快乐的音乐会		非洲鼓 one two three
	鼓乐飞扬		贤雅管乐颂
三年级	优美圆舞曲	六年级	芬芳茉莉
	律动架子鼓		童声童唱

表2-7 "贤艺林"课程群部分课程表(美术)

一年级	七彩刮画	四年级	流动笔触
	五彩气泡		巧思妙贴
	染纸多奇妙		多彩的人物
二年级	快乐手印画	五年级	国粹剪纸
	卡通王国		迷人的花卉
	石头变变变		童心童画
三年级	青花纸盘	六年级	百变衍纸
	民间剪纸		美丽的田野
	个性印章		趣味折纸

4. 建设"贤创谷"学科课程群

"南小"注重培养儿童的兴趣,保护儿童的好奇心,提高儿童的科学探究意识,帮助儿童树立正确的科学精神和科学态度。基于此,学校建立了"贤创谷"课程群。"贤创谷"课程群部分课程见表2-8。

表2-8 "贤创谷"课程群部分课程表

一年级	趣味科学小实验：彩虹糖	四年级	科幻画
	玩转纸飞机		奇妙观察站之种植的乐趣
	创意手工：折纸		航空航海模型基础篇
二年级	科幻画	五年级	四驱车拼装竞速
	奇妙观察站之奇妙的昆虫		3D打印入门篇
	创意手工：竹签		科幻画
三年级	科幻画	六年级	3D打印基础篇
	航空航海模型入门篇		无线电测向
	我是小小发明家：废旧材料再利用		科幻画

5. 建设"贤善坊"学科课程群

我们努力为孩子创造条件,让他们接触社会,参加研学等社会实践活动,让他们体会小公民的职责与义务,培养独立的生活能力,培养爱国之情。为此,我们建立了"贤善坊"课程群。"贤善坊"课程群部分课程见表2-9。

表2-9 "贤善坊"课程群部分课程表

一年级 我爱我的校园 我爱我的家	校园一日游	四年级 珍惜时间 勤奋学习	走进省图书馆
	我的班级我做主		图书跳蚤集市
	校园环保小卫士		课本剧大赛——过把演员瘾
二年级 志趣高雅 兴趣广泛	班级 super star	五年级 积极动脑 勇于创新	科技之旅——神奇的科技馆
	青少宫之旅		体验 VR
	欢乐非洲鼓		小小发明家
三年级 心怀感恩 助人为乐	我是小小红领巾	六年级 童心向党 筑梦启航	向国旗敬礼
	妇女节,我爱妈妈—— 给妈妈一个吻		红色基因永传承
	劳动最光荣		毕业典礼——感恩成长, 未来我有一个梦想

6. 建设"贤健湾"课程群

"南小"的体育拥有自己的特色,足球运动项目已经走向全国。学校在原有课程的基础上进行扩充,发展多个运动项目,形成了"贤健湾"课程群。"贤健湾"课程群部分课程见表2-10。

表2-10 "贤健湾"课程群部分课程表

一年级	宝贝快集合——队列队形	四年级	乒乓对攻
	蹦蹦跳跳的乒乓球——乒乓颠球		炫酷花式篮球
	足球跟我跑——足球带球		阳光天使韵律操
二年级	你追我跑——跑类	五年级	羽球飞舞
	篮球拍拍拍——篮球拍球		军旅拳
	射门比准——足球射门		足球颠球王
三年级	七彩阳光健体操	六年级	篮下制霸对抗
	花式仰卧起坐		少年拳
	两人三足		绿茵争霸

(二)"贤融学科"的评价要求

① 课程哲学内涵深远。学校的办学理念是一所学校的灵魂与旗帜,课程哲学

应该与办学理念保持高度一致，有丰盈的内涵、深远的立意，并对学校群体的行为具有规范和引领作用。

②课程目标具体明确。学科课程群目标应符合儿童的身心发展水平，具有层次性和可操作性，注重学科的渗透融合，服务于儿童创新与实践能力的培养。

③课程设计科学严密。学科课程群除规定的国家课程之外，拓展类课程应以课程为导向，结构科学合理，注重促进儿童的思维发展。

④课程效果扎实高效。课程实施过程中节奏明快，关系融洽，凸显儿童在课堂中的主体地位，激发儿童的学习兴趣，提升儿童的核心素养。

⑤课程评价丰富多元。课程评价做到依托物化成果，体现三维目标，促进儿童全面可持续发展，为学生的终生发展服务。学校课程评价细则见表2-11。

表2-11　南京路小学"贤融学科"课程评价细则表

类别	指标	标　准　解　读
课程哲学	课程哲学	课程哲学与学校教育哲学之间保持着核心上的一致性。
	课程理念	课程理念具有一定的学校特色，突出了创新精神、实践能力、科学和人文素养的全面和谐发展。
课程目标	总目标	总目标指向清晰，具体明确，体现出了课程的价值，服务于学生核心素养的发展，具备可行性。
	分目标	年级目标符合各学段学生身心发展水平，设定合理化，具有层次性、可操作性，并呈现出各目标之间的相互促进与螺旋式上升。
课程设计	整体设计	课程设计均衡化，并具有一定的学科渗透融合的综合性。整体设置以课程目标为明确导向，具有科学性、差异性以及主体性。
	资源呈现	教材准备充分，注重资源的延展性、相关性和深度发掘。适用于学生认知水平，同时具有多样性、趣味性，并注重教材资源本身对学生思维发展的促进。
	教学实践	真正体现了以学生为主体，同时三维性的教学目标得到实现。组织形式灵活、实用，自主、探究、合作学习扎实有效，适时适度，并始终聚焦于学生的核心素养。
课程效果	教学效果	在课程实施过程中，师生关系和谐融洽，能调动儿童的情绪，让儿童充满求知的愉悦感，有效提升儿童的能力与核心素养的发展。
课程评价	评价要求	评价方式丰富、多元化，依托物化成果，构建以课程三维目标为导向的分项评价指标。

三、丰富"贤乐社团",落实兴趣爱好课程

社团活动旨在有针对性地培养学生系统地学习特长,是基础课程和拓展课程的延伸。学校设立"贤乐社团",让孩子在活动中培养能力,在实践中锻炼思维,以适应儿童多样化的成长需求,让他们在活动中收获快乐、丰富兴趣。通过社团活动课程的实施,全面培养学生的能力,并做到学以致用,让社团活动真正成为教学之辅,为培养儿童全面发展奠定基石。

(一)"贤乐社团"的建设路径

南京路小学特色社团活动,以培养学生兴趣爱好为主要目标,满足儿童个性化的学习需求,促进儿童个性化发展,将快乐融入活动。它有利于儿童将知识学习与实践操作相结合,从而提升综合素养;有利于提升儿童的创造能力,使其在丰富多彩的活动中展现自我;有利于儿童主动而自觉地追求主流价值,形成健康、积极、向上的情感、态度、价值观。"贤乐社团"主要类型见表 2 - 12。

表 2 - 12 　"贤乐社团"的主要类型表

社团活动	活 动 内 容
体育类	足球、篮球、乒乓球、羽毛球
	田径、棋类等社团活动
艺术类	管乐队、舞蹈队、合唱队
	书法社、架子鼓、非洲鼓社团

(二)"贤乐社团"的评价标准

1. 体育

① 有积极参与体育活动的态度和行为,对体育课表现出积极的学习兴趣,达到该水平目标时,学生将能够乐于参加各种运动游戏活动;乐于学习并向同伴、家人展示学会的运动动作。② 合理安排锻炼时间,掌握测量运动负荷的常用方法;达到该水平目标时,学生将能够合理安排锻炼的时间并明白其意义。

2. 艺术

① 体会用艺术表达生活、美化生活的乐趣。② 学会在自然和社会生活中观察、感知、鉴赏艺术之美。③ 在艺术活动中,加深对生活的认识,丰富生活经验。④ 培养良好的艺术表现力,锻炼良好的心理素质,增强表演者的自信以及团队合作意识。⑤ 在生活经验和艺术经验的相互作用与转换中,获得用艺术的方式表现和美化生活的能力。

"贤乐社团"课程评价见表2－13。

表2－13　南京路小学"贤乐社团"课程评价量表

评价目标	评 价 内 容	得分
课程方案评价	1. 掌握音乐、体育、美术、科技等社团课程标准要求的基础知识的情况(10分)	
	2. 掌握和运用音乐、体育、美术、科技等社团课程标准要求的基本技能的情况(15分)	
实施过程评价	1. 课程学习的情况(15分) 2. 课外活动中参加学校组织的音乐、体育、美术、科技社团和其他活动的表现情况(15分)	
	3. 在学校现场测评中展现某一体育、艺术项目的特长(15分) 4. 参与校外实践的情况(主要指参与省级、市级、区级展演、比赛、活动,学习优秀的民族民间艺术,欣赏高雅的文艺演出和展览等)(10分)	
课程效果评价	1. 能兼顾全体和个体差异(10分)	
	2. 活动效果显著(10分)	

四、抓实"贤德节日",落实节庆文化课程

"贤德节日"课程立足于传统节日和现代节日的丰富内容,再结合南京路小学"得贤知、明贤礼、提贤能、启贤行"的育人目标,培养学生对传统文化的理解,纪念历史事件,树立爱国主义精神。

(一) "贤德节日"的创设方法

"贤德节日"的课程主要分为传统节日课程、现代节日课程以及校园节日课程。创设内容以节日文化的内容为基础,根据不同学生年龄段的需求进行创设,旨在培

养学生建立积极健康的社会价值观,更好地继承传统节日文化,发扬现代节日文化,积极参与校园节日活动。

1. 传统节日课程

传统节日课程围绕中国传统节日文化出发,旨在培养学生对传统文化的理解、发展和继承。传统节日课程实施方案见表2-14。

表2-14   南京路小学"贤德节日"——传统节日课程实施方案表

节　日	主　题	活　动
清明节	清明寄哀思	祭拜英烈、网络祭祀、小报制作评比
端午节	粽香飘端午	缅怀屈原、包粽子、制作端午小报
中元节	文明祭扫	文明祭祀、网络祭祀
中秋节	中秋齐团圆	朗诵比赛、写中秋小诗
重阳节	孝亲敬老	敬老活动、感恩家中老人
春　节	欢腾过大年	写春联、贴年画、绘制春节元宵小报

2. 现代节日课程

现代节日是以近现代文化为基础,通过各类特色活动,培养学生爱党爱国、独立劳动的积极精神。现代节日课程实施方案见表2-15。

表2-15   南京路小学"贤德节日"——现代节日课程实施方案表

时　间	节　日	主　题	活　动
一月	元　旦	欢庆新年到	1. 元旦联欢　2. 节目展示
三月	植树节	护绿小卫士	1. 组织义务种树　2. 宣传爱绿护绿和环境保护知识
五月	劳动节	劳动最光荣	1. 组织劳动技能大比拼　2. 评选劳动小能手
六月	儿童节	快乐过六一	1. 组织文艺汇演　2. 评选表彰"十星少年"
七月	建党节	没有共产党就没有新中国	1. 了解中国共产党党史　2. 开展"童心永向党"活动
八月	建军节	点赞我最爱的老师	1. 了解八一建军节知识　2. 开展双拥慰问活动

续　表

时　间	节　日	主　题	活　动
十月	国庆节	向国旗敬礼	尊师系列活动
十月	建队日	我们集结在星星火炬下	1. 了解队史　2. 新少先队员入队仪式 3. 开展队日活动

3. 校园节日课程

校园节日课程是结合南京路小学特色"贤文化",围绕怀念孔子、追慕先贤、倡导仁礼等内容开展,并运用创新有趣的活动形式吸引学生,丰富学生的校园活动,弘扬校园"贤德"风尚。校园节日课程实施方案见表 2-16。

表 2-16　南京路小学"贤德节日"——校园节日课程实施方案表

时　间	节　日	主　题	活　动
四　月	校园读书节	品读圣贤,致敬经典	春天正是读书天
五　月	校园美食节	爱惜粮食,分享美味	我是快乐小主厨
六　月	校园舞蹈节	炫舞童年	校园集体舞大赛
十一月	校园创新节	小小科学家	"变废为宝"手工制作大赛,头脑奥林匹克大赛
十二月	校园音乐节	聆听音乐,展示自我	乐器比赛,校园合唱比赛

(二)"贤德节日"的评价

"贤德节日"课程评价实施细化量表见表 2-17。

表 2-17　南京路小学"贤德节日"课程评价实施细化量表

班级:　　　　　　　　　　　　　任教老师:

节日名称		
节日主题		
评价目标	评　价　内　容	得　分
课程方案评价	1. 课程理念科学,教学思路清晰	
	2. 课程设计可操作性强	

续　表

评价目标	评 价 内 容	得 分
课程方案评价	3. 课程资源丰富,符合当地特色	
实施过程评价	1. 学生主动积极参与活动	
	2. 学生对活动的控制能力强	
	3. 师生互动性强	
课程效果评价	1. 提供适宜的学习经验	
	2. 能兼顾全体和个体的差异	
	3. 活动效果显著	

五、做实"贤雅文化",落实校园环境课程

学校的建筑设施和环境布置本身就是一种课程,我们将南京路小学的"贤雅文化"渗透在校园环境的创设中,使之成为学生探究学习、具身学习的活资源,让学生在视觉艺术里得到熏陶,受到教育。

(一)"贤雅文化"的内容

我们通过"班级文化""廊道文化""专题文化"三个板块把"得贤知、明贤礼、提贤能、启贤行"的观念纳入学生的伦理体系,着眼于学生的可持续发展。"贤雅文化"课程内容见表2-18。

表2-18　"贤雅文化"的课程内容

	课 程 内 容
班级文化	1. 班级风采栏:教师风采、学生风采、我的成长 2. 标识牌:设计在风格上与班级风采栏统一,造型融合学校校花木兰花的图形元素 3. 班级文化(教室后墙):与整体风格统一,体现传统韵味,造型融合"尚贤文化,幸福南小"的标语;有黑板报,一侧设有图书角 4. 教室左墙:班级好人榜,主题活动寄语 5. 教室右墙:学生"雏鹰争章榜",学生作品展示栏,学习园地 6. 教室前门黑板两旁:张贴社会主义核心价值观、学生守则、班规,设置推普角

续　表

	课　程　内　容
廊道文化	1. 教室外墙: 张贴班级文化墙,展示班级以"贤文化"为主题开展的活动及班级特色 2. 楼梯处: 张贴含有激励性、教育性的名言警句 3. 校长办公室门口休息等候区: 展示学校文化书籍的书柜 4. 西楼道: 党建文化楼道的设计,展示党旗、党徽、国旗、国徽、军旗、军徽、团旗、团徽、队旗、队徽,宣传党的光辉历程以及廉政文化建设等内容
专题文化	1. 发放垃圾分类宣传单,教孩子进行垃圾分类 2. 每逢重大节日都展示相应主题的学生手抄报 3. "教工之家"里面展示誓词、制度和党员活动的内容 4. 大厅宣传栏显示学校党支部的责任和担当,敢于公开承诺和接受监督,也明确了每个党员的价值观和目标 5. 西楼道"红领巾爱心小屋": 树根的柜体用于存放平时学生捡到的物品,丢失物品的学生在此找回自己的物品。养成学生良好的行为习惯,让爱心小屋成为寓教于行的校园文化亮点 6. 东楼道"红领巾诚信书吧": 着重体现"诚信"二字所蕴含的意义

(二)"贤雅文化"的课程评价

"贤雅文化"的课程评价从不同的维度来落实,通过多角度的评价,使教育走向多元化、生活化,课程因文化有了厚度,文化因课程有了载体。

① 班级文化中的风采栏要体现学校"贤文化"传统韵味,简洁大方。班级文化墙以征集"尚贤文化,幸福南小"为主题,各班展示自己的特色。

② 廊道文化要选用丰富灵动的装饰、图形,结合含有激励性、教育性的名言警句。

③ 专题文化结合学校的特色每月开展各类主题活动,并以专门的主题栏的方式展示出来,要求及时、丰富。专题文化也包含每个区域的功能化运作,党员宣传栏、党建文化区、"教工之家""红领巾爱心小屋""红领巾诚信书吧"等,分区域体现专题文化的专题性、功能性、特色性、教育性。"贤雅文化"环境课程评价见表 2－19。

表 2-19　南京路小学"贤雅文化"环境课程评价量表

内　容	要　　求	得　分
班级文化	1. 班级布置雅致有特色,突出"贤文化"(10 分) 2. 班级要有洁、雅、美的学习环境(10 分) 3. 图书角有管理条例和借书制度(10 分) 4. 班级文化内容要一一到位(10 分)	
廊道文化	1. 布局排版美观(10 分) 2. 图片美观,文字清楚,线条流畅,能体现浓浓的贤雅文化(10 分) 3. 所有内容功能有展示,有警示,有提示,有宣传,有欣赏,有教育(10 分)	
专题文化	1. 构思新颖,实用(10 分) 2. 手抄报主题鲜明,图文并茂(10 分) 3. 宣传栏内容全面,展示清楚详细(10 分)	

六、打造"贤创空间",落实创客教育课程

(一)"贤创空间"的内容

　　以"科技小达人"为平台,推动"贤创空间"课程,落实创客教育。学校成立了各类科技社团,结合各级各类科技教育竞赛活动开设了"航空航天模型""航海模型""建筑模型""车辆模型""Mbot 小车综合技能灭火""3D 打印""无线电测向"等特色课程群。社团以科学发展为指导,以推进"贤创空间"特色课程为目标,以评选"科技小达人"为平台,帮助学生从小树立爱科学、学科学、用科学的思想,培养学生动手操作能力和科学探索精神,促进创新型人才的成长。"贤创空间"课程内容见表 2-20。

表 2-20　"贤创空间"课程内容

年　级	课　程　内　容	年　级	课　程　内　容
一年级	1. 科幻画 2. 趣味科学小实验:彩虹糖 3. 玩转纸飞机 4. 奇妙观察站之四季的变化 5. 创意手工:折纸	二年级	1. 科幻画 2. 趣味科学小实验:沉与浮 3. 玩转纸飞机 4. 奇妙观察站之奇特的昆虫 5. 创意手工:竹签

续　表

年　级	课　程　内　容	年　级	课　程　内　容
三年级	1. 科幻画 2. 航空航海模型入门篇 3. 建筑模型设计入门篇 4. 奇妙观察站之有趣的植物 5. 我是小小发明家：废旧材料再利用	五年级	1. 科幻画 2. Mbot 小车综合技能灭火入门篇 3. 四驱车拼装竞速 4. 3D 打印入门篇 5. 我是小小发明家：解决身边的问题
四年级	1. 科幻画 2. 航空航海模型基础篇 3. 建筑模型设计基础篇 4. 奇妙观察站之种植的乐趣 5. 我是小小发明家：废旧材料再利用	六年级	1. 科幻画 2. Mbot 小车综合技能灭火基础篇 3. 无线电测向 4. 3D 打印基础篇 5. 我是小小发明家：未来的能源

(二)"贤创空间"课程评价

　　创客教育课程是创客技能、创客思维、创客精神在中小学学生成长中得以体现的基本保障,是在中小学校园中以创客载体培养创新人才的主要手段。在我校"贤创空间"创客教育课程中,我们从"积极发现问题、勇于尝试变化、执着追求成果、精细应用工具、专注静心打磨、合作解决问题"这六个方面进行过程性评价,具体分为:

　　① 观察力：是否乐于从观察中发现问题,善于关注细节,初步形成系统观念。

　　② 专注力：是否能够在操作过程中注重锻炼专注、耐心、细致、有始有终的品质。

　　③ 思维力：是否具备从生活环境中观察、发现真实问题的思维能力,并能够提出解决问题的设想。

　　④ 判断力：是否能够学会从各种开放来源(如教师、家长、专业人士、媒体和网络等)查询、获取、筛选有价值的信息。

　　⑤ 策划力：是否具备多种方案设计能力,并能够自主选择方案和设计简单的解决程序与步骤。

　　⑥ 实践力：是否能够应用多种适龄工具在一定程度上解决现实问题。

⑦ 辨别力：是否能够尊重事实,依靠科学解决问题,并准确表达自己的观点,与他人进行有效的合作交流与沟通。

"贤创空间"课程评价见表 2-21。

表 2-21　南京路小学"贤创空间"课程评价量表

课程内容		
评价目标	评 价 内 容	得 分
课程方案评价	1. 课程理念科学,教学思路清晰(10 分)	
	2. 课程资源丰富,可操作性强(10 分)	
实施过程评价	1. 学生主动积极参与(10 分)	
	2. 提供适宜的学习经验(10 分)	
课程效果评价	1. 能兼顾全体和个体的差异(10 分)	
	2. 活动效果显著(50 分) (包括六个方面：积极发现问题、勇于尝试变化、执着追求成果、精细应用工具、专注静心打磨、合作解决问题)	

七、聚焦"贤美主题",落实专题教育课程

基于学校的课程理念和人文特色,我们系统整合各种学校资源,创建学校的特色活动,主要包含三个方面：以实践拓展为主题的"尚贤之旅"活动,推贤乐善的红领巾志愿者活动,以及包含文明礼仪和心理健康教育在内的"与贤为友"活动课程。

主题一: 尚贤之旅

(一)"尚贤之旅"活动方案

"尚贤之旅"活动根据各个年级学生的不同特点和需求,制定不同的内容。

(二)"尚贤之旅"活动评价标准

1. 评价内容

通过学生在活动过程中的动态表现、参与意识和学习成效,采用学生自评与他

评相结合,形成性评价与终结性评价相结合等多维度的评价方式,对学生参与"尚贤之旅"活动进行评价。

① 学生活动中的表现。包含学生在活动参与中的合作精神、探究精神和学习能力。学生是否能在活动中发现问题,解决问题;是否能主动与人合作、分享、承担;遇到问题时能否主动帮助他人或向他人寻求帮助。

② 参与意识。学生是否能积极参与活动,包括参加的时间和频次等;是否能积极提出活动想法和建议;是否能根据活动需要采取有效途径查找资料;是否能根据活动方案完成预先计划,达成学习成效。

③ 学习成效。可以通过个人、小组和集体活动来反映学生在活动中取得的成果,例如征文、小组活动记录、感悟分享交流会等;也可以通过衡量活动后学生思想和行为表现的改变来对活动成效进行评价。

2. 评价方式

评价方式充分体现多样化,将自我评价、观察评价、小组评价和成果展评相结合。

① 自我评价。在活动结束后,及时组织学生进行自我评价,帮助学生总结和反思,学生可以就自己在活动中的表现、参与意识和学习成效进行定性和定量评价。

② 观察评价。教师对学生在活动参与中的表现进行自然观察、记录,并根据观察和记录对学生做出评价。

③ 小组评价。引导学生制定小组评价内容和标准,制定小组评价表,本着公正公平的理念,就活动中的表现予以等级评价。

④ 成果展评。成果展示丰富多彩,可以是操作类,如模型、手艺作品等;也可以是研究性作品,包括设计方案、小论文、调查研究报告等;还可以是表演类展示,如情景剧、课本剧等。

(三)"尚贤之旅"活动评价的具体操作

1. 学生自评

内容包括: ① 你是否对本次主题活动感兴趣? ② 你是否主动参与了活动主

题的选择? ③ 就本次活动,你通过哪些途径查找或获取资料? ④ 活动过程中,你是否遇到了难题,你是如何解决问题的? ⑤ 在活动中,你能否主动与人合作,能否主动帮助他人或向他人求助? ⑥ 本次活动中,你最大的收获和遗憾是什么? ⑦ 本次活动中你的优势和不足有哪些? ⑧ 你对本次活动成果是否满意?

每次活动结束后,学生就以上内容进行自评,完成相应表格交给指导老师。

2. 互评

内容包括: ① 如何评价本次小组活动中各成员的表现? ② 小组成员间是否能积极合作,并举出相关事例。③ 在活动中,你遇到哪些困难或问题? 你们是怎样通过合作克服这些困难的? ④ 这次小组活动最大的亮点或者收获是什么? ⑤ 你认为下次活动在哪些方面还可以优化?

每一次活动结束后,小组成员在集体讨论的基础上,由小组长执笔,对以上内容实施评价,完成后交给指导教师。

主题二: 红领巾志愿者活动

(一) 红领巾志愿者活动内容

针对不同学段学生的年龄和能力特质,"南小"提出了不同的志愿活动要求。一、二年级开展以拾金不昧、主动让座、走访 SOS 村等为主题的活动,三、四年级开展走访乐化养老院和捐赠书包用品等主题活动,五、六年级开展红领巾社区服务活动。

(二) 红领巾志愿者评价标准

红领巾志愿者评价标准见表 2-22。

表 2-22　南京路小学红领巾志愿者评价标准表

评价内容	具　体　标　准	评 价 等 级			
		优	良	完成	未完成
参与态度	① 遵守活动纪律,不迟到,不早退				
	② 有效完成自己承担的任务				

续　表

评价内容	具 体 标 准	评 价 等 级			
		优	良	完成	未完成
合作交流	① 具有合作精神,与同伴积极配合				
	② 乐于助人				
	③ 与人沟通顺畅				
实践活动	① 在活动的全过程保持积极主动的状态				
	② 手脑并用,观察敏锐,行动力强				
	③ 主动出点子,拟方案				
	④ 关注社会、关注环境、关注他人,具有共情的能力				
成果展示	① 助人为乐记录袋				
	② 演讲、日记、汇报等				
自我评价					
受助人评价					
家长评价					
同伴评价					
教师评价					

主题三: "与贤为友"活动

(一)"与贤为友"内容

包括文明礼仪与心理健康活动两大类。

文明礼仪活动:包含个人礼仪、行为习惯、校园礼仪、养成教育、家庭礼仪和社会礼仪六个部分,每一学年完成一个部分。

心理健康活动:为维护学生的身心健康成长,促进学生智力和个性的和谐发展,根据学生的年龄特点,心理健康教育校本课程内容以"好好学习、真诚交往、快乐生活"三个板块来呈现,并对应学生的身心发展规律,分成低、中、高三个学段设计课程。学校心理健康教育校本课程内容见表2-23。

表2-23 南京路小学心理健康教育课程表

	好 好 学 习	真 诚 交 往	快 乐 生 活
低段 (一至二年级)	1. 好习惯,初养成 2. 赢在起跑线——智能训练 3. 事半功倍的学习方法	1. 你是我的好朋友(处理同伴关系辅导) 2. 老师,您好!(与老师交往辅导) 3. 我爱爸爸妈妈(与父母的关系辅导)	1. 学校小导游 2. 贤娃生活好习惯 3. 我的优缺点 4. 游戏辅导
中段 (三至四年级)	1. 好习惯,伴我行 2. 启智赋能——智能训练 3. 能使人聪明的学习方法 4. 在家学习我有招	1. 竞争、沟通、拒绝——与同学相处 2. 我的新朋友——老师 3. 写给爸爸妈妈的一封信	1. 挫折与成长 2. 认识自己的身体 3. 意志力辅导 4. 考试不可怕 5. 制作一周学习生活表 6. 自我保护知识知多少
高段 (五至六年级)	1. 好习惯,益终身 2. 筑梦腾飞——智能训练 3. 小学霸的学习妙招	1. 三人行必有我师焉——认识别人的优点 2. 学会控制情绪 3. 感恩的心 4. 爸爸妈妈听我说——如何与父母沟通	1. 神奇的变化(青春期心理辅导) 2. 令自己快乐的密码 3. 有志者事竟成 4. 自信的人生最美丽

(二)心理健康活动实施办法

课时安排:我校目前一至六年级都开设心理课,课时量为每间周一节课。

除心理健康课和不定期的心理辅导团建外,我校开设了心理咨询室、"悄悄话"信箱等,有专门的心理辅导老师为学生提供心理辅导。此外,学校还充分利用社会资源和家长资源,不定期开展心理健康教育讲座。

(三)心理健康活动评价标准表

心理健康活动评价根据学生的年龄特点,分为低、中、高三个阶段。学校心理健康教育评价见表2-24、表2-25、表2-26。

表 2-24　南京路小学一、二年级心理健康教育评价表

班级　　　　姓名　　　　　　　　　　　　综合评价(ＡＢＣＤ四个等级)

评 价 内 容			评 价				
评价板块	考核内容	评 价 标 准	自评	组评	教师评	家长评	综合评价
自我管理	文明礼貌	① 团结同学,见到师长主动问好。					
		② 使用文明用语,不打架,不骂人。					
		③ 尊重并听从师长的正确教导。					
	遵守纪律	① 课间不大声喧哗,不追逐打闹,上下楼梯靠右走。					
		② 认真听讲,遵守课堂纪律。					
		③ 上下学不迟到、不早退,听到上课铃声及时进教室,放学按时回家。					
	卫生保健	① 衣着整洁大方,按要求穿校服,戴红领巾。					
		② 认真做眼保健操和广播体操。					
		③ 讲究个人卫生,勤洗手,勤换衣,勤理发,勤剪指甲,养成良好的用餐习惯。					
学会学习	学习习惯	① 课前认真预习,课上专心听讲,课后及时复习。					
		② 认真完成作业,注意书写工整,不乱涂改。					
		③ 能自己整理书包、书桌,备齐每天的学习用品。					
心理健康	人际交往	① 能适应学校环境,在学校找到朋友。					
		② 能与同学、父母分享学校生活的喜乐与烦恼。					
		③ 能勇敢面对学习和生活中的困难。					

表2-25　南京路小学三、四年级心理健康教育评价表

班级　　　　　姓名　　　　　　　　　　　综合评价(ＡＢＣＤ四个等级)

评 价 内 容			评　　价				
评价板块	考核内容	评 价 标 准	自评	组评	教师评	家长评	综合评价
自我管理	文明礼貌	① 助人为乐,乐做老师的小助手,帮助有需要的同学。					
		② 爱护校园公物,保护环境,不随地吐痰。					
		③ 遵守用餐礼仪,节约粮食,不挑食,不浪费。					
	遵守纪律	① 遵守课堂纪律,不影响他人学习。					
		② 课间文明休息,不做危险游戏。					
	卫生保健	① 按时值日,保持班级、包干区卫生整洁。					
		② 注意个人卫生,不喝生水,不吃没有卫生保障的食物。					
		③ 注意用眼卫生,读写卫生。					
学会学习	学习习惯	① 积极主动,对知识有求知欲、好奇心。					
		② 按时按要求完成作业。					
		③ 敢于面对并克服学习上的困难。					
	学习方法	① 学会自主学习,独立完成作业。					
		② 懂得倾听,能发现问题,解决问题。					
		③ 每天阅读课外书一小时。					
心理健康	自我认知	① 正确认识自己的优缺点。					
		② 能从同伴和榜样中吸取优点和长处。					
		③ 敢于承认错误,并及时改正					
	情感情绪	① 学会与人交往,分享快乐。					
		② 学会控制情绪。					

表 2-26　南京路小学五、六年级心理健康教育评价表

班级　　　　姓名　　　　　　　　　　　　综合评价(ＡＢＣＤ四个等级)

评　价　内　容			评　　价				综合评价
评价板块	考核内容	评　价　标　准	自评	组评	教师评	家长评	综合评价
自我教育	环境自护	① 爱护环境,爱护花草、尊重他人劳动成果。					
		② 热爱大自然,节约资源,有环保意识。					
		③ 不乱扔垃圾,并能进行垃圾分类投放。					
	活动自立	① 有一定的组织能力,能策划班级活动。					
		② 具有社会责任感,愿意积极参与社会公益活动。					
学会学习	学习习惯	① 根据实际情况制定学习计划并能有效完成。					
		② 学会自主、合作、探究学习。					
		③ 合理分配时间,协调好学习和休闲的关系。					
		④ 养成课外阅读书籍以及收听、收看媒体新闻的习惯。					
	学习方法	① 有明确的学习目标和学习计划,善于整理归纳知识,温故知新,举一反三。					
		② 学会倾听,善于多渠道获取知识。					
心理健康	自我情绪	① 悦纳自己。					
		② 懂得感恩。					
		③ 能与父母、同学和谐相处。					
	意志力	① 做事有始有终,坚持不懈,不半途而废。					
		② 有面对困难的勇气、战胜困难的信心,胜不骄,败不馁。					
		③ 能抵制诱惑,控制情绪。					

八、做活"贤趣运动",落实特色项目课程

南京路小学特色项目课程为校园足球,2015 年"南小"的校园足球被确定为江西省体传校项目。2003 年开始开设足球课,2009 年筹建训练第一支足球竞赛队伍,十多年来,学校高度重视校园足球活动,学校各部门齐心协力,各学科老师积极配合,保障了足够的经费、场地与师资,并将外籍教练请进校园进行观摩教学,从单一的足球训练转化发展为如今全校性的足球普及教育,形成了深受师生喜爱的校园足球文化。

"南小"足球队历年获得南昌市校园足球联赛一等奖、道德风尚奖、公平竞赛奖;两次被评为"江西省校园足球活动先进学校"。学校积极向专业足球学校和俱乐部输送推荐人才,先后有 20 余名队员输送到江西省体校、上海体校、广州富力俱乐部等专业训练队,先后有 27 人次被选送参加全国少年足球夏令营、冬令营,多名学生获全国青少年足球夏令营"金靴奖""银靴奖"。2012 年,许飞老师作为南昌市教练员代表被国家足协选派到德国学习培训。学校足球队 2013 年参加上海"东亚杯"国际邀请赛获三等奖;2013、2014 年均代表南昌市征战全国"冠军杯"足球比赛并获分赛区三等奖和 2013 年全国"冠军杯"最佳阵容奖;2014 年参加"鲁能杯"全国少儿足球邀请赛(U9)获第三名;2014 年夏天,学校足球队员四位同学被选拔参加了在墨西哥举行的世界友好城市青少年足球国际邀请赛;多年来蝉联省、市、区校园足球项目各组别一等奖。

(一) 高度重视,健全特色项目发展机制

校园足球是南京路小学特色项目之一,学校一直将这一项目纳入学校发展规划和年度工作计划,成立了以校长、党支部书记为组长的校园足球活动领导小组,分管校长具体落实各项制度和活动的实施。学校制定了《南京路小学足球教育发展规划》《南京路小学学生足球活动外出安全预案》等;在分管校长和教导处、体育教研组的协同努力下认真开展足球教学、课余训练、师资培训工作。

学校高度重视体育教学和学生体质健康,按照教育主管部门的要求开齐开足体育课。根据实际,我校足球教学由许飞老师和外聘老师统一选定教学内容,各班级体育老师按照每周不少于一节足球课的要求完成足球教学。每年在上级教育

局、体育局和足协的指导下,认真组织完成各级足球课比赛。

(二) 多措并举,探索校园足球特色之路

1. 师资到位

学校现有教学班级 36 个,体育专职教师 7 名,兼职体育教师 3 名,基本能满足教学工作需求。目前,许飞老师是学校足球专项体育教师,多年来,许老师对足球教学的痴迷和热爱,已经成为同行的楷模,他积极向足球专业老师请教,购买相关书籍、教学光碟钻研,积极参加各级培训,已经取得了全国足球二级裁判员资格,曾被评为"全国青少年足球课夏令营优秀教练员",多次获得省、市足球课"优秀教练员"称号。他以自学所得和长期教学实践,编写了学校的足球校本教材《快乐足球》,供师生学习。学校另聘请了 3 名足球老师协助开展足球教学和训练工作。许老师每年按照要求参加了市级以上的师资培训;2016 年,学校分管副校长和许老师分别赴上海和浙江参加了国家级足球课专项培训。体育教研组定期开展教学研究,不断提高体育教师教学技能。学校将体育教师开展教学和足球训练及活动计入工作量,确保体育教师在评优评先、绩效考核、职称评聘等方面与同事们享受同等待遇。

2. 经费保障

学校按照义务教育阶段体育器材配备标准配备器材,各项器材配备均达标。学校在用好上级拨付的足球专项经费的基础上,优先考虑足球活动经费,现有 5 人制足球场 3 个,8 人制足球场 1 个,足球门 8 个,足球车两台,足球、标志杆等训练设备一一配足配齐,并根据教学需求及时补充,充分保障。在校园责任险的基础上,学校还为全体足球训练队运动员购买了运动意外伤害保险,确保安全到位。

3. 创新发展

南京路小学高度重视足球教育工作,学校各部门齐心协力,各学科老师积极配合,保障了各项活动的有序开展。许老师带领队员坚持参加每一场足球课联赛,做好队员的技能训练、心理辅导和比赛总结工作;对参赛队员,班主任给予特殊的关爱,因比赛落下的课程做到及时补习。足球训练队老师和家长们通过现场家长会、QQ 群和微信等网上交流多种形式交流心得。学校采取"请进来,走出去"的方式,

提高教练员的教学水平和学生的竞技水平。如：组织学生到景德镇实验小学、湖南德馨园小学进行学习交流;带领学生参加全国足球联赛垫场赛;将外籍教练请进校园进行观摩教学等。多样的形式拓宽了学校足球教学的渠道,有效地提高了足球教学的质量。学校足球特色课程评价见表2-27。

表2-27　南京路小学足球特色课程评价指标表

评价指标	项　　目	评价内容与分值	得分
组织领导	将足球课程纳入学校发展规划	学校体育指导思想明确,重视学校体育和学生体质健康工作,把课程作为增强学生体质健康的举措,将足球课程纳入学校发展规划和年度工作计划,有足球发展目标及规划,并符合学校实际。	
	健全工作机制	成立足球课程教学研究小组,由分管校长负责,学校足球教师共同参与,全体教师积极配合。	
	完善规章制度	制度是课程实施的重要保障,学校有健全的足球课程教学管理规章制度、课余训练和竞赛规章制度、运动安全防范措施与保障、师资培训规章制度。	
条件保障	体育师资队伍	足球专项教师大于4人。	
	场地设施建设	场地设施、器械配备达到国家标准,并建设有8人制和5人制的足球场地,能满足教学和课余足球训练需要,足球器材数量齐备,并有明确的补充机制。	
	体育经费投入	设立有体育工作专项经费,每年生均体育经费不低于生均公用经费的10%,能为学生购买校方责任险,并为学生新增购买运动意外伤害险。	
教育教学	体育课时	开足开齐体育课,一至二年级每周4学时,三至六年级每周3学时,足球作为体育课必修内容,每周每班不少于一节足球教学课。	
	足球课程资源	开发足球校本教材,有详细的足球教学教案,每周实施适合学生年龄特点的足球教学和课外活动。	
	足球课文化	每学年有2次足球主题校园文化活动(如摄影、绘画、征文、演讲等),建立足球课信息平台,动态报道足球活动、交流工作经验、展示特色成果。	

续　表

评价指标	项　　目	评价内容与分值	得分
训练竞赛	足球兴趣小组	学校成立足球兴趣小组,小学三年级以上建有班级代表队、年级代表队,学校建有校级男足球代表队、女队,学生基本达到全员参与足球运动。	
	开展训练	学校足球代表队和课外足球兴趣小组制定有系统、科学的训练计划,每周开展课余足球训练5次。	
	组织竞赛	制定有足球竞赛制度;每年组织校内足球班级联赛。	
	文化学习	对学校足球代表队运动员参加训练、比赛,制定有具体的文化学习计划和要求,其文化学习成绩达到同年级平均水平。	
后备人才培养	梯队建设	每年选拔新队员进入学校梯队,保证队伍的衔接。	

　　综上所述,南京路小学全面贯彻落实党的教育方针,坚持以"立德树人"为教育根本任务,围绕"贤"文化,培育"尚贤"精神,将"小贤士课程"全面扎实推进,落地生根。我们将按照"尚贤教育"的教育哲学,以儿童发展为本,充分挖掘每一个学生的潜能,注重提升学生的综合素养,秉承"养贤正之气,育贤善之人"的办学理念,向着真善美逐梦而行。

第三章

课程架构：在地文化的系统关联

课程架构是课程体系的骨架，体现出一定的课程理念和课程设置的价值取向，通过与环境、与文化的相互作用形成一个完善的促进环。深度剖析在地文化，着力挖掘在地文化资源，科学合理化课程架构，在经验与外在环境相互作用的经验改造中，建构基于本校在地文化的特色课程架构，促进学生个性发展，开发学生内在世界。

　　课程架构即课程的中心及内容,课程架构决定功能,影响着人才培养的规格和质量。只有科学合理的课程架构,才能使课程得到完善。重塑课程架构,将课程按一定的逻辑进行分类以及关系建构,让逻辑和内容清晰呈现。课程架构是课程目标转化为教育成果的纽带,是课程实施活动顺利开展的依据。课程架构是课程各部分的配合和组织,它是课程体系的骨架,体现出一定的课程理念和课程设置的价值取向。

　　课程架构需对人的培养价值有独特的认知,对学校资源进行独特凝聚。遵循儿童本位,在丰富的在地文化资源图谱中对课程架构进行梳理,从在地文化的角度对课程架构进行图像性的建构。滕王阁保育院受滕王阁历史文化价值、艺术观赏价值、科学考察价值等在地文化的启示,划分了健康、语言、社会、科学、艺术五个领域的课程,分别对应"小健将课程""小巧嘴课程""小主人课程""小博士课程"和"小达人课程"。受在地文化的启迪,理顺幼儿园课程结构,对课程图谱实施校本化重构,使之最大化符合每个幼儿的个性需要,滕王阁保育院可谓独具匠心。只有全面地对在地文化进行深度剖析,深入挖掘丰富的在地文化资源,才能全面厘清课程结构,使课程架构科学合理化,才能在在地文化和课程架构间逐渐形成系统关联,才能让学生了解探索在地文化知识的方法以及传递独特在地文化特色的方法。在课程门类及其关系方面,应适应每一所学校及幼儿园的在地文化特殊性,学校及幼儿园有必要,也有能力根据本校独特的在地文化,创造性地实施国家课程、地方课程,以及能够创造和形成具有本校文化特色的课程,促进每一个儿童的个性发展,以适应儿童的个性差异。

➡ 在地文化
滕王阁的盛誉

　　"落霞与孤鹜齐飞,秋水共长天一色",王勃在《滕王阁序》中描绘了满天的晚霞与孤鹜融合在一起，好像在共同飞翔，秋天的三江五湖之水在远处与天际融为一色的美好景象。这篇文脍炙人口，传诵千秋，文以阁名，阁以文传，历千载沧桑而盛誉不衰。滕王阁，位于江西省南昌市西北部沿江路赣江东岸，与湖北武汉的黄鹤楼、湖南岳阳的岳阳楼并称为"江南三大名楼"，始建于唐朝永徽四年，因唐高祖李渊之子、唐太宗李世民之弟李元婴而得名，为南方现存唯一一座皇家建筑。贞观年间，李元婴被封于山东滕州，故为滕王，且于滕州筑一阁楼，名"滕王阁"（已被毁）；后滕王李元婴调任江南洪州（今江西南昌），因思念故地滕州而修筑了著名的"滕王阁"。历朝历代文人雅士们以滕王阁为歌咏主题而作的诗作数不胜数，其中不乏张九龄、白居易、杜牧、苏轼、王安石、朱熹、黄庭坚、辛弃疾、李清照、文天祥、汤显祖这样的文化大家们留下的诗文。滕王阁保育院位于明清滕王阁旧址，毗邻现在的滕王阁风景区。

➡ 课程图谱
南昌市滕王阁保育院：生动课程

南昌市滕王阁保育院是一所隶属于东湖区教育科技体育局的全日制公办幼儿园，保育院班班配有钢琴、触摸屏一体机、空调等现代化的教学、生活设施，科学探索室、图书阅览室、美劳室、建构室、舞蹈房、多媒体教室等功能房一应俱全。校园监控系统、紧急广播系统、防盗报警系统、户外大型玩具等各类安防、运动设施设备均高标准配备到位。保育院坚持以"玩中学习，做中成长"为办院理念，以"科艺小舞台、快乐小玩家"为办院特色，以"幼儿日常生活科学启蒙教育"为载体，打造了一所布局合理、校园优美、环境舒心、氛围和谐的幸福乐园。

第一节　向着生动成长

一、教育哲学：生动教育

"落霞与孤鹜齐飞，秋水共长天一色"，这十四个字勾勒出一幅极生动的山水画。保育院教育也应该是由一幅幅幼儿生动的生活画组成的,因此,滕王阁保育院的教育哲学是"生动教育"。"生"指有活力的、有生命的事物以及正在发展和学习中的人;"动"则指能让事物发生改变、能起作用或变化的力量。生动的教育能让人充满活力,让人在情感上得到满足与享受,让幼儿园里的每一位幼儿、家长和老师受益匪浅,让儿童向着生动成长,这是我们的追求。我们保育院秉承"以人为本,重在发展"的办院宗旨,努力实践"玩中学习,做中成长"的办学理念,在"生动教育"理念的引领下,我们"一园一品质,一班一特色,一师一风格,一幼一亮点"的办院愿景能更好地实现。

我们的教育信条

我们坚信,

生命因生动而美好;

我们坚信,

生动是童年最真的模样;

我们坚信,

生动为教师的成长赋能;

我们坚信,

生动教育给幼儿园带来生机与活力;

我们坚信,

生动是孩子在成长中呈现出的最美姿态;

我们坚信,

让每一位孩子向着生动成长是教育的责任与使命。

二、课程理念: 向着生动成长

在汉语词典中,生动的意思是具有活力能使人感动的,指有活力、能起积极作用的。生动,往往让人联想到愉悦的、阳光的、活力的、积极的美好形象。为此,滕王阁保育院提出了"向着生动成长"的课程理念。具体包含以下几个方面的含义:

　　课程即愉悦的情绪。情绪是幼儿社会性发展的重要组成部分,在心理活动中也起着重要作用,影响幼儿的一生。积极的情绪发展,能使幼儿自信心十足,心情安定愉快,参加活动情绪高涨、热情,接受能力强。"生动课程"旨在培养幼儿的积极情绪,让幼儿在保育院生动成长。

　　课程即生动的表达。语言是交流和思维的工具。幼儿期是语言发展的重要时期。早期阅读不仅对幼儿的认知,包括语言能力、逻辑思维能力、想象力、注意力等有积极的促进作用,而且对幼儿的非智力因素也有直接的影响。滕王阁保育院创设温馨、舒适的阅读环境,提供自在、轻松的交流场所,让幼儿想说、敢说、喜欢说并能得到积极回应,让幼儿在保育院快乐阅读,生动表达。

　　课程即美好的生活。人际交往和社会适应是幼儿社会学习的主要内容,也是其社会性发展的基本途径。幼儿在与成人和同伴交往的过程中,不仅学习如何与人友好相处,也在学习如何看待自己、对待他人,不断发展适应社会生活的能力。良好的社会性发展对幼儿身心健康和其他各方面的发展都具有重要影响。滕王阁保育院为幼儿创设温暖、关爱、平等的生活氛围,建立良好的师生关系和同伴关系,让幼儿在积极健康的人际关系中生动生活。

　　课程即主动的探究。幼儿初步的学习意识、学习方法和探究能力的培养为其终身学习奠定良好的基础。滕王阁保育院的"生动课程"注重激发幼儿的探究兴趣,让幼儿体验探究过程,发展初步的探究能力。幼儿在多种形式的学习和探究活动中,学习发现问题、分析问题和解决问题;不断积累经验,并运用于新的学习活动,形成受益终身的学习态度和能力。

　　课程即艺术的表现。艺术是人类感受美、表现美和创造美的重要形式,也是表达自己对周围世界的认识和情绪态度的独特方式。每个幼儿心里都有一颗美的种子。滕王阁保育院的生动课程给幼儿提供丰富的艺术创作的条件和机会,在大自然和社会文化生活中萌发幼儿对美的感受和体验,丰富其想象力和创造力,引导幼儿学会用心灵去感受和发现美,用自己的方式去表现和创造美。

　　基于保育院"生动教育"哲学、"玩中学习,做中成长"的办院理念以及"向着生动成长"的课程理念,我们确立了"生动课程"的课程模式。

第二节　让生动的儿童享受生命出彩的惊喜

一、育人目标

　　滕王阁保育院的"生动课程"旨在培养"生动的儿童",从儿童视角出发,以生动为追求,让儿童在情绪表达、阅读、交往、学习、艺术等各方面,自主体验儿童的特殊感受和认识,让儿童成为儿童,成为生动的儿童,享受生命出彩的惊喜。具体内涵如下:

　　愉悦情绪、生动活泼;

　　快乐阅读、生动表达;

　　友好交往、生动生活;

　　学会学习、生动探究;

　　热爱艺术、生动创造。

二、课程目标

　　我们把育人目标细分为针对小班、中班、大班三个年龄段的具体课程目标,详见表3-1。

表3-1　滕王阁保育院"生动课程"目标表

课程目标	小　班	中　班	大　班
愉悦情绪 生动活泼	情绪比较稳定。 换新环境时情绪能较快稳定,睡眠、饮食基本正常。 具有一定的平衡能力,动作协调、灵敏。 具有初步的生活与卫生习惯。 具有初步的生活自理能力。	经常保持愉快的情绪; 能较快适应人际环境中发生的变化,如换了新老师能较快适应。 具有一定的力量和耐力。 具有一定的生活与卫生习惯。 具有基本的生活自理能力。	经常保持愉快的情绪,知道引起自己某种情绪的原因,并努力缓解。 能较快融入新的人际关系环境,如换了新的保育院或班级能较快适应。 手的动作灵活协调。 具有良好的生活与卫生习惯。 具有较强的生活自理能力。 具备基本的安全知识和自我保护能力。

续　表

课程目标	小　　班	中　　班	大　　班
快乐阅读 生动表达	认真听并能听懂常用语言。 愿意在熟悉的人面前说话,能大方地与人打招呼。 能口齿清楚地说儿歌、童谣或复述简短的故事。 喜欢听故事,看图书。 具有初步的阅读理解能力。	认真听并能听懂常用语言。 愿意与他人交谈,喜欢谈论自己感兴趣的话题。 能基本完整地讲述自己的所见所闻和经历的事情。 反复看自己喜欢的图书。 具有初步的阅读理解能力。	在集体中能注意听老师或其他人讲话。 愿意与他人讨论问题,敢在众人面前说话。 能有序、连贯、清楚地讲述一件事情。 专注地阅读图书。 能初步感受文学语言的美。
友好交往 生动生活	愿意和小朋友一起游戏。 愿意与熟悉的长辈一起活动。 对群体活动有兴趣。 对保育院的生活好奇,喜欢上保育院。 知道和自己一起生活的家庭成员及与自己的关系,体会到自己是家庭的一员。 能感受到家庭生活的温暖,爱父母,亲近与信赖长辈。 能说出自己家所在街道、小区(乡镇、村)的名称。 认识国旗,知道国歌。	喜欢和小朋友一起游戏,有经常一起玩的小伙伴。 喜欢和长辈交谈,有事愿意告诉长辈。 愿意并主动参加群体活动。 愿意与家长一起参加社区的一些群体活动。 喜欢自己所在的保育院和班级,积极参加集体活动。 能说出自己家所在地的省、市、县(区)名称,知道当地有代表性的物产或景观。 知道自己是中国人。 奏国歌、升国旗时能自动站好。	有自己的好朋友,也喜欢结交新朋友。 有问题愿意向别人请教。 有高兴的或有趣的事愿意与大家分享。 对小学生活有好奇和向往。 愿意为集体做事,为集体的成绩感到高兴。 能感受到家乡的发展变化并为此感到高兴。 知道自己的民族,知道中国是一个多民族的大家庭,各民族之间要互相尊重、团结友爱。 知道国家一些重大成就,爱祖国,为自己是中国人感到自豪。
学会学习 生动探究	喜欢接触大自然,对周围的很多事物和现象感兴趣。 经常问各种问题,或好奇地摆弄物品。 对感兴趣的事物能仔细观察,发现其明显特征。 能用多种感官或动作去探索物体,关注动作所产生的结果。	喜欢接触新事物,经常问一些与新事物有关的问题。 常常动手动脑探索物体和材料,并乐在其中。 能对事物或现象进行观察比较,发现其相同与不同。 能根据观察结果提出问题,并大胆猜测答案。 能通过简单的调查收集信息。 能用图画或其他符号进行记录。	对自己感兴趣的问题总是刨根问底。 能经常动手动脑寻找问题的答案。 探索中有所发现时感到兴奋和满足。 能通过观察、比较与分析,发现并描述不同种类物体的特征或某个事物前后的变化。 能用一定的方法验证自己的猜测。 在成人的帮助下能制定简单的调查计划并执行。 能用数字、图画、图表或其他符号记录。

续　表

课程目标	小　班	中　班	大　班
热爱艺术 生动创造	喜欢听音乐或观看舞蹈、戏剧等表演。 乐于观看绘画、泥塑或其他艺术形式的作品。 经常自哼自唱或模仿有趣的动作、表情和声调。 经常涂涂画画、粘粘贴贴并乐在其中。 能模仿学唱短小歌曲。 能跟随熟悉的音乐做身体动作。 能用声音、动作、姿态模拟自然界的事物和生活情景。 能用简单的线条和色彩大体画出自己想画的人或事物。	能够专心地观看自己喜欢的文艺演出或艺术品,有模仿和参与的愿望。 欣赏艺术作品时会产生相应的联想和情绪反应。 经常唱唱跳跳,愿意参加歌唱、律动、舞蹈、表演等活动。 经常用绘画、捏泥、手工制作等多种方式表现自己的所见所想。 能用自然的、音量适中的声音基本准确地唱歌。 能通过即兴哼唱、即兴表演或给熟悉的歌曲编词来表达自己的心情。 能用拍手、踏脚等身体动作或可敲击的物品敲打节拍和基本节奏。 能运用绘画、手工制作等表现自己观察到或想象的事物。	艺术欣赏时常常用表情、动作、语言等方式表达自己的理解。 愿意和别人分享、交流自己喜爱的艺术作品和美感体验。 积极参与艺术活动,有自己比较喜欢的活动形式。 能用多种工具、材料或不同的表现手法表达自己的感受和想象。 艺术活动中能与他人相互配合,也能独立表现。 能用基本准确的节奏和音调唱歌。 能用律动或简单的舞蹈动作表现自己的情绪或自然界的情景。 能自编自演故事,并为表演选择和搭配简单的服饰、道具或布景。 能用自己制作的美术作品布置环境、美化生活。

第三节　让实践溢满生动之彩

一、课程逻辑

　　为了让儿童站在课程中央,向着生动快乐奔跑,我们让课程实践全过程溢满生动之彩。我们将课程划分为健康、语言、社会、科学、艺术五个领域,分别设置了"小健将课程""小巧嘴课程""小主人课程""小博士课程"和"小达人课程"五大基础课程和"生动探究""生动文化""生动工坊"以及"生动社团"四大拓展课程。保育院课程逻辑结构见图3-1。

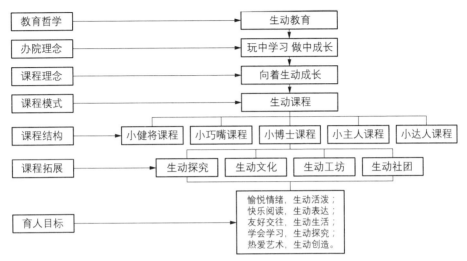

图 3-1　滕王阁保育院"生动课程"逻辑结构图

二、课程设置

(一) 健康领域: 小健将课程

　　幼儿阶段是儿童身体发育和机能发展极为迅速的时期,也是形成安全感和乐观态度的重要阶段。滕王阁保育院的"小健将课程"旨在促进幼儿培育良好的身体、愉快的情绪、强健的体质、协调的动作、良好的生活习惯和基本生活能力,为其他领域的学习与发展打下良好的基础。"小健将课程"设置表见 3-2。

表 3-2　滕王阁保育院"小健将课程"设置表

学期	课　程　目　标	基　础　课　程	拓　展　课　程
小班上学期	1. 能沿地面直线或在较窄的低矮物体上走一段距离 2. 能双脚灵活交替上下楼梯 3. 能双手抓杠悬空吊起 10 秒左右 4. 不吃陌生人给的东西,不跟陌生人走 5. 在提醒下能注意安全,不做危险的事	1. 我爱我的身体 2. 小物品,不乱塞 3. 秋天多喝水 4. 放鞭炮,要小心 5. 不挑食才能身体好 6. 饭后漱口好 7. 不吃太多甜食 8. 为什么会肚子疼 9. 手臂力量大 10. 动物过桥	生动实践活动: 1. 登滕王阁 2. 亲子趣味运动会——大手牵小手早操展示活动

学期	课 程 目 标	基 础 课 程	拓 展 课 程
小班下学期	1. 能身体平稳地双脚连续向前跳 2. 分散跑时能躲避他人的碰撞 3. 能双手向上抛球 4. 能单手将沙包向前投掷 2 米左右 5. 在公共场所走失时,能向警察或有关人员说出自己和家长的名字、电话号码等简单信息	1. 打雷闪电我不怕 2. 跳小圈 3. 切西瓜 4. 抛接球 5. 我的脸 6. 看不见的脏东西 7. 保护眼睛 8. 重要电话我知道 9. 不和陌生人走 10. 投沙包	生动实践活动: 1. 走进大自然——艾溪湖之旅 2. 开学第一课——安全情景模拟 3. 膳食开放日
中班上学期	1. 能在较窄的低矮物体上平稳地走一段距离 2. 能以匍匐、膝盖悬空等多种方式钻爬 3. 能双手抓杠悬空吊起 15 秒左右 4. 知道在公共场合不远离成人的视线单独活动 5. 认识常见的安全标志,能遵守安全规则	1. 穿洞探险 2. 匍匐前进 3. 保护自己 4. 交通安全我知道 5. 动物爬爬爬 6. 牵好家人手 7. 认识红绿灯 8. 马路上的标志 9. 小山羊过桥	生动实践活动: 1. 小小安全员 2. 参观军营 3. 拍球小达人 跆拳道社团: 1. 跆拳道理论学习及站姿 2. 基本腿法练习 3. 基本步伐练习 体操社团: 1. 体操基本功练习 2.《我们多么幸福》呼啦圈体操
中班下学期	1. 能助跑跨跳过一定距离,或助跑跨跳过一定高度的物体 2. 能与他人玩追逐、躲闪跑的游戏 3. 能连续自抛自接球 4. 能单手将沙包向前投掷 4 米左右 5. 运动时能主动躲避危险 6. 知道简单的求助方式	1. 小小健将 2. 跨栏我最棒 3. 猫和老鼠 4. 龟兔赛跑 5. 猴子花样球 6. 心情快乐才开心 7. 翘鼻子噜噜 8. 营养丰富的蔬菜 9. 绿色食品和垃圾食品 10. 小甜心和小苦恼	生动实践活动: 1. 生态园之旅 2. 器械操展示 3. 小骑士竞赛

续　表

学期	课　程　目　标	基　础　课　程	拓　展　课　程
大班上学期	1. 能在斜坡、荡桥和有一定间隔的物体上较平稳地行走 2. 能以手脚并用的方式安全地爬攀登架、网等 3. 能双手抓杠悬空吊起20秒左右 4. 未经大人允许不给陌生人开门 5. 能自觉遵守基本的安全规则和交通规则	1. 编花篮 2. 我是小散兵 3. 走步游戏 4. 小小旅行家 5. 大青虫 6. 小兔乖乖 7. 小红帽 8. 有趣的绳子 9. 勇敢的孩子 10. 跨越障碍 11. 袋鼠旅行	生动实践活动: 1. 参观消防大队 2. 勇士大闯关 3. 队列行进走展示 4. 小交警 5. 篮球宝贝 友友体能: 1. 邋遢大王 2. 穿越蛇山 3. 金刚葫芦娃 ……
大班下学期	1. 能连续跳绳 2. 能躲避他人滚过来的球或扔过来的沙包 3. 训练平衡协作能力 4. 训练攀爬取物能力 5. 运动时能注意安全,不给他人造成危险 6. 知道一些基本的防灾知识	1. 消防安全知多少 2. 地震来了我不怕 3. 食品安全我知道 4. 游泳安全 5. 两人三足 6. 走大鞋 7. 谁的本领大 8. 抢占山头	生动实践活动: 1. 消防疏散演习 2. 地震应急演习 3. 跳绳小能手 4. 动物模仿操展示

(二) 语言领域: 小巧嘴课程

　　幼儿期是语言发展,特别是口语发展的重要时期。幼儿语言的发展贯穿于各个领域,也对其他领域的学习与发展有着重要的影响。滕王阁保育院的"小巧嘴课程"旨在培养幼儿的语言理解和表达能力,培养其阅读兴趣和良好的阅读习惯,鼓励和支持幼儿与成人、同伴交流,让幼儿想说、敢说、喜欢说。"小巧嘴课程"设置见表3-3。

表3-3　滕王阁保育院"小巧嘴课程"设置表

学期	课　程　目　标	基　础　课　程	拓　展　课　程
小班上学期	1. 别人对自己说话时能注意听并做出回应 2. 能听懂日常会话 3. 愿意在熟悉的人面前说话,能大方地与人打招呼 4. 基本会说本地方言	1. 故事:汤姆上幼儿园 2. 儿歌:大树 3. 故事:魔术师来了 4. 讲述活动:我的糖果 5. 儿歌:我的家人 6. 讲述活动:给妈妈送甜蜜	人文滕王阁综合主题活动: 民间故事会 阅读工坊课程: 1. 奶嘴的旅行

续　表

学期	课　程　目　标	基　础　课　程	拓　展　课　程
小班上学期	5. 愿意表达自己的需要和想法,必要时能配以手势动作 6. 能口齿清楚地说儿歌、童谣或复述简短的故事 7. 与别人讲话时知道眼睛要看着对方 8. 说话自然,声音大小适中 9. 能在成人的提醒下使用恰当的礼貌用语	7. 儿歌:秋妈妈和果娃娃 8. 儿歌:果娃娃笑了 9. 故事:拔萝卜 10. 故事:蛤蟆种瓜 11. 儿歌:新年到 12. 讲述活动:红色大收集 13. 儿歌:包水饺 14. 儿歌:糖和盘 15. 故事:新年礼物 16. 故事:小花狗找太阳 17. 故事:雪孩子	2. 我们去森林里散步 3. 蜘蛛丝上的大象 4. 没有人喜欢我 5. 爸爸你能陪我玩吗 6. 小蚂蚁的旅行
小班下学期	1. 主动要求成人讲故事、读图书 2. 喜欢跟读韵律感强的儿歌、童谣 3. 爱护图书,不乱撕、乱扔 4. 能听懂短小的儿歌或故事 5. 会看画面,能根据画面说出图中有什么,发生了什么事等 6. 能理解图书上的文字是和画面对应的,是用来表达画面意义的 7. 喜欢用涂涂画画表达一定的意思	1. 儿歌:爱妈妈 2. 故事:妈妈过生日 3. 故事:爱唱歌的大恐龙 4. 故事:世界上最好听的声音 5. 讲述活动:自己去吧 6. 诗歌:小雨点 7. 故事:下雨的时候 8. 儿歌:小花伞儿 9. 故事:雨天里的多多 10. 诗歌:下雨诗 11. 儿歌:手指谣 12. 故事:不爱用手的河马 13. 散文诗:五彩石头路 14. 儿歌:小小手 15. 儿歌:夏天到 16. 故事:太阳感冒了	人文滕王阁综合主题活动: 民间故事会 阅读工坊课程: 1. 我要吃了你 2. 小老鼠 3. 快跑快跑,抓迷藏 4. 我好开心 5. 给你我的心 6. 我的名字叫甜心
中班上学期	1. 在群体中能有意识地听与自己有关的信息 2. 能结合情境感受到不同语气、语调所表达的不同意思 3. 方言地区和少数民族幼儿能基本听懂普通话 4. 愿意与他人交谈,喜欢谈论自己感兴趣的话题 5. 会说本地方言,基本会	1. 谈话活动:朋友见面真开心 2. 讲述活动:我长大了 3. 故事:中秋节的故事 4. 讲述活动:有朋友真好 5. 儿歌:别说我小 6. 儿歌:国庆真快乐 7. 诗歌:题西林壁 8. 儿歌:鄱阳湖 9. 故事:三只白鹤	人文滕王阁综合主题活动: 1. 滕王阁与王勃的故事 2. 亲近古诗词 阅读工坊课程: 1. 小乌龟一家 2. 真的很爱你 3. 大家跟我说

续　表

学　期	课　程　目　标	基　础　课　程	拓　展　课　程
中班上学期	说普通话。少数民族聚居地区幼儿会用普通话进行日常会话 6. 能基本完整地讲述自己的所见所闻和经历的事情 7. 讲述比较连贯 8. 别人对自己讲话时能回应 9. 能根据场合调节自己说话声音的大小 10. 能主动使用礼貌用语，不说脏话、粗话	10. 儿歌: 美丽的家乡 11. 故事: 豆浆糊 12. 谜语: 猜一猜 13. 讲述活动: 帽子 14. 故事: 怪物在哪里 15. 故事: 小布想回家 16. 讲述活动: 高高兴兴迎新年 17. 儿歌: 过年咯 18. 故事: 年	4. 我爱妈妈 5. 扯呀,扯呀,扯胡子! 6. 猜猜我是谁? 生动口才社团活动: 1. 颠倒话 2. 乌龟兄妹开店 语言社: 1. 金蛋 2. 不会捉老鼠的猫咪 ……
中班下学期	1. 反复看自己喜欢的图书 2. 喜欢把听过的故事或看过的图书讲给别人听 3. 对生活中常见的标志、符号感兴趣,知道它们表示一定的意义 4. 能大体讲出所听故事的主要内容 5. 能根据连续画面提供的信息,大致说出故事的情节 6. 能随着作品的展开产生喜悦、担忧等相应的情绪反应,体会作品表达的情绪情感 7. 愿意用图画和符号表达自己的愿望和想法 8. 在成人的提醒下,写写画画时姿势正确	1. 谈话活动: 愉快的寒假 2. 儿歌: 什么东西弯又弯 3. 复述故事: 长长的面条 4. 看图讲述: 花蛇弯弯 5. 故事: 花蜗牛爬高墙 6. 讲述活动: 弯弯的路,直直的路 7. 古诗: 早春 8. 故事: 去度假 9. 儿歌: 家 10. 散文诗: 树真好 11. 儿歌: 甜甜的棒棒糖 12. 儿歌: 彩笔世界 13. 诗歌: 它是谁 14. 看图讲述: 小熊冒泡泡 15. 复述故事: 气球逃走了 16. 故事: 一字之师 17. 谈话活动: 夸家乡 18. 儿歌: 美丽江西是我家	人文滕王阁综合主题活动: 1. 滕王阁与王勃的故事 2. 亲近古诗词 阅读工坊课程: 1. 丽莎吓坏了 2. 难过的丽莎 3. 丽莎的森林探险 4. 丽莎出远门 5. 自信的丽莎 6. 丽莎和小松鼠 生动口才社团活动: 1. 小老鼠玩电脑 2. 洗澡真舒服
大班上学期	1. 愿意与他人讨论问题,敢在众人面前说话 2. 会说本地方言和普通话,发音正确清晰。少数民族聚居地区幼儿基本会说普通话	1. 故事: 小熊长大了 2. 看图讲述: 大象救兔子 3. 儿歌: 我们都是好孩子 4. 看图讲述: 小猪嘟嘟 5. 讲述活动: 我可以 6. 儿歌: 十二生肖	人文滕王阁综合主题活动: 1. 滕阁小导游实践活动 2. 滕阁小宣讲志愿服务

学期	课 程 目 标	基 础 课 程	拓 展 课 程
大班上学期	3. 能有序、连贯、清楚地讲述一件事情 4. 讲述时能使用常见的形容词、同义词等,语言比较生动 5. 别人讲话时能积极主动地回应 6. 能根据谈话对象和需要,调整说话的语气 7. 懂得按次序轮流讲话,不随意打断别人 8. 能依据所处情境使用恰当的语言,如在别人难过时会用恰当的语言表示安慰	7. 故事:月亮船 8. 诗歌:我是中国小娃娃 9. 儿歌:有趣的汉字 10. 故事:新奇的世界 11. 散文:量天空 12. 故事:小雨滴旅行记 13. 故事:蓝色的小花 14. 儿歌:剪窗花 15. 散文:新年的钟声 16. 绕口令:龙凤灯笼 17. 诗歌:新年吃什么 18. 故事:新年的礼物 19. 散文:四季雨 20. 儿歌:冬爷爷变魔术 21. 故事:卖火柴的小女孩	阅读工坊课程: 1. 大自然中的伞 2. 小海狸烤蛋糕 3. 变化万千的气象 4. 珍贵的活化石 5. 伟大的宇航员 6. 月亮姑娘做衣裳 生动口才社团活动: 1. 漫游动画城 2. 盲人摸象 国学社: 1. 总序 2. 圣人训 3. 郯子鹿乳 4. 爸爸妈妈的小帮手
大班下学期	1. 专注地阅读图书 2. 喜欢与他人一起谈论图书和故事的有关内容 3. 对图书和生活情境中的文字符号感兴趣,知道文字表示一定的意义 4. 能说出所阅读的幼儿文学作品的主要内容 5. 能根据故事的部分情节或图书画面的线索猜想故事情节的发展,或续编、创编故事 6. 对看过的图书、听过的故事能说出自己的看法 7. 能初步感受文学语言的美 8. 愿意用图画和符号表现事物或故事 9. 会正确书写自己的名字 10. 写画时姿势正确	1. 故事:滚滚和蹦蹦 2. 故事:聪明的奇奇兔 3. 续编故事:啤酒桶,"骨碌碌" 4. 故事:猫医生过河 5. 散文:太阳,您好! 6. 故事:淘气的雾弟弟 7. 续编散文:顽皮的小雨滴 8. 诗歌:风来过 9. 故事:快睡吧,小田鼠 10. 看图讲述:慌慌张张的莎莎 11. 儿歌:鹅太太洗澡 12. 故事:总是迟到的嘟嘟 13. 诗歌:毕业诗 14. 故事:上学第一天 15. 散文欣赏:感恩的心 16. 诗歌:我们在保育院里成长 17. 汉秦语言:盲人摸象 18. 汉秦语言:超级动漫城	人文滕王阁综合主题活动: 1. 滕阁小导游实践活动 2. 滕阁小宣讲志愿服务 阅读工坊课程: 1. 小雨点变戏法 2. 雨点去旅行 3. 大自然中美丽的伞 4. 小种子长大了 5. 坐电车回家 6. 有趣的直线 生动口才社团活动: 1. 奶奶为啥乐 2. 两只老鼠胆子大

(三) 社会领域: 小主人课程

　　良好的社会性发展对幼儿身心健康和其他各方面的发展都具有重要影响。滕王阁保育院的"小主人课程"旨在培养幼儿的人际交往和社会适应能力,让幼儿在积极健康的人际关系中获得安全感和信任感,发展自信和自尊,在良好的社会环境及文化的熏陶中学会遵守规则,形成基本的认同感、归属感和责任感。"小主人课程"设置见表3-4。

表3-4　滕王阁保育院"小主人课程"设置表

学期	课　程　目　标	基　础　课　程	拓展课程
小班上学期	1. 愿意和小朋友一起游戏,想加入同伴的游戏时,能友好地提出请求 2. 在成人的指导下,不争抢、不独霸玩具 3. 能根据自己的兴趣选择游戏或其他活动,对群体活动有兴趣 4. 长辈讲话时能认真听,并能听从长辈的要求 5. 在提醒下,能遵守游戏和公共场所的规则 6. 知道和自己一起生活的家庭成员及与自己的关系,体会到自己是家庭的一员。愿意与熟悉的长辈一起活动	1. 我的标记 2. 找个朋友 3. 我真能干 4. 糖果哪里买 5. 妈妈爱我,我爱妈妈 6. 餐桌上 7. 一起来玩沙 8. 秋天在哪里 9. 娃娃爱秋天 10. 收藏树叶 11. 我们去秋游 12. 拾落叶 13. 祝你新年快乐 14. 年夜饭 15. 欢欢喜喜闹元宵 16. 心愿树 17. 快乐元旦	滕王阁与世界综合主题活动: 走进滕王阁 生动实践活动: 1. 玩具分享会 2. "迎新年"亲子游园活动
小班下学期	1. 与同伴发生冲突时,能听从成人的劝解 2. 自己能做的事情愿意自己做 3. 对保育院的生活好奇,喜欢上保育院 4. 在成人提醒下,爱护玩具和其他物品 5. 能说出自己家所在街道、小区的名称;认识国旗,知道国歌 6. 喜欢承担一些小任务。身边的人生病或不开心时表示同情	1. 亲亲热热一家人 2. 冬娃娃在哪里 3. 我的身体会唱歌 4. 轻和响 5. 我真快乐 6. 听声音 7. 晴天娃娃 8. 水龙头不哭了 9. 排队 10. 我不爱生气 11. 天才表演家 12. 小手可以做什么	滕王阁与世界综合主题活动: 了解我国三大名楼 生动实践活动: 1. 我来帮你 2. 家庭喜乐会

续　表

学期	课　程　目　标	基　础　课　程	拓展课程
小班下学期		13. 爱护玩具轻拿轻放 14. 做事要专心 15. 端午节 16. 蛤蟆吃西瓜 17. 大家喜欢我 18. 愉快的暑假	
中班上学期	1. 喜欢和小朋友一起游戏,有经常一起玩的小伙伴,愿意并主动参加群体活动 2. 会运用介绍自己、交换玩具等简单技巧加入同伴游戏,对大家都喜欢的东西能轮流使用、分享 3. 与同伴发生冲突时,能在他人帮助下和平解决,能注意到别人的情绪,并有关心、体贴的表现 4. 能按自己的想法进行游戏或其他活动,知道自己的一些优点和长处 5. 会用礼貌的方式向长辈表达自己的要求和想法 6. 感受规则的意义,并能基本遵守规则 7. 能说出自己家所在地的省、市、县(区)名称,知道当地有代表性的物产或景观	1. 我们的新教室 2. 我不愿意孤单 3. 人体的奥秘 4. 长大懂礼貌 5. 轩轩不开心 6. 绳金塔 7. 鄱阳湖自然保护区 8. 千年楼阁——滕王阁 9. 让座 10. 我也来帮忙 11. 安全交通知多少 12. 生活中的标志 13. 节约用水 14. 欢天喜地过新年 15. 年画 16. 新年全家福 17. 恭喜 18. 欢乐圣诞 19. 树木过冬 20. 我帮你,你帮我 21. 分享真快乐 22. 我的好朋友	滕王阁与世界综合主题活动: 中外节日活动 生动实践活动: 1. 文化大调查 2. "我们爱劳动"生活技能大比拼 美食坊: 制作幼儿生活中常见的美食,如馒头等 滕阁文化社团: 探索滕王阁建筑
中班下学期	1. 活动时愿意接受同伴的意见和建议,不欺负弱小 2. 自己的事情尽量自己做,不愿意依赖别人 3. 敢于尝试有一定难度的活动和任务 4. 知道父母的职业,能体会到父母为养育自己所付出的辛劳	1. 妈妈的工作 2. 给妈妈送信 3. 最棒的爸爸 4. 我给布熊当妈妈 5. 清明节 6. 我们要春游 7. 我的树朋友 8. 去年的树	滕王阁与世界综合主题活动: 中外节日活动 生动实践活动: 1. "粽子飘香"端午节 2. 元旦开放日

续　表

学期	课　程　目　标	基　础　课　程	拓　展　课　程
中班下学期	5. 知道说谎是不对的 6. 知道自己是中国人。奏国歌、升国旗时能自动站好	9. 假如它是直的 10. 大树和小草的对话 11. 帮助残疾人 12. 神奇的小细管 13. 全国爱眼日 14. 让我帮帮他 15. 爱的抱抱 16. 国际禁毒日	3. 文明祭祀宣传员
大班上学期	1. 有自己的好朋友,也喜欢结交新朋友 2. 能有礼貌地与人交往。有问题愿意向别人请教 3. 能想办法吸引同伴和自己一起游戏。活动时能与同伴分工合作,遇到困难能一起克服 4. 与同伴发生冲突时能自己协商解决。能主动发起活动或在活动中出主意、想办法 5. 做了好事或取得了成功后还想做得更好 6. 自己的事情自己做,不会的愿意学 7. 理解规则的意义,能与同伴协商制定游戏和活动规则 8. 做了错事敢于承认,不说谎	1. 我上大班了 2. 老师真辛苦 3. 我会照顾弟弟妹妹 4. 中秋节 5. 小狐狸找朋友 6. 颁奖台上 7. 兄弟姐妹是一家 8. 爱祖国 9. 兔姐姐想办法 10. 四大发明 11. 猜猜我是谁 12. 奶奶进城 13. 干干净净迎新年 14. 压岁钱 15. 不做放羊娃 16. 迎迎过新年 17. 今年是什么年 18. 快乐元旦 19. 我是好帮手 20. 安全卫士	滕王阁与世界综合主题活动: 1. 世界著名建筑 2. 搭建滕王阁 生动实践活动: 1. 今天我值日 2. 小小升旗手 3. 小小志愿者 滕阁文化社团: 表演滕王阁的故事
大班下学期	1. 有高兴的或有趣的事愿意与大家分享。知道别人的想法有时和自己的不一样,能倾听和接受别人的意见,不能接受时会说明理由 2. 不欺负别人,也不允许别人欺负自己 3. 主动承担任务,遇到困难能够坚持而不轻易求助	1. 自动取款机 2. 团结力量大 3. 拥抱妈妈 4. 你乐意一个人睡吗 5. 话说清明节 6. 植树有办法 7. 路上的标志 8. 天气剧场 9. 五一劳动节	滕王阁与世界综合主题活动: 世界民族体验活动 生动实践活动: 1. 爱心义卖 2. 走进敬老院 3. 走进小学

学期	课　程　目　标	基　础　课　程	拓展课程
大班下学期	4. 尊重为大家提供服务的人,珍惜他们的劳动成果。接纳、尊重与自己的生活方式或习惯不同的人 5. 对小学生活好奇和向往 6. 知道自己的民族,知道国家一些重大成就,爱祖国,为自己是中国人感到自豪	10. 好担心 11. 小学什么样 12. 特别参观 13. 端午节 14. 欢乐庆端午 15. 我要感谢你 16. 保育院里的小学生 17. 惊喜留念盒 18. 友谊互联网	4. 毕业进行曲

(四) 科学领域: 小博士课程

幼儿的科学学习是在探究具体事物和解决实际问题中,尝试发现事物间的异同和联系的过程。滕王阁保育院的"小博士课程"旨在激发幼儿的探究兴趣,体验探究过程,发展初步的探究能力,逐步发展逻辑思维能力,为其他领域的深入学习奠定基础。"小博士课程"设置见表3-5。

表3-5　滕王阁保育院"小博士课程"设置表

学期	课　程　目　标	基　础　课　程	拓展课程
小班上学期	1. 喜欢接触大自然,对周围的很多事物和现象感兴趣 2. 认识常见的动植物,能注意并发现周围的动植物是多种多样的 3. 能感知与区分物体大小、多少、高矮、长短等量方面的特点,并能用相应的词表示 4. 能感知物体基本空间位置与方位,理解上下、前后、里外等方位词	1. 上上下下 2. 好吃的甜品 3. 奇妙的变化 4. 生日蜡烛 5. 秋天的天气 6. 颜色多多 7. 红"爆竹" 8. 长和短 9. 猜礼物 10. 挂灯笼 11. 放烟花 12. 圣诞老人 13. 装扮新年树 14. 冬天来了 15. 小动物冬眠 16. 植物的奥秘 17. 小狗逛超市	自然生动探究: 1. 植物的生长 2. 蚕宝宝成长记 科学工坊课程: 1. 纸的秘密 2. 纸的生产 3. 奇妙的纸 4. 快纸片和慢纸片 5. 纸的力量 6. 纸的下落

续　表

学期	课　程　目　标	基　础　课　程	拓　展　课　程
小班下学期	1. 对感兴趣的事物能仔细观察,发现其明显特征 2. 能用多种感官或动作去探索物体,关注动作所产生的结果 3. 能感知和体验天气对自己生活和活动的影响 4. 能手口一致地点数 5 个以内的物体,并能按数取物,体验和发现生活中很多地方都用到数	1. 家里的朋友(数学) 2. 妈妈的小帮手 3. 好听的声音 4. 特别的声音 5. 小沙筒 6. 让声音变轻 7. 春天来了 8. 大雨和小雨(排序) 9. 美丽的蝴蝶 10. 小雨滴的旅行 11. 小手和小脚的本领 12. 小手摸到了什么 13. 我来串项链(排序) 14. 蛋宝宝站起来 15. 夏天的服饰 16. 凉快的夏天 17. 有趣的水 18. 沉与浮	自然生动探究: 1. 雨水的形成 2. 好玩的泥土 科学工坊课程: 1. 认识各种各样的纸 2. 纸的用途 3. 玩玩纸 4. 纸站起来了 5. 神奇的餐巾纸 6. 纸片变变变
中班上学期	1. 喜欢接触新事物,常常动手动脑探索物体和材料,并乐在其中 2. 能对事物或现象进行观察比较,发现其相同与不同 3. 能感知和区分物体的粗细、厚薄、轻重等量方面的特点,并用相应的词语描述 4. 能感知和发现常见几何图形的基本特征,并能进行分类	1. 长高的秘密 2. 比高矮 3. 有趣的指纹 4. 排第几 5. 摩天轮转一转 6. 一样多(数学) 7. 认识青花瓷 8. 宝塔第几层(数学) 9. 比较 4 以内的数量(数学) 10. 各种各样的豆子 11. 豆子来排队(数学) 12. 有趣的管子 13. 分分乐(数学) 14. 奇妙的响瓶 15. 排序(数学) 16. 数字宝宝找朋友(数学) 17. 扑克牌旅行记(数学) 18. 常绿树和落叶树 19. 摩天轮转呀转 20. 勇敢的企鹅 21. 商店里的物品(数学) 22. 小雪花的旅行	主题体验探究: 1. 奇妙的声音 2. 与光做游戏 3. 神奇的力 4. 电的旅行 奇妙滕王阁综合主题活动: 滕王阁的古代建筑 科学工坊课程: 1. 神奇的万花筒 2. 简易潜望镜 3. 光的反射 4. 凹凸镜 5. 水中取硬币 6. 不倒的陀螺 科学社: 与光玩游戏 乐高社: 了解基本的建构方法 五子棋社: 掌握五子棋技巧

续 表

学期	课 程 目 标	基 础 课 程	拓 展 课 程
中班下学期	1. 能根据观察结果提出问题,并大胆猜测答案,尝试用图画或其他符号进行记录 2. 能感知和发现简单物体现象,如物体形态或位置变化 3. 能通过实际操作理解数与数之间的关系,如:5比4多1;2和3合在一起是5 4. 能使用上下、前后、里外、中间、旁边等方位词描述物体的位置和运动方向	1. 找妈妈(数学) 2. 礼物送给好妈妈(数学) 3. 各种各样的花(数学) 4. 树朋友的身份证 5. 花儿朵朵 6. 开心的芽苞苞 7. 植物的弯曲运动 8. 有用的弹簧 9. 小猪家的屋顶 10. 水果宝宝上火车 11. 数汽车(数学) 12. 我喜爱的车 13. 夏天好热 14. 降温好方法 15. 荷花 16. 神奇的壳	主题体验探究: 1. 磁铁的朋友 2. 空气在哪里 3. 好玩的水 奇妙滕王阁综合主题活动: 滕王阁的古代建筑 科学工坊课程: 1. 纸会唱歌 2. 神气的纸桌 3. 不湿的纸船 4. 再生纸 5. 生活中的纸 6. 有趣的纸
大班上学期	1. 对自己感兴趣的问题总是刨根问底,能经常动手动脑寻找问题的答案,探索中有所发现时感到兴奋和满足 2. 能通过观察、比较与分析,发现并描述不同种类物体的特征或某个事物前后的变化 3. 借助实际情境和操作(如合并或拿取)理解"加"和"减"的实际意义 4. 能辨别自己的左、右	1. 独特的我 2. 目测数群 3. 会变的月亮 4. 哪里变了 5. 单和双(数学) 6. 2、3 的分解与组成(数学) 7. 青花瓷 8. 4 的分解与组成(数学) 9. 火车飞机几点开 10. 5 的分解与组成(数学) 11. 左右我能分得清 12. 认识雨 13. 6 的分解与组成(数学) 14. 雨是怎么形成的 15. 快乐出行 16. 7 的分解与组成(数学) 17. 认识年历 18. 神奇的摩擦 19. 8 的分解与组成(数学) 20. 9 的分解与组成(数学)	科技创新探究: 1. 科学小发明 2. 纸飞机制作 奇妙滕王阁综合主题活动: 茶的制作 科学工坊课程: 1. 镜里镜外 2. 迷你小音响 3. 不倒的房子 4. 会转的风车 5. 铁球迷宫 6. 穿过弯管

续　表

学期	课 程 目 标	基 础 课 程	拓 展 课 程
大班下学期	1. 在成人的帮助下能制定简单的调查计划并执行,探索中能与他人合作与交流 2. 初步了解人们的生活与自然环境的密切关系,知道尊重和珍惜生命,保护环境 3. 能通过实物操作或其他方法进行 10 以内的加减运算 4. 能用简单的记录表、统计图等表示简单的数量关系	1. 快乐转转转 2. 认识单双数(数序) 3. 我能让它转起来 4. 7 的加减(数学) 5. 雨从哪里来 6. 8 的加减(数学) 7. 小水滴哪去了 8. 气象播报员 9. 上学路线 10. 我的计划表 11. 认识钱币 12. 小小文具店 13. 整点和半点 14. 告别时刻(数学) 15. 美丽的彩虹 16. 整理好,留下来	科技创新探究: 机器人乐高拼搭 奇妙滕王阁综合主题活动: 景德镇陶瓷 科学工坊课程: 1. 奇妙的静电 2. 灯泡亮起来 3. 电动飞雪 4. 时钟宝宝 5. 镜子里的我 6. 什么动物出现了

(五) 艺术领域: 小达人课程

艺术是人类感受美、表现美和创造美的重要形式,也是表达自己对周围世界的认识和情绪态度的独特方式。每个幼儿心里都有一颗美的种子。滕王阁保育院的"小达人课程"旨在萌发幼儿对美的感受和体验,丰富其想象力和创造力,引导幼儿学会用心灵去感受和发现美,用自己的方式去表现和创造美。"小达人课程"设置见表3-6。

表 3-6　滕王阁保育院"小达人课程"设置表

学期	课 程 目 标	基 础 课 程	拓 展 课 程
小班上学期	1. 喜欢观看花草树木、日月星空等大自然中美的事物 2. 喜欢听音乐或观看舞蹈、戏剧等表演 3. 经常自哼自唱或模仿有趣的动作、表情和声调	1. 音乐:(歌曲)我上保育院 2. 音乐:(歌曲)小小粉刷匠 3. 音乐:(音乐游戏)丢手绢 4. 音乐:(歌表演)扮家家 5. 音乐:(歌曲)秋天 6. 音乐:(歌表演)拔萝卜 7. 美术:(泥工)月饼圆圆	艺术工坊课程: 1. 花手帕 2. 好看的手帕 3. 花布 4. 画朋友 5. 我的朋友 6. 朋友的脸

续　表

学期	课　程　目　标	基　础　课　程	拓展课程
小班上学期	4. 能模仿学唱短小歌曲 5. 能跟随熟悉的音乐做身体动作	8. 美术：(绘画)棒棒糖 9. 美术：(手工)糖果爸爸 10. 美术：(拓印画)蔬果联欢会 11. 美术：(绘画)树叶鸟	
小班下学期	1. 容易被自然界中的鸟鸣、风声、雨声等好听的声音吸引 2. 乐于观看绘画、泥塑或其它艺术形式的作品 3. 经常涂涂画画、粘粘贴贴并乐在其中 4. 能用简单的线条和色彩大体画出自己想画的人或事物 5. 能用声音、动作、姿态模拟自然界的事物和生活情景	1. 音乐：(歌曲)我的好妈妈 2. 音乐：(律动)生活模仿操 3. 音乐：生活律动 4. 音乐：(歌曲)蚂蚁搬豆 5. 音乐：(歌表演)我有一双小小手 6. 音乐：(歌曲)小小公鸡 7. 美术：(粘贴)妈妈的裙子 8. 美术：(手工)喇叭 9. 美术：(纸工)手风琴 10. 美术：给柳树妈妈梳辫子 11. 美术：(折纸)郁金香 12. 美术：(拓印)手掌树 13. 美术：(泥工)麻花真香 14. 美术：(绘画)美丽的夏装	美丽滕王阁综合主题活动： 滕王阁的美丽花纹 艺术工坊课程： 1. 小人国(手指点画) 2. 手指的舞蹈 3. 弯绕的毛毛虫 4. 手印想象画 5. 漂亮的热带鱼 6. 手指树
中班上学期	1. 在欣赏自然界和生活环境中美的事物时,关注其色彩、形态等特征 2. 能够专心地观看自己喜欢的文艺演出或艺术品,有模仿和参与的愿望 3. 经常唱唱跳跳,愿意参加歌唱、律动、舞蹈、表演等活动 4. 能用自然的、音量适中的声音基本准确地唱歌 5. 能通过即兴哼唱、即兴表演或给熟悉的歌曲编词来表达自己的心情	1. 音乐：(歌曲)我升中班了 2. 音乐：(律动)摘果子 3. 音乐：(打击乐)小钟 4. 音乐：(歌曲)娃哈哈 5. 音乐：(律动)学做解放军 6. 音乐：(歌曲)鞋匠舞 7. 音乐：(游戏)幸福拍手歌 8. 美术：(手指印画)我的指纹画 9. 美术：五星红旗 10. 美术：(晕染)美丽的花布 11. 美术：青花瓷 12. 美术：鱼儿游啊游 13. 美术：(纸工)纸盒小人 14. 美术：(绘画)漂亮的街道	美丽滕王阁综合主题活动： 滕王阁的动物石雕 艺术工坊课程： 1. 梅花 2. 毛毛虫 3. 大房子 4. 我的家 5. 小蝌蚪 6. 青蛙 7. 小鱼 美工坊： 绘画和用颜料作画等

续　表

学期	课 程 目 标	基 础 课 程	拓 展 课 程
中班上学期			泥工坊: 制作冰糖葫芦等 合唱团: 学唱虫儿飞等歌曲 奥尔夫音乐: 感受力、听力和气息的练习
中班下学期	1. 喜欢倾听各种好听的声音,感知声音的高低、长短、强弱等变化 2. 能用拍手、踏脚等身体动作或可敲击的物品敲打节拍和基本节奏 3. 欣赏艺术作品时会产生相应的联想和情绪反应 4. 经常用绘画、捏泥、手工制作等多种方式表现自己的所见所想 5. 能运用绘画、手工制作等表现自己观察到或想象的事物	1. 音乐:(歌曲)小小的船 2. 音乐:(歌曲)只要妈妈露笑脸 3. 音乐:(歌表演)小毛驴 4. 音乐:(歌曲)大雨小雨 5. 音乐:(歌曲)笑一个吧 6. 音乐:(律动)小花猫,踏点步 7. 美术:(手工)折鸭子 8. 美术:(绘画)瓦罐 9. 美术:可爱的毛毛虫 10. 美术:卷心菜里的故事 11. 美术:有趣的蝴蝶 12. 美术:(折纸)热带鱼 13. 美术:(绘画)树朋友 14. 美术:(泥工)葵花朵朵 15. 美术:(绘画)花丝巾	美丽滕王阁综合主题活动: 萍乡皮影戏 艺术工坊课程: 1. 花纸筒 2. 漂亮的纸筒人 3. 纸筒娃娃 4. 祝福卡 5. 送给朋友的卡片 6. 六一贺卡
大班上学期	1. 乐于收集美的物品或向别人介绍自己发现的美的事物 2. 艺术欣赏时常常用表情、动作、语言等方式表达自己的理解 3. 积极参与艺术活动,有自己比较喜欢的活动形式 4. 能用基本准确的节奏和音调唱歌	1. 音乐:(歌曲)我会变 2. 音乐:(律动)请你和我跳个舞 3. 音乐:(歌曲)爷爷为我打月饼 4. 音乐:(歌曲欣赏)大中国 5. 音乐:(集体舞)中国功夫 6. 音乐:(歌曲)你的眼里有个我 7. 美术:(绘画)我的老师	美丽滕王阁综合主题活动: 1. 傩舞赏析 2. 采茶戏欣赏 艺术工坊课程: 1. 滑稽小人 2. 包装礼物 3. 气球小丑 4. 笑脸藏在哪

续　表

学期	课　程　目　标	基　础　课　程	拓展课程
大班上学期	5. 能用律动或简单的舞蹈动作表现自己的情绪或自然界的情景	8. 美术：快乐大转盘 9. 美术：京剧脸谱 10. 美术：(水粉画)竹 11. 美术：民族服装真漂亮 12. 美术：(手工)美丽的纸绳	5. 手套造型 6. 纸上哈哈镜 舞蹈社： 舞蹈：多了一个你
大班下学期	1. 乐于模仿自然界和生活环境中有特点的声音，并产生相应的联想 2. 愿意和别人分享、交流自己喜爱的艺术作品和美感体验 3. 能用多种工具、材料或不同的表现手法表达自己的感受和想象 4. 艺术活动中能与他人相互配合，也能独立表现 5. 能自编自演故事，并为表演选择和搭配简单的服饰、道具或布景 6. 能用自己制作的美术作品布置环境、美化生活	1. 音乐：(歌曲)鼓上的小米粒 2. 音乐：(律动)小陀螺 3. 音乐：(歌曲)爱护小树苗 4. 音乐：(基本步伐)跑跳步 5. 音乐：(打击乐)波尔卡和七公主 6. 音乐：(音乐游戏)套圈 7. 美术：一样不一样 8. 美术：(水墨画)倒影 9. 美术：(绘画)太阳 10. 美术：我看见的运动 11. 美术：(欣赏)星空 12. 美术：(绘画)保育院的快乐生活	美丽滕王阁综合主题活动： 瑞昌剪纸 艺术工坊课程： 1. 有趣的灯笼 2. 水墨倒影 3. 飞舞的树 4. 有趣的指纹画 5. 我眼中的小学 6. 上学路上

第四节　玩中学习　做中成长

《幼儿园教育指导纲要(试行)》(以下简称为《纲要》)中指出："幼儿园的教育活动,是教师以多种形式有目的、有计划地引导幼儿生动、活泼、主动活动的教育过程。"因此,在组织和实施基础课程的过程中,教师根据《纲要》,从本地、本院的条件出发,结合本班幼儿的实际情况,制定切实可行的工作计划以及教学大纲,以主题式的游戏化教学来实施基础课程的内容,让儿童在玩中学习、做中成长,使玩与学兼得,帮助儿童开启连通世界的窗口。

一、基础课程实施与评价

(一) 基础课程的实施途径

在基础课程中，根据不同年龄阶段儿童的发展水平和兴趣，我们以主题形式开展教学活动。游戏活动的实施，依托于各个主题活动的实施和开展。在游戏化教学活动中，幼儿通过人与环境、人与物、人与人之间的相互作用来获得自身的经验，在游戏中实现知识的积累，技能的形成，身体、社会性、情绪情感的发展，以及创造性等个性特征的养成等。我们教师在开展基础课程时，能捕捉生活活动中的教育因素，将教育目标隐含在生活活动中，使幼儿在潜移默化中受到教育。主题式游戏化教学活动见表3-7。

表 3-7　滕王阁保育院主题式游戏化教学活动表

主题学期	主题活动	主 题 活 动 目 标	教学活动内容(举例)
小班上学期	我上幼儿园	1. 在轻松、愉悦的环境下，喜欢幼儿园，愿意参加集体活动。 2. 通过散步、玩游戏等方式，熟悉幼儿园的环境，消除焦虑情绪。 3. 愿意大胆介绍自己和家人，喜爱老师，感受在幼儿园的温馨。 4. 能自己的事情自己做，培养独立自主的意识。	社会：我上幼儿园 健康：我爱喝水 语言：(儿歌)我会自己走 艺术：(歌曲)走路 科学：上上下下
	甜甜蜜蜜	1. 用故事、图片、视频等形式，结合日常生活，感受老师、同伴和家人的关爱，知道大家在一起的甜蜜，学会关爱他人、尊敬长辈，培养初步的集体意识。 2. 观察、了解各种甜品的形状，知道甜品的种类丰富，初步学习分类。 3. 感知甜品的种类，乐意与同伴分享、交流，体验给他人送甜蜜的快乐。 4. 能用完整的语句表达自己对家人的爱，愿意为长辈做力所能及的事。	语言：(故事)给妈妈的妈妈送甜蜜 艺术：(手工)冰淇淋球 社会：甜甜的爱送给你 科学：好吃的甜品 健康：我会洗手
	你好，秋天	1. 感知季节的变换，关注周围的事物在秋季的变化，感受秋天的美。 2. 能够运用看、摸、尝、画、唱等多种形式感受多彩的秋天，并积极表达对秋天的喜爱。 3. 认识秋天各种颜色的蔬果，主要是红、黄、绿三色，学习按颜色分类。 4. 通过秋游、拾树叶、看花展等活动，感知多彩的秋天。	语言：秋天的颜色 艺术：(歌曲)秋天 科学：秋天的天气 社会：秋天在哪里 健康：秋天多喝水

主题学期	主题活动	主 题 活 动 目 标	教学活动内容(举例)
小班上学期	新年到,放鞭炮	1. 通过观看视频、图片熟悉新年,知道新年的由来、习俗等,感受新年的喜庆。 2. 了解新年的红灯笼、红爆竹、窗花等红色装饰物,能够运用看、做、画、唱等多种形式感受新年的红彤彤,并积极表达对他人的新年祝福。 3. 观看放烟花视频,认识烟花的各种形态,感知5以内的数。	语言:新年到 艺术:(歌曲)新年好 科学:猜礼物 社会:祝你新年快乐 健康:放鞭炮,要小心
	冬天来了	1. 在观察冬天的花草树木和人们服饰用具的变化中,感知冬天的主要特征。 2. 了解动物过冬的方式;学会按不同的过冬方式给小动物们分类。 3. 通过观察,知道冬天植物有落叶树和常青树,了解它们的过冬方式。	语言:冬天到 艺术:(歌曲)好娃娃 科学:冬天来了 健康:冬天不怕冷 社会:爱护小动物
小班下学期	亲亲热热一家人	1. 借助故事、儿歌、音乐和游戏等形式,体验一家人快快乐乐在一起的幸福感。 2. 初步了解家里厨房、客厅、卧室和卫生间的布局,并愿意与同伴分享交流。 3. 认识一些厨具、家具等生活用品,学会对相应物品进行匹配和统计数量。 4. 感受爸爸妈妈对自己的爱,尝试关心家人,为家人做一些力所能及的事。	语言:(故事)生气的爸爸妈妈 社会:我爱我家 科学:(数学)家里的朋友 美术:(绘画)妈妈的笑脸 音乐:(歌曲)我的好妈妈
	奇妙的声音	1. 能用听觉感知、理解世界上的各种声音,喜欢听辨不同的声音,区别不同声音及其代表的意义。 2. 认识厨房一些用具,如碗、盘子、筷子等,知道这些物体能发出声音,尝试通过敲击制造出不同的声音。 3. 通过观察水波,尝试用不同的线条表现不同的声音。 4. 知道耳朵的用处,不大喊大叫,不挖耳朵,学会保护耳朵。	语言:(故事)世界上最好听的声音 科学:特别的声音 社会:家里的声音 健康:不对耳朵大声叫 音乐:(歌曲)厨房的节奏

续　表

主题学期	主题活动	主题活动目标	教学活动内容(举例)
小班下学期	春天下雨的日子	1. 通过儿歌、游戏、故事等形式，感知春雨的美，了解春雨给万物带来的生机。 2. 运用多种感官，充分体验听雨、看雨和玩雨的乐趣。 3. 善于观察天气的变化，对雨滴的形成和去向感兴趣，乐于探索和分享。	语言：(诗歌)春雨 科学：(排序)大雨和小雨 社会：下雨的日子 健康：打雷闪电我不怕 美术：(绘画)彩色雨
	多爱多艺的手	1. 知道五根手指的名称，了解小手的作用，学会保护自己的小手 2. 通过儿歌、游戏、故事等形式，感知小手的多变性。 3. 知道手与生活中物体的关系，认识一些根据有关手的原理制作的物品。 4. 能自己动手做一些力所能及的事情，学会互帮互助，与他人合作。	语言：(儿歌)小小手 科学：小手和小脚的本领 社会：我会打招呼 健康：保护小手 美术：(手印)热带鱼 音乐：(歌曲)蚂蚁搬豆
	夏天大玩家	1. 初步感知夏天明显的气候特征，乐于寻找使自己凉快的方法。 2. 观察夏天人们服饰的变化，能大胆制作或设计夏天凉爽的服饰。 3. 尝试用水玩各种游戏，感知物体的沉浮现象，了解水的用途，学会节约用水。 4. 初步懂得冷饮品与人体需要之间的关系，体验自制冷饮品的乐趣。	语言：夏天 科学：夏天的服饰 健康：出汗了 社会：炎热的夏季 美术：夏天的背心 音乐：(歌曲)小小公鸡
中班上学期	我升中班了	1. 认识新班级的环境、老师和小朋友，建立友好关系和良好的常规秩序，懂得与朋友之间团结友爱，尽快适应集体生活。 2. 了解自己在渐渐长大，在集体中形成独立学习和生活的心理基础，并且理解自己长大了之后可以照顾弟弟妹妹。 3. 培养初步的责任感和规则意识。	社会：我们的新教室 语言：朋友见面真开心 科学：长高的秘密 健康：眯眼了，怎么办 艺术：(歌表演)小小公鸡

续　表

主题学期	主题活动	主 题 活 动 目 标	教学活动内容(举例)
中班上学期	我的家乡真美丽	1. 了解自己家乡的名称——江西。 2. 初步了解江西的风土人情、民俗民风,知道家乡的特产和特色(南酸枣糕、南丰蜜橘、米粉、酒糟鱼等),激发爱家乡的情感。 3. 培养热爱家乡、关心家乡的情感,从而进一步激发爱家乡、爱祖国的情感,增强对家乡的认同感、亲切感、自豪感。激发诚实守信的好品质。	语言:(儿歌)美丽家乡是我家 艺术:(歌曲)祖国祖国我爱你 健康:安全摩天轮 科学:摩天轮转一转 社会:家乡的特产
	生活调色盘	1. 对周围生活中的人、事、物有更深的认识和理解,体验生活中多姿多彩的乐趣。 2. 乐意帮爸爸妈妈分担力所能及的家务劳动,感谢爸爸妈妈平日里的辛苦付出。认识生活中的各种标志。 3. 知道日常生活中存在危险的地方和危险物品,不碰危险物品,学会保护自己。知道简单的交通常识,能遵守交通规则。 4. 学习按照ABBABB的规律排序,观察生活中的规律排序。	语言:(故事)豆浆糊 社会:我也来帮忙 科学:各种各样的豆子 艺术:(歌曲)太阳喜欢 健康:(体能)豆子蹦蹦跳 美术:五彩豆子画
	热热闹闹迎新年	1. 对身边常见的事物和现象产生兴趣和探究的欲望,体验过年的快乐,知道自己又大了一岁。 2. 通过组织谈话,观看大人们的庆祝活动、唱歌和美工活动,进一步加深对新年的认识与了解。 3. 积极参与新年环境布置,进一步为迎接新年做准备。 4. 激发对新年的期望和憧憬。	语言:(儿歌)过年咯 艺术:大家一起包饺子 健康:(体能)抛抛接接 社会:新年全家福 科学:(数学)数字宝宝找朋友
中班下学期	弯弯绕绕	1. 感知柔软物体发生的弯曲、盘绕、伸直等变化。 2. 学习沿曲线走、爬、钻,发展敏捷、灵活的行动能力。 3. 学会观察、发现、了解生活中的一些弯绕物品和食物。 4. 感知弯绕物体的形态美,理解弯绕的物品有着它独特的作用,具有较强的实用性。	语言:(谈话)愉快的寒假 科学:弯弯绕绕的朋友 社会:假如它是直的 艺术:(美术)卷心菜里的故事 健康:我也会弯

续　表

主题 学期	主题 活动	主 题 活 动 目 标	教学活动内容(举例)
中班下学期	春天真美丽	1. 通过多种活动认识春季的主要特征,认识和观察春天里的花朵的基本形态。 2. 在照顾自然角的过程中培养责任心与任务意识。 3. 初步感受对称图形的美,尝试绘画和剪裁对称图形。	语言：(故事) 花瓣儿"鱼" 科学：花朵多多 社会：我的树朋友 艺术：(歌曲)大雨小雨 艺术：(美术) 美丽的蝴蝶
	家乡美如画	1. 认识自己家乡的地理风貌、风土人情、名胜古迹、人文历史及家乡的传统歌谣、故事,激发热爱家乡的情感。 2. 细致、全面地了解家乡的山水,比如庐山、三清山、井冈山等。 3. 学习有关家乡的知识和文化,激发对民族和家乡的自豪感。	语言：(谈话)夸家乡 社会：文天祥 科学：家乡特有的植物 艺术：(手工)折鸭子 艺术：(律动)小花猫,踏点步
	生活真奇妙	1. 到大自然中感受阳光、树林、山水的美,亲近自然,热爱生活。 2. 尝试做一些小实验,比如和光盘做游戏,用手电筒玩影子等,感受光的美妙和神奇。 3. 初步理解光的反射、折射原理,了解生活中光的运用。	语言：(复述故事)气球逃走了 科学：彩色光盘转起来 社会：我们的节日(六一) 艺术：(歌曲)夏天的雷雨 艺术：(绘画)快乐的小鸟
大班上学期	不一样的我	1. 接受并张扬自我,关注自身的成长过程,体验做哥哥姐姐的角色变化,感受成长的快乐。 2. 懂得帮助他人,感受乐于助人的爱的味道;喜欢与同伴合作探究,感受合作的快乐的味道;知道自己的长处,能独立思考,感受成长中收获的味道。 3. 学习初步调节、控制自己的情绪和行为,增强自律意识。	语言：成长的味道 社会：老师真辛苦 健康：换牙了 科学：独特的我 艺术：(绘画)我的老师 艺术：(歌曲)我会变
	我是中国娃	1. 结合国庆节,知道祖国的生日,认识国旗、国徽和国歌等。 2. 认识不同的民族及其民族文化。 3. 了解中国的汉字文化,知道汉字演变的过程,尝试自己设计象形字。 4. 激发热爱祖国的情感,为自己是一名中国娃而感到骄傲。	语言：我是中国小娃娃 科学：单和双 社会：认识少数民族 艺术：(美术)京剧脸谱 艺术：(歌曲)国旗国旗红红的哩

续　表

主题学期	主题活动	主 题 活 动 目 标	教学活动内容(举例)
大班上学期	亮眼看世界	1. 学习用不同的工具和方法进行观察,体验观察的乐趣。 2. 观察自然界中的雨,探索与想象雨的形成。 3. 通过多种角度观察自然界中的万事万物,发现奥妙,丰富生活经验。	语言:(散文欣赏)秋天的雨 社会:奶奶进城 科学:左右我能分得清 健康:眼睛会做操 艺术:(歌曲)拍手唱歌笑呵呵
	欢乐世界年	1. 在迎新年的各项活动中认识亚洲各国的新年习俗及文化。 2. 通过参观展览、观看课件、绘画创作等形式,了解过年的来历,学习中华民族的传统文化,并在活动中感受过年的欢乐气氛及与其他国家的不同之处。 3. 在和家人、老师、同伴一起感受新年的愉快的同时懂得关心长辈和弟弟妹妹。	语言:(讲述)亚洲新年 艺术:(美术)贺卡设计师 健康:小动物迎新年 艺术:(歌曲)冬天 科学:认识年历 社会:亚洲新年大不同
	相约在冬季	1. 在故事、图片、谈话及游戏活动中,了解冬天南北方的美食特色及不同。 2. 了解冬天人们的服装、用具的变化,知道冬天水要结冰等,培养对动植物的兴趣。 3. "天冷我不怕",坚持天天在外锻炼身体,不贪睡,不穿过多衣服,做个勇敢的孩子。	语言:(儿歌)冬爷爷变魔术 艺术:(欣赏)化装舞会 社会:快乐元旦 科学:(自然)温度计 健康:生病了吃什么 科学:10 的分解与组成
大班下学期	动感天地	1. 感知生活中各种物体的转动现象,尝试借助一定的工具让物体旋转起来。 2. 愿意参与探索活动,能表述自己的发现和方法。	语言:(故事)滚滚和蹦蹦 艺术:(歌曲)不再麻烦好妈妈 科学:快乐转转转 社会:拥抱妈妈 健康:快乐有秘方 艺术:送给妈妈的礼物

续　表

主题学期	主题活动	主题活动目标	教学活动内容(举例)
大班下学期	大自然的语言	1. 初步获得有关雨的形成及其与生物的关系的经验。 2. 对雨的形成产生继续探究的兴趣。 3. 了解雨在生活中的作用及危害。 4. 在活动中表现一定的独立性,形成主动、互助、合作的态度和行为。 5. 会运用多种绘画工具和材料,并能创造性地运用。	科学: 雨从哪里来 语言: 下雨之前 艺术: (歌曲)爱护小树苗 艺术: (绘画)多彩的雨天 健康: 维生素兄弟 社会: (清明节)文明祭扫
	走进小学	1. 了解自己即将进入的小学环境,能提出自己的问题,在成人的帮助下做好入学准备。 2. 知道小学生的一日生活和作息时间,养成良好的行为习惯。	语言: (故事)总是迟到的嘟嘟 艺术: (歌曲)快乐的"六一" 科学: 认识钱币 社会: 我的小学什么样
	离园倒计时	1. 为进入小学做好心理和物质上的各项准备,培养良好的学习意识和态度。 2. 形成时间概念和任务意识,为适应小学生活做好准备。 3. 学会独立完成作业,简单地整理物品,知道爱惜学习物品。 4. 进一步感受、了解小学生的生活、学习情况,增强进入小学的愿望。	语言: (诗歌)毕业诗 艺术: (歌曲)老师,再见了 艺术: (绘画全班福)毕业海报 社会: 我要感谢你 科学: 整点和半点 健康: 勇敢者之路

(二) 基础课程评价方式

基础课程的评价包括对幼儿过程性的评价及对教师教学的评价。对幼儿的过程性评价主要以幼儿的表现行为及发展为评价标准,如幼儿成长档案、观察记录、学习故事等形式,以运动会、讲故事比赛、班级流动红旗的评选、科技节、艺术节等活动定期对幼儿的身体发展、语言发展、社会性发展等方面进行评价。对教师教学的评价主要以教师日常教学活动的教学反思、教育随笔、主题资料表、墙面创设等方式来评量教师观察、分析、支持幼儿的能力。基础课程幼儿评价部分见表 3-8。

表3-8　滕王阁保育院基础课程评价表(幼儿)

项目	评 价 指 标	自评	师评	家评
健康领域	身体健康,在集体生活中情绪安定、愉快。			
	生活、卫生习惯良好,有基本的生活自理能力。			
	知道必要的安全保健常识,学习保护自己。			
	喜欢参加体育活动,动作协调、灵活。			
语言领域	乐意与人交谈,讲话礼貌。			
	注意倾听对方讲话,能理解日常用语。			
	能清楚地说出自己想说的事。			
	喜欢听故事、看图书。			
	能听懂和会说普通话。			
社会领域	能主动地参与各项活动,有自信心。			
	乐意与人交往,学习互动、合作和分享,有同情心。			
	理解并遵守日常生活中基本的社会行为规则。			
	能努力做好力所能及的事,不怕困难,有初步的责任感。			
	爱父母长辈、老师和同伴,爱集体,爱家乡,爱祖国。			
科学领域	对周围的事物、现象感兴趣,有好奇心和求知欲。			
	能运用各种感官,动手动脑,探究问题。			
	能用适当的方式表达、交流探索的过程和结果。			
	能从生活和游戏中感受事物的数量关系并体验到数学的重要和有趣。			
	爱护动植物,关心周围环境,亲近大自然,珍惜自然资源,有初步的环保意识。			
艺术领域	能初步感受并喜爱环境、生活和艺术中的美。			
	喜欢参加艺术活动,并能大胆地表现自己的情感和体验。			
	能用自己喜欢的方式进行艺术表现活动。			

二、拓展课程实施与评价

为落实立德树人的目标,培养德智体美全面发展的社会主义建设者和接班人,我们以基础课程为主,同时开发了以"生动探究""生动文化""生动工坊"和"生动社团"为特色的探究型拓展课程。

(一)"生动探究"课程

保育院以"幼儿日常生活科学启蒙教育"为办院特色,以"动手操作、做中习得、自主构建"为教学模式,努力做到科学教育生活化、生活问题科学化,把科学教育渗透于幼儿的日常生活中,营造爱科学、讲科学、学科学、用科学的氛围。

1. "生动探究"的课程实施

滕王阁保育院以小班"自然生动探究"、中班"主题体验探究"和大班"科技创新探究"为载体,小班依托自然角,进行植物种植、动物饲养和自然观察等探究活动;中班通过设置不同的科学探究区域,进行声、光、电、磁、力等物理现象的初步感知和探究;大班依托保育院、东湖区和南昌市的科技节,进行科技创新探究。滕王阁保育院借助教学、区域、社会实践等活动,充分利用自然、社会以及本土资源,培养幼儿的科学人文精神和科学探索能力。"生动探究"课程见表3-9。

表3-9　滕王阁保育院"生动探究"课程表

课程主题	课程目标	课程内容
小班: 自然生动探究	1. 亲近自然,对周围的很多事物和现象感兴趣; 2. 能感知和发现动植物的生长变化及其基本条件; 3. 初步了解人们的生活与自然环境的密切关系,知道尊重和珍惜生命,保护环境。	植物的生长
		蚕宝宝成长记
		雨水的形成
		好玩的泥土
中班: 主题体验探究	1. 喜欢接触新鲜事物,善于观察、发现、比较和分析; 2. 能用多种感官或动作去探索物体,并大胆表述自己的发现。	奇妙的声音
		与光做游戏
		神奇的力
		电的旅行
		磁铁的朋友
		空气在哪里
		好玩的水
		各种各样的纸

课程主题	课程目标	课程内容
大班： 科技创新探究	1. 能动手动脑探索物体和材料,体验探索的快乐和满足; 2. 初步感知常用科技产品与自己生活的关系,在成人的帮助下尝试科技小制作。	科学小发明
		纸飞机制作
		机器人乐高拼搭

2. "生动探究"的课程评价

"生动探究"课程评价包括对幼儿学习和教师教学两方面的评价。对幼儿学习的评价主要是运用幼儿科学能力评量表,辅助以学习作品、活动表现等来评量的。对教师教学的评价包括运用活动设计、教学反思和教师自评等方式评量教师引导幼儿进行科学探索的能力。幼儿科学能力评价核心指标见表 3-10。

表 3-10　滕王阁保育院幼儿科学能力评价的核心指标表

项目	评价指标	自评	师评	家评
问题意识	幼儿能提出有关周围生活的问题。			
观察能力	幼儿能运用各种感官,观察正在发生的现象。			
探索方法	幼儿能通过动手操作,探索各种材料。			
	幼儿能使用各种简单工具。			
	幼儿能参与简单的调查研究。			
	幼儿能通过多种表征记录各种现象。			
合作意识	幼儿能与他人合作,分享并讨论想法。			

(二)"生动文化"课程

滕王阁保育院将"滕王阁文化"融入到保育院的院本课程建设中,建设"生动文化"课堂。以游戏化、探究性和生成式的主题活动为切入点,以幼儿的兴趣为起点、以幼儿的问题为发展、以幼儿的多元表征为载体,开展了"滕王阁的古代建筑""滕王阁的动物石雕""滕王阁的美丽花纹""滕王阁与王勃的故事"等一系列主题活动,积累了丰富多彩、生动活泼的活动案例,切实提升了教师的"幼儿为本"的教育观念,激发了幼儿探究滕王阁文化的兴趣和学习愿望,取得了初步的成效。

1. "生动文化"的课程实施

经过四年多的不断实践和拓展,滕王阁保育院基于地方传统文化的院本课程,目前包含了"美丽滕王阁""奇妙滕王阁""人文滕王阁""滕王阁与世界"四个综合主题活动,每一个模块都包含了两种核心素养和三维课程目标,以及相应的若干主题活动,旨在创造熏陶艺术、孕育智慧、滋养生活、启迪心灵的幼儿学习游戏场。"生动文化"课程见表3-11。

表3-11　滕王阁保育院"生动文化"课程表

综合主题活动	核心素养	三维课程目标	主题活动举例
美丽滕王阁	审美情趣艺术表达	① 能理解和欣赏传统文化的艺术形式; ② 具有初步的传统艺术知识、技能与方法; ③ 能对传统文化进行简单的艺术表达和创意表现。	滕王阁的美丽花纹 滕王阁的动物石雕 瑞昌剪纸 萍乡皮影戏 傩舞赏析 采茶戏欣赏
奇妙滕王阁	乐学善学勇于探究	① 对传统文化具有积极的学习态度和浓厚的学习兴趣; ② 初步养成良好的学习习惯,掌握几种简单的收集信息的途径和探究方法; ③ 对传统事物提出自己的问题,并在教师的帮助下尝试探究发现的方法。	滕王阁的古代建筑 景德镇陶瓷 茶的制作 纸的制作
人文滕王阁	人文积淀社会责任	① 对中国的汉语、汉字、古诗词和民间故事等感兴趣; ② 具有传统人文领域的简单知识和基本文化素养; ③ 能将自己了解的传统文化为他人讲解和开展社区宣传。	滕王阁与王勃的故事 民间故事会 亲近古诗词 滕阁小导游实践活动 滕阁小宣讲志愿服务
滕王阁与世界	国家认同国际理解	① 理解和珍视本土传统文化,接纳和尊重多元文化; ② 初步了解本民族、本国和世界主要国家和民族的传统文化方面的基本知识; ③ 能对本土传统文化和异国异乡文化进行简单的交流和分享。	我国四大名楼 世界著名建筑 中外节日活动 世界民族体验活动

2. "生动文化"的课程评价

"生动文化"课程评价包括对幼儿学习和教师教学两方面的评价。对幼儿学习的评价包括运用学习故事、学习作品、课堂表现和家长调查等方式评量幼儿对地方传统文化的兴趣和态度、表现和创造的能力。对教师教学的评价包括运用课程教学、案例反思、课程成果展、教师自评和他评等方式评量教师的课程生成能力和文化修养等。幼儿传统文化学习能力评价核心指标见表3-12。

表3-12　滕王阁保育院幼儿传统文化学习能力评价的核心指标表

项目	评　价　指　标	自评	师评	家评
兴趣态度	幼儿对传统文化的代表事物表现出兴趣和探究的愿望。			
	幼儿能理解和尊重不同民族和不同国家的传统文化。			
鉴赏	幼儿能初步欣赏不同种类的传统艺术。			
学习	幼儿初步了解传统文化的简单知识。			
	幼儿能运用简单的艺术形式表现传统文化。			
	幼儿能对传统事物提出自己的问题,并在教师的帮助下尝试探究发现的方法。			
交流	幼儿能将自己了解的传统文化为他人讲解和开展社区宣传。			

(三)"生动工坊"课程

保育院设置有设施设备齐全、适宜幼儿活动的阅读室、科学探究室、建构室和美劳室,为幼儿提供进行静心阅读、深入探究、空间创造和艺术创造的良好环境,保证每个幼儿有充足的时间进入功能房进行自主、生动的活动。

1. "生动工坊"的课程实施

滕王阁保育院充分利用建构室、科学探究室、美劳室和阅读室的丰富资源,建设了"建构工坊""科探工坊""艺术工坊"和"阅读工坊"课程。将"生动工坊"的活动时间纳入教学计划表,与幼儿园常规的集体教学活动和区域活动相结合,进行延伸拓展,保障幼儿有充足的时间和空间进行小组的自主活动。"生动工坊"课程见表3-13、表3-14、表3-15、表3-16。

表 3-13　滕王阁保育院"建构工坊"课程表

学　期	课　程　目　标	课程内容
小班上学期	1. 初步学习平铺、叠高的建构技能,能积极参与建构活动。 2. 在建构中体验乐趣,并产生初步的合作。	马路 动物家园 美丽的公园 我的保育院
小班下学期	1. 能用积木、积塑进行垒高,搭出高高的建筑。 2. 能将积木搭得又高又稳,感知力的平衡。	搭高楼 我家的房子 高高的建筑
中班上学期	1. 能将积木很好地结合,搭得又高又稳,感知力的平衡。 2. 体验一些环绕的建筑物,成功地将它们搭起,感受其中的乐趣。 3. 初步运用垒高、对称、围合、塔式的建构。	居民区 四合院 高楼大厦 欢乐的街道 城市美发师 创造美丽城市
中班下学期	1. 能感知物体的形体结构特征,拼搭出该物体的造型。 2. 运用垒高、对称、围合、塔式的建构技能。 3. 综合利用易拉罐、纸盒、积木等各种材料进行搭建。	滕王阁 南昌双子塔 绳金塔 洪都大桥 英雄大桥 南昌大桥
大班上学期	1. 能够根据主题需要,创造性地选择和制作辅助材料,不断丰富搭建主题。 2. 学会与同伴合作分工,感受合作建构的乐趣。 3. 能用常见的几何形体有创意地拼搭。	动感城堡 高高的桥 我的面包房 美丽的教学楼 上学的路上
大班下学期	1. 通过垒高、对称、拼接、平衡等不同方法搭建塔式的滕王阁。 2. 尝试利用塑料积木、纸盒等材料搭建对称造型的故宫宫殿。 3. 合理使用正方体、长方体、圆柱等不同类型的木头积木搭建高大的楼房。	万里长城 冰屋 美丽的蒙古包 温暖大家庭 我的保育院 理想家园

表 3-14　滕王阁保育院"科探工坊"课程表

学　期	课　程　目　标	课　程　内　容
小班上学期	1. 观察实验认识纸的种类和特征。 2. 对纸的制造过程产生兴趣。 3. 能仔细观察,经常提问,或好奇地摆弄物品。	纸的秘密 纸的生产 奇妙的纸 快纸片和慢纸片 纸的力量 纸的下落
小班下学期	1. 感知探索纸的多样性及特征。 2. 了解纸在生活中的多种用途。 3. 感知不同纸张在水里的变化,用语言与同伴交流探索的过程与结果。	认识各种各样的纸 纸的用途 玩玩纸 纸站起来了 神奇的餐巾纸 纸片变变变
中班上学期	1. 初步感受万花筒图案的色彩美和造型美。 2. 知道潜望镜的作用,激发幼儿对科学探索的兴趣。 3. 了解光的直线传播和光的反射原理。	神奇的万花筒 简易潜望镜 光的反射 凹凸镜 水中取硬币 不倒的陀螺
中班下学期	1. 探索不同材质的纸发出的声音。 2. 了解纸桌能承重的原理。 3. 探索纸船不会湿的原因。 4. 能用图画或其他符号进行记录。	纸会唱歌 神奇的纸桌 不湿的纸船 再生纸 生活中的纸 有趣的纸
大班上学期	1. 感知在不同角度看镜子里物体的区别。 2. 了解音响扩散声音的原理。 3. 探索纸杯房子不倒的原因。 4. 探索中有所发现时感到兴奋和满足,能用一定的方法验证自己的猜测。	镜里镜外 迷你小音响 不倒的房子 会转的风车 铁球迷宫 穿过弯管
大班下学期	1. 观察并记录两种材质材料的摩擦起电现象,发现静电的奥秘。 2. 认识灯泡、电池,能够进行简单的串联,让灯泡亮起来。 3. 探究中能与他人合作与交流,能用数字、图画、图表或其他符号记录。	奇妙的静电 灯泡亮起来 电动飞雪 时钟宝宝 镜子里的我 什么动物出现了

表 3- 15　滕王阁保育院"艺术工坊"课程表

学　期	课　程　目　标	课 程 内 容
小班上学期	1. 能用简单的线条勾画出自己好朋友的人物形象。 2. 喜欢用绘画的方式表达对朋友的感情。 3. 乐于观看绘画、泥塑或其他艺术形式的作品。	花手帕 好看的手帕 花布 画朋友 我的朋友 朋友的脸
小班下学期	1. 运用手指点画的方式创造各种人物形象,表现各种人物细节,表达自己的想象。 2. 能根据手印的形状大胆地想象,添画成完整的物体形象。 3. 喜欢涂涂画画、粘粘贴贴并乐在其中。	小人国(手指点画) 手指的舞蹈 弯绕的毛毛虫 手印想象画 漂亮的热带鱼 手指树
中班上学期	1. 运用各种几何图形,组合拼贴不同的楼房。 2. 添加相关景物,发挥想象丰富背景。 3. 敢于创造,感受美术活动的乐趣。	梅花 毛毛虫 大房子 我的家 小蝌蚪 青蛙 小鱼
中班下学期	1. 利用身边的各种材料,尝试以剪、贴、画的方法进行创作。 2. 通过立体造型,知道变废为宝,知道美源于生活,体验造型活动的乐趣。 3. 积极用绘画、捏泥、手工制作等多种方式表现自己的所见所想。	花纸筒 漂亮的纸筒人 纸筒娃娃 祝福卡 送给朋友的卡片 六一贺卡
大班上学期	1. 能够用碎布按衣服、裤子的模板制成服装,粘贴在彩色卡纸上并装饰,变成滑稽小人。 2. 学习用木块、及时贴、报纸等进行包装;在不同的瓶子上用及时贴等材料进行装饰。 3. 愿意和别人分享、交流自己喜爱的艺术作品和美感体验。	滑稽小人 包装礼物 气球小丑 笑脸藏在哪 手套造型 纸上哈哈镜
大班下学期	1. 能用自己制作的美术作品布置环境、美化生活。 2. 运用多种材料进行有创意的手工制作。 3. 艺术活动中能与他人相互配合,也能独立表现。	有趣的灯笼 水墨倒影 飞舞的树 有趣的指纹画 我眼中的小学 上学路上

表 3-16　滕王阁保育院"阅读工坊"课程表

学　期	课　程　目　标	课 程 内 容
小班上学期	1. 能集中注意力倾听别人对自己说话,并做出回应。 2. 乐意与同伴交流,能大方地在集体面前说话。 3. 能先仔细观察,喜欢跟读韵律感强的儿歌、童谣。 4. 爱护图书,不乱撕、乱扔。	《奶嘴》 《我们去森林里散步》 《蜘蛛丝上》 《没有人喜欢我》 《爸爸你能陪我玩吗》 《小蚂蚁的旅行》
小班下学期	1. 能说普通话,能连贯表达自己的观点。 2. 能听懂日常会话,学会围绕一定的话题谈话,不跑题。 3. 能主动地在集体面前口齿清楚地讲述,说话自然,声音大小适中。	《我要把你吃了》 《小老鼠》 《快跑快跑,抓迷藏》 《我好开心》 《给你我的心》 《我的名字叫甜心》
中班上学期	1. 理解故事的内容,进一步感知"爱"的意义,懂得爱是需要表达的。 2. 喜欢谈论自己感兴趣的话题。 3. 能基本完整地讲述自己的见闻和图书内容。	《小乌龟一家》 《真的很爱你》 《大家跟我说》 《我爱妈妈》 《扯呀扯》 《猜猜我是谁?》
中班下学期	1. 能结合情境感受到不同语气、语调所表达的不同意思。 2. 积极表达,大胆运用词汇,比较连贯地讲述。 3. 能随着作品的展开产生喜悦、担忧等相应的情绪反应,体会作品所表达的情绪情感。	《丽莎吓坏了》 《难过的丽莎》 《丽莎的森林探险》 《丽莎出远门》 《自信的丽莎》 《丽莎和小松鼠》
大班上学期	1. 专注地阅读图书,能说出所阅读的幼儿文学作品的主要内容。 2. 能主动提问。 3. 能有序、连贯、清楚地讲述一件事情。	《大自然中的伞》 《小海狸烤蛋糕》 《变化万千的气象》 《珍贵的活化石》 《伟大的宇航》 《月亮姑娘做衣裳》
大班下学期	1. 讲述时能使用常见的形容词、同义词等,语言比较生动。 2. 能根据图书画面的线索猜想故事情节的发展,或续编、创编故事。 3. 能初步感受文学语言的美。	《小雨点变戏法》 《雨点去旅行》 《大自然中美丽的伞》 《小种子长大了》 《坐电车回家》 《有趣的直线》

2. "生动工坊"的课程评价

"生动工坊"的活动主要以幼儿小组的自主活动为主,其课程评价主要考查工坊的活动内容、材料投放、教师观察与指导、幼儿活动表现等方面。"生动工坊"课程评价见表 3 - 17。

表 3 - 17 滕王阁保育院"生动工坊"课程评价表

项目	评 价 指 标	自评	园评
活动内容	活动内容符合本年龄班幼儿的发展需要。		
	活动内容与周教育重点或阶段目标相吻合。		
材料投放	活动材料能物化教育目标,有益于激发幼儿活动兴趣,启发幼儿思维。		
	活动材料丰富多样,体现层次性、操作性、有效性和趣味性。		
	针对幼儿实际及时调整更换。		
	充分利用废旧物品及乡土资源制作活动材料,材料牢固、安全与卫生。		
	材料摆放有序,便于幼儿取放。		
教师观察与指导	引导幼儿共同制定区域活动相关规则,规则表述适合本班幼儿年龄特点。		
	尊重幼儿对区域活动内容的选择,并给予适当的引导。		
	观察分析幼儿活动,进行针对性指导。		
	引导幼儿专注、持续地活动,培养幼儿良好的活动习惯和常规。		
	为幼儿提供讨论、分享、交流的机会,帮助幼儿梳理和提升经验。		
	根据活动开展情况,及时记录、反思、调整。		
幼儿表现	自主选择区域活动内容,情绪愉快。		
	正确操作材料,探究玩法,获得经验。		
	有始有终完成某项活动。		
	遇到困难尝试解决。		
	遵守活动规则,不影响同伴活动。		
	活动结束能将材料放回原处,协助老师整理场地,乐于分享经验。		

(四)"生动社团"课程

以贯彻落实《3—6岁儿童学习与发展指南》精神为指针,为张扬幼儿个性,发展幼儿特长,进一步拓展保育院教育教学空间,滕王阁保育院营造多姿多彩的社团文化氛围,拓展幼儿学习和发展的舞台,让幼儿快乐学习、健康成长、全面发展。

1. "生动社团"的课程实施

滕王阁保育院根据五大领域的内容,目前设有16个社团,"生动社团"主要类型见表3-18。

表3-18　滕王阁保育院"生动社团"主要类型表

社团	目　　标	活　动　内　容
友友体能	1. 提升幼儿的手臂肌力、关节灵活度、腰腹部肌力。 2. 胆识训练、模仿力训练,提升幼儿自我表现欲,使幼儿积极主动参与。 3. 提高常规养成,提升幼儿的人际互动,使幼儿学会分享。	1. 邂逅大王　　　　7. 太空游乐园 2. 穿越蛇山　　　　8. 鳄鱼来了 3. 金刚葫芦娃　　　9. 美味大师 4. 黑猫警长　　　　10. 勇敢之心 5. 海尔兄弟　　　　11. 眼耳口鼻 6. 穿越火线　　　　12. 森林舞会
跆拳道社团	1. 感受武道精神,热爱祖国,热爱运动。 2. 能够学会基本的行礼站姿等。 3. 掌握基本腿法、步伐等基本功。 4. 腿法步伐的组合运用练习——为实战对打训练奠定基础。 5. 跆拳道的品势学习和防身术学习——对拳腿法可以掌握一定的连贯性,使跆拳道训练小组成员具有一定的表演能力。 6. 进行合理的实战对打练习——在增强实战能力和应变能力的同时,又可以促进成员间的交流,增加彼此联系。 7. 身体素质练习(侧重力量、速度、耐力、柔韧性)和互动游戏。	1. 跆拳道理论学习及站姿 2. 基本腿法练习 3. 基本步伐练习 4. 综合腿法及踢靶练习 5. 基本实战训练及踢靶练习 6. 基本步伐学习及品势学习 7. 综合腿法步伐及品势练习 8. 进阶腿法步伐及品势巩固 9. 实战中的反应与速度训练

续　表

社团	目　标	活　动　内　容
生动口才社团	能在舞台上有站姿及礼仪规范, 且能落落大方地进行表演。	大班组： 1. 漫游动画城 2. 专项"表演" 3. 盲人摸象 4. 专项"表达训练" 5. 综合"训练" 6. 综合亲子讲座 7. 奶奶为啥乐 8. 专项"表演" 9. 两只老鼠胆子大 10. 专项"表达训练" 11. 综合"训练" 12. 综合亲子讲座　　中班组： 1. 颠倒话 2. 专项"表演" 3. 乌龟兄妹开店 4. 专项"表达训练" 5. 综合"训练" 6. 综合亲子讲座 7. 小老鼠玩电脑 8. 专项"表演" 9. 洗澡真舒服 10. 专项"表达训练" 11. 综合"训练" 12. 综合亲子讲座
语言社	1. 激发幼儿对表演与主持的兴趣和认识。 2. 能够积极主动地和老师互动, 大胆地自我展示。 3. 在语音训练和表情训练的基础上进行故事表演练习。	1.《金蛋》 2.《不会捉老鼠的猫咪》(一) 3.《开心一刻童星》 4.《不会捉老鼠的猫咪》(二) 5.《一点点儿》 6.《机智的小毛驴》(一) 7.《不听劝的小公鸡》(上) 8.《机智的小毛驴》(二) 9.《不听劝的小公鸡》(下) 10.《吞下一头牛》
国学社	1. 初步了解《圣人训》的内容含义。 2. 知道见到长辈要主动问好, 对他人要有爱心。 3. 感受和学习郯子对父母的孝心, 知道应该主动关心照顾爸爸妈妈。 4. 激发对小动物的爱心。	1. 总序 2.《圣人训》 3.《郯子鹿乳》 4. 爸爸妈妈的小帮手
美食坊	1. 认识各种各样的食物, 学会制作简单的食物。 2. 品尝美味的食物, 学会与同伴分享。 3. 体验制作的过程, 喜欢参加"美食坊生动社团"。	1. 美味寿司 2. 蛋挞 3. 多彩小馒头 4. 溶豆 5. 比萨

社团	目　　标	活　动　内　容
滕王阁文化社团	1. 能大胆表述自己参观滕王阁的所见所感，乐于与他人分享。 2. 尝试用绘画的方式表现自己对滕王阁的喜爱之情。 3. 观察《时来风送滕王阁》和《王勃的故事》壁画，尝试将自己喜欢的人物画下来。 4. 乐于在集体面前讲述自己知道的滕王阁经典故事。 5. 能流畅地讲述自己知道的《王勃的故事》。 6. 对滕王阁建筑整体多角度地进行观察、讨论。说一说自己看到的滕王阁是什么样子的，喜欢滕王阁建筑的哪个部分，它是什么样子的。 7. 尝试用积木搭建眼中的滕王阁，学习叠高、架空、围合等基本建构技巧。 8. 能细致观察滕王阁四面结构，比较异同与联系；了解建筑的基本构造，感受立体结构搭建的特点；尝试用一些辅助材料表现滕王阁建筑的特征，如檐角、屋脊等。	大班组： 　1. 讨论：我眼中的滕王阁 　2. 参观：师幼参观滕王阁(小组形式) 　3. 谈话活动：王勃故事会 　4. 讨论：表演《王勃的故事》我们需要做什么 　5. 表演：我是古代人 　6. 绘画：我设计的服饰图 　7. 讨论：服饰设计材料 　8. 美工：亲子制作古代服饰 　9. 表演：《王勃的故事》(1) 10. 表演：《王勃的故事》(2) 中班组： 　1. 师幼参观滕王阁 　2. 谈话：我眼中的滕王阁 　3. 谈话：滕王阁有几层 　4. 比较：滕王阁与幼儿园建筑的不同 　5. 第一次建构 　6. 第二次建构 　7. 观察滕王阁建筑 　8. 第三次建构 　9. 第四次建构 10. 第五次建构
科学社	1. 对周围的事物、现象感兴趣，有好奇心和求知欲。 2. 能运用各种器官，动手动脑，探究问题。 3. 能用适当的方式表达、交流探索的过程和结果。	1. 阳光下的影子 2. 夜晚的影子世界 3. 探索神秘小黑屋 4. 有趣的光影 5. 猜猜这是谁的影子 6. 影子造型 7. 独特的影子 8. 有颜色的光 9. 影子游戏 10. 我讲述的影子故事

续　表

社团	目　　　标	活　动　内　容
乐高社	1. 能够掌握几种不同的建构方法。 2. 敢于发挥想象,大胆尝试搭建各种立体造型。 3. 体验搭建的过程,喜欢参与建构活动。	1. 了解基本的建构方法 2. 高高的城墙 3. 魔力飞机 4. 小狗 5. 滑滑梯
五子棋社	1. 了解五子棋的历史。 2. 掌握五子棋的简易规则。 3. 掌握五子棋单一棋形的形态。 4. 了解五子棋的发展与现状。	1. 五子棋入门 1 2. 五子棋入门 2 3. 五子棋入门 3 4. 直指开局(一) 5. 直指开局(二) 6. 斜指开局(一) 7. 斜指开局(二) 8. 五子棋技巧之一：该进攻时,不要防守 9. 五子棋战术：一子通多路 10. 五子棋技巧之二：进攻始于活二
美工坊	1. 能有目的地关注生活、自然和艺术作品。 2. 在探索中获得愉悦,激发创作、表现美的欲望。 3. 自主选择材料、工具,有目的地以多个符号组合,表达创作欲望。	1. 小手 72 变 2. 皱纹纸粘贴画 3. 手工刺猬 4. 纸杯变变变 5. 美丽的星空 6. 有趣的喷画 7. 彩色的菊花 8. 水油分离画 9. 拖画烟花 10. 吹出来的画
泥工坊	1. 能利用揉球、压片、工具的刻划等各种手法塑造基本造型,感受创作的乐趣,丰富想象。 2. 主动参与活动并收拾学具,能利用辅助工具塑造彩泥形象。 3. 发展想象力、创造力、动手操作能力及与同伴的合作能力。 4. 能积极参与创作活动体验、感受玩彩泥的乐趣。	1. 糖葫芦 2. 小蝌蚪找妈妈 3. 可爱的螃蟹 4. 七彩棒棒糖 5. 蛋糕 6. 美味汉堡包 7. 好看的花 8. 可爱的雪人 9. 好朋友的脸 10. 小松树

续　表

社团	目　　　标	活　动　内　容
合唱团	1. 会科学的发声方法,训练声音的高位置,能区分出大本嗓和艺术嗓的区别。 2. 掌握音准和多声部合唱技巧。	1. 发声训练 2.《虫儿飞》(一) 3.《虫儿飞》(二) 4.《雪绒花》(一) 5.《雪绒花》(二)
奥尔夫音乐	1. 运用多种小型乐器,在节奏鲜明的音乐中,感知音乐的节奏、高低、大小,旋律的优美、流畅。 2. 培养乐感、音乐表现能力、想象力和创造力。 3. 唤起对音乐的兴趣,激发对音乐的情感。	1. 感受力训练 2. 听力训练 3. 气息练习 4. 即兴与表现力 5. 节奏意识 6. 认识音乐符号 7. 欣赏
舞蹈社团	1. 培养节奏感和韵律感,在感受音乐的基础上,有感情地进行活动。 2. 能够随着音乐的不同情绪、节奏以及节拍的变化,有表情地进行律动、模仿动作和即兴表演。	1. 舞蹈形态练习 2.《多了一个你1》练习 3.《多了一个你1》复习 4.《多了一个你2》练习 5.《多了一个你2》复习
体操社团	1. 认识体操,了解体操。 2. 学习体操基本功(基本站姿、趴跨、压腿)的动作要领,能跟着老师将动作做规范。 3. 体验身体运动的愉悦感,喜欢参加体操活动。	1. 体操基本功练习一 2. 体操基本功练习二 3.《我们多么幸福》呼啦圈体操 4. 总复习、展示

2. "生动社团"的课程评价

　　"生动社团"的评价方式以定期的社团活动开展情况,以及每个期末以幼儿为主体的社团汇报展演为主,主要评价社团活动的组织保障、课程研发以及实施过程等。"生动社团"课程评价见表3-19。

表 3-19　滕王阁保育院"生动社团"课程评价表

项目	评价指标	具　体　要　求	自评	院评
组织保障	活动次数	每周 1 次活动,每次活动 1 课时,课程表上有明确安排。		
	场所保障	有相对固定的活动场所,幼儿有数量适当的活动器材。		
	制度保障	社团有明确的章程和规章制度(尤其要有安全管理措施)。		
	机构保障	社团有明确的主持人和指导教师若干名,职责明确。		
课程研发	课程建设	有自己研发的社团课程,每次活动备课内容详实。		
实施过程	成员参与	社团规模符合要求,且成员相对稳定,有成员花名册。		
	活动内容	活动内容和形式健康、有创意并能反映本社团特色。		
	活动过程	指导教师制定社团工作计划和指导计划,每次活动的过程资料详实。		
	活动展示	每学年能组织 2 次面向师生或家长的开放活动。		

　　总之,滕王阁保育院全面贯彻党的教育方针,以立德树人为导向,以幼儿发展为目标,按照"生动教育"的教育哲学,用心实现"让每一位儿童向着生动成长"的课程理念,并将理念融入课程建设中,充分挖掘保育院环境、文化等课程资源,引导、支持幼儿游戏和探索活动,让每一位幼儿向着生动健康成长。

第四章

课程布局：在地
文化的精致演绎

课程设置应充分考虑学校整体课程，按照年级分为不同层级，让学生由浅入深，在整体连贯的课程之中享受探究性学习的乐趣。在地文化带给课程布局全新思考，引导学生感知周边的生活世界，充分创设一种生活历程，透过学生自身生命体验和自觉，循序渐进地进行课程布局。关注在地文化融合作用下的交互式教育环境，使课程成为有意义的教育"情境"，成为发展人性的"生活世界"，使学生在理论和实践、意义和行为中培养创新精神和实践能力。

课程布局是学校课程系统、立体、整体的规划，是整个课程体系的纲领和源头，层层支配着课程的转化。在课程设置时，将学校课程按照年级分为不同层级，让学生由浅入深，快乐地畅游在整体连贯的课程之中，享受探究性学习的乐趣。同时，课程布局又是在地文化的精致演绎。美国"现代课程理论之父"泰勒指出，课程内容以课程目标为出发点，包括学科知识、活动经验、社会生活经验三个维度。就社会生活经验维度而言，在地文化是课程内容的重要来源。

泰勒指出，对于不重要、相互冲突的课程目标和内容，可以通过学校课程哲学隐含的价值观进行价值筛选，再通过学习心理学进行价值判断从而剔除。南昌市扬子洲学校根据在地文化的融合作用，运用心理学的知识在课程布局时考虑一至九年级各年级安排，以此获得不同年级学生的学习目标，由浅入深，由易到难，让学生在整体连贯的课程之中享受学习的乐趣。在课程布局中，我们要关注在地文化融合作用下的交互式教育环境、模块化课程设置、循序渐进的布局方略，也需符合学生的学习和认知规律，符合学科设置规律，符合在地文化的特殊牵引；提供精准推送的课程服务，创新课程布局，以期实现课程布局定制化。这是一个由理念到实际、由抽象到具体、环环相扣、层层支配的过程，强调彼此呼应，双向互动，课程的所有目标和内容均需由此推演而来，即课程布局是在地文化的精致演绎。

➡ 在地文化
扬子洲的温润

扬子洲学校（以下简称"扬校"）地处江西省南昌市东湖区扬子洲镇，位于南昌城北，以赣江南桥贯通中心市区，赣江北桥连接昌北开发区，其四面赣江环绕，可谓烟波浩渺江中镇。扬子洲镇自古以来就是人文底蕴深厚的乡镇。岳村岳家系南宋抗金名将岳飞的后裔；墩子上黄家是北宋著名文学家、书法家黄庭坚的后裔分支；

前洲陶家相传系南朝宋初期伟大诗人、辞赋家陶渊明的后人。扬子洲镇气候湿润温和,雨量充沛,四季分明,春秋短,夏冬长,以种植蔬菜、果林为主,副食品以蔬菜、生猪、淡水鱼为多。扬子洲镇是南昌市最大的商品蔬菜生产基地,为京九沿线农业科技开发示范点。全镇有优质蔬菜面积万余亩,为南昌市的菜篮子工程建设做出了巨大贡献,如今"扬子洲蔬菜科技园"成为全省"科技出效益"的成功典范。扬子洲镇踏踏实实地连接着过去、现在和未来,在发展的历史中铿锵行走。

➡ 课程图谱
南昌市扬子洲学校: 扬子洲课程

扬子洲学校,坐落于美丽的赣江之滨南昌市英雄大桥旁,自建校以来,在各级党委、政府的关心和重视下,学校得以不断发展壮大,特别是自 2007 年异地重建后,校园环境和谐优美,硬件设施配套齐全,文化氛围浓郁深厚,师生共建凝聚力增强。近些年来,在东湖区教科体局局党委的关心和支持下,学校在教育管理和教学工作方面取得了骄人的成绩。学校先后被评为"江西省农村中小学校本培训示范校""南昌市教科文卫体系统工会先进单位""南昌市花样跳绳体育传统校""南昌市足球体育传统校""南昌市健康教育达标校""区素质教育示范学校""区五有五好创建活动达标学校"等,获得"东湖区文明单位"殊荣之后,又跻身市级"文明校园"行列;在教学竞赛、学生体育、艺术及德育工作中成绩斐然,先后获得"区第四届魅力校园文化艺术节三等奖""区第十七届中小学运动会团体第三名""2015 年区'小飞侠杯'中小学生篮球比赛中学女子组三等奖""2016 年区'迪青杯'中小学生羽毛球比赛乙组团队第二名""南昌市教育系统教职工运动会广播体操比赛中学组三等奖""区第二十七届'骏马杯'教学竞赛初中组团体总分一等奖""2017 年南昌市滕王阁杯青少年乒乓球联赛(东湖赛区)二等奖""江西省中小学花样跳绳比赛一等奖及体育道德风尚奖"等荣誉,赢得了社会各界的广泛好评。

第一节 扬子之长,顺性生长

一、教育哲学: 扬长教育

龚自珍《病梅馆记》中有语:"予购(梅)三百盆,皆病者,无一完者。即泣之三日,誓疗之。"疗法何为? 续语:"纵之顺之,毁其盆,悉埋于地,解其棕缚。"并下定决心:"以五年为期,必复之全之。"由梅推及学子,教育也莫不如此,束缚与禁锢只会扼杀人才,以致身心不健如病梅之态。因此,"纵之顺之"才能"复之全之",发展自然健康个性之形态。诚然,"纵之顺之"并非放纵自由,而是在遵循学生自身成长规律的同时,诚守天性。教育就是敦本立人的过程,更是一个顺性扬长、成就精彩的过程。扬子之长,顺性生长,这也是我校适应顺性发展、诚守天性的教育哲学: 扬长教育。

所谓"扬长教育",即发掘学生的闪光点,以个体长处为内核,顺应人的天性发展,尊重个体意识,以激发学生信心、生命潜能,通过以长促长、以长促全的课程引导和多样化教学模式,培养德高、智佳、体强、艺馨、技优的"扬长少年"。下面从四个方面对"扬长教育"加以认识。

(一)"扬长教育"是懂得倾听和发现的教育

苏联教育家苏霍姆林斯基说过:"在每个孩子心中最隐秘的一角,都有一根独特的琴弦,拨动它就会发出特有的音响,要使孩子的心同我们讲的话发生共鸣,我们自身就需要同孩子的心弦对准音调。"

我们并肩走在教育的路上,真正的教育,就是为人。而新时代的孩子更需要新时代的教育工作者用心引导,顺性扬长。人的智能是多元的,各种智能的水平及其组合存在着一定的差异,导致每个人都有自己的特长和弱项。因此,学校教育必须针对学生个体的差异性,从课程、方法与评估等各方面入手,发现学生身上的积极因素和独特优势,提倡每一个学生都有自我展示的空间,都有不同层次的发展,学生才能在体验成功中快乐学习、快乐成长、飞扬个性,从而真正实现因材施教。教师的使命就如好的矿工,唤醒和挖掘孩子们的内在宝石,以激发他们信心和潜能。让学生"亲其师,信其道",健康成长,幸福成才。

(二)"扬长教育"是顺应天性、诚守天性的教育

每个孩子降临人间,都是为了发展身体与心智,从而感受并融入这个世界。卢梭的自然教育论谈到如何自然赋予人的一切才能,就是通过顺应天性的方式实现。

"扬长教育"坚信,每个孩子都有独特潜能和独特长处。教师的使命,是要当好学生的航灯,既要导航又要护航。让思想照亮前程,让智慧启迪人生。"扬长教育"为不同学习能力和学习兴趣的学生提供不同的成长课程和成长规划,以课堂教学为平台,以教育、教学互为目标、互为过程,使学子们在各自的起点上实现"扬长"发展,培养自我规划、自我发展的本领,让他们"学会负责、学会学习、学会生活、学会发展",实现自我教育自觉,为每个孩子的成长和成才奠定良好基础,最终达到"德高、智佳、体强、艺馨、技优"的育人目标。

(三)"扬长教育"是紧跟时代步伐的教育

时代日新月异,顺应时代发展,教育也步步更新。教育模式早已由单一化转向多样性。这也正是课程开发迫切摆上日程的重要原因。

新的时代,信息大量、大面积地冲击我们的生活。新时代的孩子,个性独立,自信张扬,充满激情,多才多艺,接受性强,对人对事要求更高,这对新时代的教育工作者也是一个挑战,引发我们思索:怎样才能与时俱进,找到切实有效的方法与学生共进,做学生满意的引路人?最主要的,是必须改变传统教育方式,顺性而为,加强自身学习和提高,以开放的视野去观察,以科学的方法去培养,以艺术的方式去引导,顺应学生天性,尊重学生意识,推崇学生快乐、健康、和谐、个性化地发展,以及培养学生阳光向上、相互协作的团队精神。顺性扬长,成就自主发展、乐观自信、诚信有爱的"扬长少年"。

(四)"扬长教育"是学生认识自我、遇见更美好的自己的教育

鹰击长空,鱼翔浅底,万类霜天竞自由。这是个多元化的时代,有着多元化的广阔展现的舞台。我们始终坚持把立德树人摆在首位,结合课程标准的要求,与学生实际紧密结合,克服教学唯分数论,面向每一位学生,直面教学对象差异性,有效提升教学有效性,让所有学生学有所获。学生们的学习目标明确,每个学生都有一份在教师指导下定制的成长规划;分层教学、学案教学等教学模式在不同班级广泛推广,学生们的学习动能得以有效激发,真正成为了学习的主人。为满足学生的发展需求,我们结合自身优质的师资水平、课程研发能力和多年积淀的科技、体艺专项优势,根据学生特长,广泛开展综合实践活动。对特长鲜明的学生进行专项辅导培训,促进其走特长成才之路。

我们的教育信条

"扬长教育"认为,每一个鲜活的生命都有其独特性,每一个孩子的天赋都应该得到尊重和保护,我们有责任和义务让每一个孩子在"扬长教育"中焕发光彩。

我们坚信,

每一个孩子都是宝藏;

我们坚信,

每一位教师都蕴含智慧的眼;

我们坚信,

扬子之长是生命最渴求的表达;

我们坚信,

顺性生长是心灵最舒服的姿态;

我们坚信,

每一所学校都是教育呈现最美的家园;

我们坚信,

让每个孩子感受生命的涌动是教育赋予我们的神圣使命!

学校始终以立德树人作为根本任务，在贯彻国家课程、地方课程的前提下，立足学校的发展，确立了"扬子之长，顺性生长"的办学理念，坚持"让每一个孩子感受生命的涌动"。在勤耕文化的熏陶下，全校师生秉持着"天道酬勤，福田心耕"的文化理念，立于"勤"之育人之本，踏上"耕"之践行之旅，紧抓教育教学之命脉，实现自我教育自觉，达到"德高、智佳、体强、艺馨、技优"的育人目标，致力于创建具有"扬长教育"特色的品牌学校——扬子洲学校。

二、课程理念：让每一个孩子感受生命的涌动

我校的课程理念是"让每一个孩子感受生命的涌动"，此理念是在我校"扬长教育"的理念基础上提出的，即让每一个孩子发挥所长，展现生命的活力，丰富潜能，健康成长。学校在尊重学生的认知规律和成长规律的前提下，采取个性化定制方式，对课程进行有益的引导和整合，根据学生各自的个性特点，创设有利的条件并提供多元的课程体验。丰富学生品德形成和人格健全的经历，丰富学生艺术修养和体育健身的经历，丰富学生社会实践和动手操作的经历，从而让每一位学生通过个性化的"扬长"学习认知生命与世界的多元性，在尝试与体验中感受人类生命的蓬勃向上，生命更灵动，世界更多彩。

课程即个性生长。每一位学生都是独立的个体，都有自己的个性和特长，都有自己的兴趣与需求，都有生命的闪光点和求索点。我们的课程必须发掘学生的个性和特长，保护学生多样的个性，帮助他们发掘自身的优势潜能，并得以扩大与提升，使其个性特长得以鲜明地发展。

课程即生命涌动。通过丰富多样的课程，使学生开拓视野与想象，认识到生命与世界的多元性，提高对自我以及所处环境的正确认知能力。让学生发挥所长，人人有快乐的追求、天天有奋进的目标、时时有攀登的行动、处处有成功的喜悦，生命涌动，生机无限。

课程即心流体验。心理学家米哈里·齐克森米哈里将心流（Flow）定义为一种将个人精神力完全投注在某种活动上的感觉；心流产生的同时会有高度的兴奋及充实感。课程，应当诚守天性，激发兴趣，给学生创设沉浸式的学习体验。课程设置注重知识学习与真实世界的连接，注重课堂情境向生活情境迁移，注重所学知

识的获得感与价值感认同。课程的实施应有梯度,"顺性"的目标、正向的反馈,不断地多维度强化的激励机制,如同把学生带入了一个游戏世界,完全专注其中,产生强烈的学习动机,形成心流体验。

课程即强势发展。学校的课程实施不仅应当满足学习学科知识的需求,还应当最大限度地提供学生品德形成和人格健全、潜能开发和认知发展、艺术修养和体育健身、社会实践和动手操作等多面的经历,通过"扬长课程"引导和多样化的"扬长教学"模式,真正实现以长促长、以长促全,使学生在"扬长"发展的同时还能够全面发展、强势发展。

第二节   每一个孩子都是宝藏

学校课程是为实现育人目标服务的,确定学校课程目标,必须要先明晰学校育人目标。

一、育人目标

每一个孩子都是宝藏。"扬长教育"旨在培养"德高、智佳、体强、艺馨、技优"的"扬长学子",让他们拥有属于自己的宝藏,演绎一场精彩绝伦的完美蜕变。具体内涵如下:

德高:立志于仁、担责友爱;

智佳:崇知求真、乐学善思;

体强:身强体健、自信乐观;

艺馨:才艺丰富、审美立美;

技优:热爱劳动、创新实践。

二、课程目标

育人目标是通过课程目标去达成的。为了实现育人目标,我们将课程目标进行细化,形成不同阶段的课程目标。学校课程目标见表4-1。

表 4-1 扬子洲学校"扬子洲课程"目标表

		低年段	中年段	高年段	七年级	八年级	九年级
德	立志于仁	"志"是心之所向，内心就会产生向善的力量，这是成为有德之人的前提和内在保障。	1. 初步具有爱祖国，爱劳动，爱科学的思想感；进一步发展爱学校，爱认真，勇敢正直，合群向上等品德。2. 初步养成讲礼貌，守纪律的行为习惯。	1. 从小要立下志向，为人要诚实友善。2. 要有爱心，爱人，爱物，爱社会，爱国家，爱世界的意识。	1. 有理想，有道德，有追求，树立正确的人生观，价值观，明确人生的意义。2. 拥有社会责任感，爱家乡，爱社会，爱国家。	1. 成为心地仁爱，乐于助人，对人对物具有善良之情怀的人。2. 有宽厚仁慈之心，有大局意识。	1. 成为心智成熟，志趣高尚，志向远大的人。2. 热爱生活，主动帮助一切需要帮助的人。
	担责友爱	敢于担当，尽心尽责，与人相互理解，信任。	初步培养群体意识和合作精神。积极参加集体活动，并能在活动中体会到自己的作用。	1. 要有担当，勇于承担一些力所能及的事情。2. 勇于承担责任。	1. 具有诚实守信的品格，具有团体意识。2. 愿意为集体服务，与同伴友好相处，互帮互助。	1. 勇于承担，敢于承担，爱家爱国。2. 行为端正，思想纯正，作风严谨。	1. 尊老爱幼，平等待人，诚实守信。2. 明确人生的价值，处理好个人与集体，与社会的关系。
智	崇知求真	实事求是，追求真理，崇尚真诚，追求事物的本原。	进一步发展学习兴趣和争创优秀的积极性，主动参与各类教育活动，能积极提出问题和回答问题。	1. 崇尚科学，追求真理。2. 不盲目跟从。	1. 求知上进，积极真诚。2. 充满智慧，充满活力，充满创造力，有善于思考和探索的精神。	以学做"真人"为起点，努力学形成真才实干。	能够将课内外的知识有机整合，拓展思维与活动空间。

续　表

		低年段	中年段	高年段	七年级	八年级	九年级
智佳	乐学善思	养成喜欢学习、善于思考的习惯。	进一步发展学习的积极创造性，在科学学习中有新见解、新思路。	1. 热爱学习，勤学好问。2. 善于动脑，勤于思考。	1. 热爱生活，热爱学习，培养独立思考能力和独特个性。2. 具有质疑精神及创新能力。	善于思考，自知、自信，自强。	有较强的思辨能力，有自己独特的见解，能够自我评价与自我反思。
体	身强体健	知道身体是本钱，只有强健的体魄才能撑起一片蓝天。	初步养成锻炼身体和讲究卫生的习惯，具有健康的身体。	1. 热爱生活，身体健康，热爱体育。2. 坚持锻炼，充满活力。	通过科学训练，打造健康的身体、强健的体格，增强体能。	通过各类体育项目训练，锻炼体能、耐力和身体协调能力。	通过体育训练达到强身健体，身心俱强的目标。
	自信乐观	遇到挫折应该保持头脑清醒，勇敢面对，不要逃避，相信自己一定能行。	具有较广泛的兴趣和良好的心理素质，培养积极向上的心理品质。	1. 精神饱满，自信向上。2. 具有乐观的态度，具有感染力。	在锻炼体能的同时，陶冶情操，学会分析事物，解决问题及团结协作的技能。	陶冶情操，提高分析问题、解决问题和团结协作的能力，建立自信，勇敢乐观面对各种困难。	逐渐培养勇于拼搏、团结互助的优良品质，人格独立健全，坚强勇敢。
艺馨	才艺丰富	通过学习才艺，得到更多展示自己的机会，通过参加各种活动来丰富自己，提高自己。	进一步在各种教育教学活动中，培养初步的感受美、理解美的基本能力。	多才多艺，能够展示出自身的人格魅力。	教师结合学生兴趣，挖掘存在某方面表现优秀、有特长的学生，加以特别培养与指导，给予学生展示才能的机会。	通过特长方面的培养，对才艺方面产生广泛爱好，对艺术产生自主性和自信心，感受美，理解美，提升民族情感。	爱好广泛，阳光积极，有更大的展现空间，才艺爱好与基础相迎，自信，自主，自立。

续 表

		低年段	中年段	高年段	七年级	八年级	九年级
艺馨	审美立美	鉴别和领会事物的美,教育的宗旨是育人,育真、善、美的新人。	了解中西方国家的文化差异,欣赏中国优秀的传统文化。	具有良好的审美感,善于发现美。	陶冶情操,提高审美能力,发展形象思维的能力与形象思维的能力,参加文化的能力与交流,形成独特的审美立美能力。	用美和爱的心灵感受世界,并能在生活学习中传递美与爱,积极参与各类艺术活动习惯,了解中华民族的文化艺术。	热爱生活,热爱学习,文明守礼,充满活力,充满智慧,充满创造力。
	热爱劳动	热爱劳动,热爱集体。通过集体劳动,感受劳动光荣,养性和光荣感。培养集体观念和团结意识,有提高个人动手做事能力。	热爱劳动,热爱校园。通过集体劳动,养成爱清洁卫生的好习惯,遵守学校规章制度,做文明学生。有集体主人翁意识,有集体荣誉感,关心校园整洁,爱家爱学校。	热爱劳动,热爱生活,继续培养各种良好的行为习惯和生活自立能力。通过个人劳动,培养团队合作精神和个人不怕困难不退缩的优良品质。做事有条理。	热爱劳动。热爱锻炼,按时参加各项劳动,不推脱,不懒散。在共同劳动中身体和能力得到锻炼,提高自主能动性。	热爱劳动。共同劳动,共同学习,在劳动学习中,互帮互助,积极乐观,尊重他人劳动成果,善于学习他人长处。	热爱劳动,阳光上进,按时参加各类集体劳动。得帮助他人,人帮助时懂得感恩,培养对生活、学习等方面的热爱,阳光、自信、自律、自立。
技优	创新实践	对世界充满好奇,有主动探究的精神,初步形成爱动脑,勤动脑的探究习惯。	有基本的动手实践能力,善于操作,善于在生活和学习中观察和探索,动手动脑能力得到进一步锻炼。	在学习中与同学互帮互助,共同学习探索。积极观察,乐于创新,树立正确的科学观,喜欢探索各种现象,有自己的思考和判断,形成理性认识。	有意识地留心并关心周围环境和自然资源。了解自然科技等方面的事实性知识,激发创新思维和想象力。	锻炼动手动脑能力,开发创造力,提高审美能力和美化生活的能力,感悟成功,热爱生活和学习。	课本知识能与具体实际相结合,在探究过程中,学会应用科学的方法解决生活中的实际问题。

第三节　以长促长的共鸣

为使学生享受到多样化的课程,学校以"国家课程的高质量校本化实施"为基础,"精品特色校本课程的开发"为补充,构建了与学生内在发展需求相一致的,有利于夯实学科基础、促进专业发展、提高综合素养、形成自主能力的课程体系,从而以长促长,产生共鸣。

一、学校课程逻辑

学校课程逻辑见图 4 - 1。

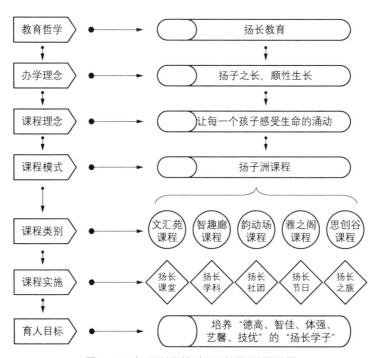

图 4 - 1　扬子洲学校"扬子洲课程"逻辑图

二、学校课程结构

学校课程结构见图 4‐2。

图 4‐2　扬子洲学校"扬子洲课程"结构图

三、学校课程设置

(一)"文汇苑"课程设置

"文汇苑"课程包括语文、英语、道德与法治、历史。课程设置见表 4‐2。

表 4‐2　扬子洲学校"文汇苑"课程设置表

	语　文	英　语	道德与法治	历　史
一年级	文苑学语		文苑美丽	
二年级	文苑树信		文苑成长	
三年级	文苑引读	文苑 ABC 文苑韵律诗	文苑快乐	
四年级	文苑遨游	文苑佳音 文苑乐曲	文苑温暖	

续　表

	语　文	英　语	道德与法治	历　史
五年级	文苑趣学	文苑漫读 文苑畅演	文苑中华	
六年级	文苑丹青	文苑配音秀 文苑剧场展	文苑收获	
七年级	文苑集韵	文苑趣	文汇园地	文汇学史
八年级	文苑采薇	文苑韵	文汇社会	文汇悟史
九年级	文苑撷珍	文苑秀	文汇家国 文汇国际	文汇论史

（二）"智趣廊"课程设置

"智趣廊"课程包括数学、物理、化学。课程设置见表4-3。

表4-3　扬子洲学校"智趣廊"课程设置表

	数　学	物　理	化　学
一年级	智趣数字		
二年级	智趣运算		
三年级	智趣新数		
四年级	智趣操作		
五年级	智趣图形		
六年级	智趣百分百		
七年级	魅力数学		
八年级	智慧数学	智趣科学家 智趣探究路	
九年级	数学与生活	智趣发明路 智趣发明家	化学与生活

(三)"韵动场"课程设置

"韵动场"课程包括中小学体育。课程设置见表4-4。

表4-4　扬子洲学校"韵动场"课程设置表

	小 学 体 育			初 中 体 育
低学段	韵动少年	七年级		花样韵动
	韵与节奏			快乐韵动
中年段	韵与技巧	八年级		创新韵动
	韵与协调			认识韵动
高年段	韵与跃动	九年级		风采韵动
	韵动中国			

(四)"雅之阁"课程设置

"雅之阁"课程包括音乐、美术。课程设置见表4-5。

表4-5　扬子洲学校"雅之阁"课程设置表

	音　乐	美　术
一年级	雅风	雅之觅
二年级	雅词	雅之悟
三年级	雅颂	雅之意
四年级	雅意	雅之趣
五年级	雅寓	雅之艺
六年级	雅音	雅之彩
七年级	雅教	雅之韵
八年级	雅韵	雅之秀
九年级	雅乐	雅之境

(五)"思创谷"课程设置

"思创谷"课程包括信息技术、小学科学、生物、地理。课程设置见表4-6。

表4-6 扬子洲学校"思创谷"课程设置表

	信息技术	小学科学	生　物	地　理
一年级		"思创谷" 生命世界		
二年级				
三年级		"思创谷" 物质世界		
四年级	"思创谷"冲浪			
五年级	"思创谷"图文并茂	"思创谷" 科学探究		
六年级	"思创谷"新兴科技			
七年级	"思创谷"信息时代		"思创谷"之绿韵 "思创谷"之人体	思创林
八年级	"思创谷"网络时代		"思创谷"之律动 "思创谷"之绵延	思创园
九年级	"思创谷"程序时代			

第四节　让每一个孩子感受生命的涌动

课程的实施与评价体现了对课程理念的贯彻与执行,是一个围绕"扬子之长"的行动过程,它通过课程行动将课程的意识形态转化为教与学的互动,最终实现课程内在的意义,以便于让每一个孩子感受生命的涌动,让儿童绽放生命生长的璀璨,从而展现其所能,发挥其所长。扬子洲学校从"扬长课堂""扬长学科""扬长社团""扬长节日""扬长之旅"五方面入手践行"扬长教育"的"扬子之长,顺性生长"的理念,实现"扬子洲课程",见证"让每一个孩子感受生命的涌动"的成长历程。

一、建构"扬长课堂",落实学科基础课程

(一)"扬长课堂"的内涵和操作

"扬长课堂"是在课堂教学过程中,遵循"扬长"理念,倡导小组合作,通过"扬长积分"评价,创设游戏化竞技情境,让学生形成心流体验,高效地达成学科育人目标的课堂模式。其要素就是,尊重学生个体意识,以个体长处为内核,诚守天性,关注学生本体资源,通过以长促长、以长促全的课程,多样化的教学模式,培养"扬长少年",从而真正实现学校品质课程的内涵提升。

学校在推进课堂教学改革的过程中,提炼出了"积分激趣——自学备赛——自学检测(寻长)——合作交流(育长)——展示评价(扬长)——分层训练——拓展课外(以长促长)"的"扬长教育"课堂教学的常规操作模式。

"积分激趣"是依托学校"扬长积分"评价体系,教师把课前预习目标转化成学生与学生之间、小组与小组之间 PK 的积分获得标准,既明确了学生课前预习的目标,又极大地激发了学生的学习热情。学生知道,"扬长积分"的获得,不仅是自身能力的有力呈现,更有一份为小组做贡献的荣誉感。通过实践证明,积分能有效激发学生学习的积极性。

"自学备赛"是课前自学环节。学生根据自学目标,预习新课,并限时独立完成预习自测题或相关任务,准备参加课堂上的自学检测,为自己、为小组争得积分奖励。

"自学检测"是用自学知识点组题,检测学生的自学成果。通过检测,学生能更好地认识自我,提高元认知水平。教师则明确了不同层次学生的最近发展区,更能实现以学定教,适时调整自己的教学设计,使教学更有针对性。同时,"自学检测"环节还是教师在课堂上发现学生长处、适当激励的阶段。

"合作交流",全班 6—8 人为一组,在同组异质前提下编成固定组,对每个学生进行编号,设组长一名、副组长一名。两两结对,在自学的基础上,先进行对学;对学解决不了的问题小组学;小组学解决不了的问题大组学,直至全班交流,教师答疑。这个环节,是"扬长课堂"中的"育长"阵地。语言智能强的同学通常在语文课上教组员有感情朗读、流利表达;逻辑数学智能强的同学通常是组内解答难题的主力队员;音乐智能强的同学往往在音乐课上成为了组里的小指挥。同学们通过合

作交流,使自己在原有的基础上得到发展,自身的优势领域通过教学相长,也得到长足发展。

"展示评价"是教师课堂上释难、纠偏、整合、总结的环节,也是学生"扬长"的环节。学生在开放的课堂情境中轻松地"说、谈、演、写、吟、唱",展示他们的才艺和个性。这里变成了他们的讲台、舞台、擂台,这里鼓励他们创新思维,鼓励他们观点碰撞,鼓励他们悦纳自己、欣赏他人。每一个学子都能在"扬长课堂"中自信成长,体会到学习的激情、由衷的快乐,获得心流体验。

"分层训练"基于学校校情,基于"顺性生长"理念,因材施教,完成学生的梯队提升。

"拓展课外"是让学生对所学知识有实际获得感和价值感,有效激发他们学习的积极性,增强学习动机的环节。加强教学与社会生产和生活实际的联系,可以改善学生对知识和知识学习的情感体验与价值认同,是学生从课堂中习得的"长"向实际生活中的"长"延伸的关键。

"扬长课堂",尊重儿童的天性,用积分评价的方式,在课堂教学中营造游戏氛围,让学生在交流合作、共同学习中相互帮扶、相互激励,找到成就感,形成更强的自主学习能力和信心,从而促进学生个性、和谐地发展。

教师要以"扬子之长,顺性生长"的观念,通过各基础课程的学科教学对学生进行思想品德教育,除了要准确把握本学科教学中的"知识和技能""过程和方法"方面的目标,还要关注"情感态度与价值观"等德育目标和德育内容,并落实在备课、听课、教研等各个环节中。要充分考虑学生实际、师生关系、教学环境等要素,采用灵活多样的教学方法,开拓学生视野,培养学生发现问题、应用知识解决问题的能力。

(二)"扬长课堂"评价标准

为了更好地落实和检验"扬长课堂"的教学效果,以评价明确前行的方向、促进"扬长课堂"的高效开展,学校制定了相关的评价标准。"扬长课堂"评价见表4-7。

表4-7 扬子洲学校"扬长课堂"评价表

授课老师		学 科			课题					
项目		评 分 细 则			权重	等 级				
		教 师	学 生			A	B	C	D	
积分激趣		1. 营造良性竞赛氛围,学生参与热情高涨。			4	4	3	2	1	
		2. 根据教学目标确定积分获得的标准,制定课堂PK规则。			4	4	3	2	1	
自学备赛		1. 自学目标明确,符合课标要求。		20	3	3	2	1	0	
		2. 突出教学重难点,自学目标有可操作性(有梯度,可检测)。			3	3	2	1	0	
		3. 着重设计任务型学习目标,体现做中学,符合学生认知规律。			3	3	2	1	0	
		4. 自学PK内容难度适中,符合教材及学生的认知水平。			3	3	2	1	0	
教学过程	自学检测	1. 检测题设置合理,体现知识结构,学生能通过自学自主掌握。 2. 有高效的课堂检测策略,对检测结果做到及时反馈。	1. 独立完成自学检测,具有竞技精神。 2. 合作互查互助,生成积分评价报告。 3. 发现问题,互学高效达标方法。	60	12	12	10	8	6	
	合作交流	1. 有意识地培养学生的合作能力,包括指导团队建设、任务分工、礼貌交谈、相互激励。 2. 引导学生在自学的基础上展开"对学""组学"。相机点拨教学重难点。	1. 小组学习目标明确,组织到位。成员分工合理,体现"扬长"理念。 2. 参与讨论,注意力集中,会速记,能积极提出问题并解决问题。优生要发挥长处,帮扶同伴,实现教学相长。		12	12	10	8	6	
	展示评价	1. 重视课堂生成,必要时随机应变,调整展示内容。 2. 把课堂时间交给学生,相机进行答问和评价,当好裁判。 3. 既要面向全体学生,又要关注个性成长,体现因材施教。	1. 参与展示评价要围绕主题,有的放矢,争取全员参与。 2. 针对教学目标、突破重难点,减少无效重复行为。 3. 主动参与积极性高,能认真倾听,有礼貌评价,提出有价值的问题和建议。		12	12	10	8	6	

续　表

项目		评 分 细 则		权重	等 级			
		教　师	学　生		A	B	C	D
教学过程	分层训练	1. 训练分层,设置合理,突出双基和学科素养。 2. 体现过程性、诊断性和指导性。 3. 抓好落实,及时反馈,经常反思。	学生当堂训练准确率高。按优、良、合格、努力分别记5、4、3、2分。	60	12	12	10	8	6
	拓展课外	1. 善于发现学生的兴趣点,促进课堂教学向生活情境的迁移。 2. 提升学生对知识学习的获得感和价值感。	学生参与生活实践积极性高,能把习得的知识和技能作用于日常学习与生活,把课堂中的"长"转变成生活中的能力。		12	12	10	8	6
任务达成		教学目标达成率高,教师能根据课堂教学进展情况与课堂生成的问题采取有效措施,调整课堂预设,满足学生思维发展的需要,训练展示每个学生的长处,并以"长"促"长",完成课堂教学任务。	学生有明显的实践能力、创新精神、个性品质的形成,养成积极向上的人生观、世界观和价值观,学习和生活实现自我激励、自我管理。	10	10	10	8	6	4
教学理念		体现"扬子之长,顺性生长"办学理念,课堂教学中发现并挖掘学生身上的积极因素和独特优势,通过"期待、激励、训练",使隐藏在学生身上的潜能随处于喷发状态,并将在此基础上形成的良好心态逐渐迁移到其他方向,以"扬长"促进学生全面发展,以"扬长"促进学生创新。	学生在课堂中乐于动脑、动口、动手,精神饱满,思维活跃,情感愉悦,坚持独立思考学习与合作交流学习相结合,乐于展示自我,帮扶同伴,成人达己。	10	10	10	8	6	4
总分				100	≥90	≥80	≥60	<60
说明		1. 本表采用板块定位,等级观察,给出细则,量化评分,用于评测"扬长课堂"实施效果。 2. 表中A属于优秀、B属于良好、C属于合格、D需要改进或调整。评价时可直接打√或计算总分。						

二、建设"扬长学科"，积极推进学科特色课程

(一)"扬长学科"的实施途径

1. 建设"文汇苑"课程群

(1)"文汇苑"之语文学科课程群

语文课程丰富的人文内涵对学生精神世界的影响是广泛而深刻的，因此，本课程建设更为注重语文课程对学生思想情感所起的熏陶感染作用；注重继承和发扬中华优秀文化，使学生增强民族文化认同感、归属感；注重口语交际能力的训练，使学生学会使用祖国语言文字合理准确地表达；使学生吸收古今中外优秀文化，提高思想文化修养和审美情趣，形成良好的个性及健全的人格，逐步养成现代社会所需要的文学素养。"文汇苑"之语文学科课程群见表4-8。

表4-8　扬子洲学校"文汇苑"之语文学科课程群表

一年级上学期	文苑学语	拼音达人	一年级下学期	文苑学语	我爱朗读
		识字大战			诵读儿歌 快乐读书吧
二年级上学期	文苑树信	字典好帮手	二年级下学期	文苑树信	奇妙绘本
		汉字魔宫			妙语连珠 小小记录员
三年级上学期	文苑引读	生字开花	三年级下学期	文苑引读	观察自然
		我心悦读			汉字书写 好书分享
四年级上学期	文苑遨游	书信寄情	四年级下学期	文苑遨游	说词解意
		校园小记者			好文畅谈 生活有心人
五年级上学期	文苑趣学	佳作有约	五年级下学期	文苑趣学	趣学汉字
		星耀文学社			校园小记者 课本剧表演
六年级上学期	文苑丹青	品读名著	六年级下学期	文苑丹青	共赏名诗
		星耀文学社			我的作品集

续　表

七年级上册	文苑集韵	耘馨书法	七年级下册	文苑集韵	翰墨飘香
		品味经典			诗词吟咏
		文苑小荷			写作耘馨
八年级上册	文苑采薇	墨海拾贝	八年级下册	文苑采薇	笔秀东湖
		剧场风采			成语大赛
		华章撷英			练笔田园
九年级上册	文苑撷珍	池墨泼云	九年级下册	文苑撷珍	雅堂集墨
		扬帆书海			诗词大赛
		滕阁新篇			创作星手

(2)"文汇苑"课程之英语学科课程群

英语课程总目标既体现了英语学习的工具性,也体现了其人文性。本课程群遵循学生的兴趣和需求,在国家课程的基础上进行拓展,促进学生发展语言运用能力和创新思维能力。通过口语交际、情感熏陶、任务性学习,使学生感受语言美,感受时代需求,从而提高学生的综合人文素养。"文汇苑"之英语学科课程群见表4-9。

表4-9　扬子洲学校"文汇苑"之英语学科课程群表

三年级	文苑 ABC 文苑韵律诗	写写 ABC	七年级上册	文苑趣	快乐词汇
		趣味字母操			激发兴趣
		韵律小诗			展现自信
四年级	文苑佳音 文苑乐曲	歌词欣赏	七年级下册	文苑趣	我爱阅读
		美音英韵			情感碰撞
		校园歌手			美句采撷
五年级	文苑漫读 文苑畅演	绘本听读	八年级上册	文苑韵	我听我读
		绘本表演			我看我演
		绘本制作			心灵熏陶
六年级	文苑配音秀 文苑剧场展	趣玩动漫	八年级下册	文苑韵	文本阅读
		动画配音			聆听欣赏
		动画剧场			开阔视野

续　表

九年级上册	文苑秀	赏析美句	九年级下册	文苑秀	情景展现
		美文秀			爱上阅读
		脚本剧场			演讲风采

(3) "文汇苑"课程之道德与法治学科课程群

我校道德与法治教学团队从注重地方特色资源、注重团队优势、注重培养学生素质与能力的理念出发,构建了体系科学、结构合理的"文汇苑"之道德与法治学科课程群。本课程群的建设坚持正确价值观念的引导,遵循学生独立思考、积极实践相统一的课程原则,对教学模式、教学手段、教学方法、考核方式等进行了尝试性的改革与实践,探索出了有效的教学与实践模式,效果良好。"文汇苑"之道德与法治学科课程群见表4-10。

表4-10　扬子洲学校"文汇苑"之道德与法治学科课程群表

一年级	文苑美丽	感受美丽的大自然	六年级	文苑收获	祖国日益富强
		发现同学的优点			通过图片环游世界
		注意个人卫生			回顾自己的小学生活,抒发感想
二年级	文苑成长	爱护班级卫生	七年级	文汇园地	文汇园地: 成长的节拍
		每天夸自己真棒			文汇园地: 友谊的天空
		学会做力所能及的家务			文汇园地: 师生情谊
三年级	文苑快乐	做学习的主人			文汇园地: 生命的思考
		分享很快乐			文汇园地: 青春时光
		爱护校园设施			文汇园地: 做情绪的主人
四年级	文苑温暖	发生危险懂得逃生			文汇园地: 在集体中成长
		学会关爱他人			文汇园地: 走进法治天地
		科技给我们生活带来的便利	八年级	文汇社会	文汇社会: 走进社会生活
五年级	文苑中华	做个诚信的孩子			文汇社会: 遵守社会规则
		了解中华文化			文汇社会: 承担社会责任
		了解地球,环保从我做起			文汇社会: 维护国家利益

续　表

八年级	文汇社会	文汇社会：坚持宪法至上	九年级	文汇家国文汇国际	文汇家国：文明与家园
		文汇社会：理解权利义务			文汇家国：和谐与梦想
		文汇社会：人民当家作主			文汇国际：我们共同的世界
		文汇社会：崇尚法治精神			文汇国际：世界舞台上的中国
九年级	文汇家国文汇国际	文汇家国：富强与创新			文汇国际：走向未来的少年
		文汇家国：民主与法治			

(4)"文汇苑"课程之历史学科课程群

我校历史教学团队从注重地方特色资源、注重团队优势、注重培养学生素质与能力的理念出发,构建了体系科学、结构合理的"文汇苑"之历史学科课程群。本课程建设遵循重传统文化普及、重地方历史文化传播、重实践与创新等原则,对教学模式、教学手段、教学方法、考核方式等进行了尝试性的改革与实践,探索出了有效的教学与实践模式,效果良好。"文汇苑"之历史学科课程群见表4-11。

表4-11　扬子洲学校"文汇苑"之历史学科课程群表

七年级	文汇学史	文化之根：探寻中华文明之源
		从神话到史实：走进夏商周
		英雄时代：强盛的秦汉帝国
		乱世风云：三国两晋南北朝
		盛世中国：走向巅峰的隋唐时期
		对峙与融合：辽宋夏金元
		盛极转衰：统一多元的明清时期
八年级	文汇悟史	屈辱与抗争：回顾近代百年沉浮
		探索与争鸣：中华百年救亡之路
		分分合合：1921—1949年国共两党关系的演变
		大国崛起：中华人民共和国的成立与巩固
		追梦中国：社会主义国家的建立与发展
		复兴之路：走中国特色社会主义道路
		和谐互助：新时期的民族关系和外交关系

续　表

九年级	文汇论史	多元悠久：古代亚非欧文明
		相继兴衰：封建时代的欧亚文明
		解体重构：资本主义的产生与发展
		时代曙光：无产阶级的产生和发展
		改革振兴：资本主义制度的扩展
		人类灾难：两次世界大战
		国家转型：冷战和冷战后的世界

2. 建设"智趣廊"课程群

(1) 建设"智趣廊"数学学科课程群

"智趣廊"数学学科课程群是以激发学生数学兴趣为特色的拓展性课程群,旨在渗透数学思想方法,开发学生的数学思维潜能,培养学生的实践操作能力,全面提升学生的数学文化素养。"智趣廊"之数学学科课程群见表4-12。

表4-12　扬子洲学校"智趣廊"之数学学科课程群表

一年级	智趣数字	数学小故事	二年级	智趣运算	数学小知识
		数字宝宝			除除有余
		口算能手			巧移火柴棒
三年级	智趣新数	数学谜语	四年级	智趣操作	数学趣题
		分数小数			条形统计图
		精制年历			设计路线
五年级	智趣图形	数学文化	六年级	智趣百分百	数学小课题
		观察物体			百分数
		巧手包装			妙用单位"1"
七年级	魅力数学	数学历史探源	八年级	智慧数学	黄金分割
		古代数学			智力游戏
		七孔四桥			视幻图形
		数学年表			趣廊拾贝
		浸润数学			浸润数学

续　表

九年级	数学与生活	设计与数学	
		科技与数学	
		百科与数学	
		趣廊撷珍	

(2) 建设"智趣廊"物理学科课程群

"智趣廊"物理学科课程群拓展初中所学物理知识,以活动为载体丰富学生学习与生活体验,激发学生对科学的求知欲,使其保持对自然界的好奇,乐于探索自然,能领略自然界的美妙与和谐;提高学生发现和解决问题的能力、自学能力、逻辑思维能力、批判与创新思维能力、团队合作能力等科学核心素养;培养学生振兴中华的使命感和责任感,使其树立科学服务于人类的意识,成为对社会的可持续发展做出贡献的可用之才。"智趣廊"之物理学科课程群见表 4-13。

表 4-13　扬子洲学校"智趣廊"之物理学科课程群表

八年级上册	智趣科学家	声与光的魅力	九年级上册	智趣发明路	机械世界
		物态变变变			最伟大的发明——热机
		密度漫谈			我是小电工
八年级下册	智趣探究路	无所不在的力	九年级下册	智趣发明家	巧设自动控制机关
		神奇的压强			"发明"电动机
		浮沉之道			"发明"发电机

(3) 建设"智趣廊"化学学科课程群

"智趣廊"化学学科课程群是以激发学生化学兴趣和培养实验探究能力为宗旨的拓展性课程群,全面培养学生的科学探究素养。"智趣廊"之化学学科课程群见表 4-14。

表 4-14　扬子洲学校"智趣廊"之化学学科课程群表

九年级上册	化学与生活	氧气瓶的奥秘	九年级下册	化学与生活	湿法冶铜
		生命之源			间谍的机密
		我发明的灭火器			我是营养师

3. 建设"韵动场"课程群

依据《义务教育体育与健康课程标准(2011 年版)》的要求设计体育与健康课的水平计划。教师设计时以新课程标准为指导,树立"健康第一"的指导思想,在设计过程中,教师以学生的生理、心理和学生身心发展的特点以及本校的特色和地理特征为前提,遵循运动规律;教师选择有锻炼价值和教育意义的教材内容,以促进学生健康意识、锻炼习惯的养成;在教学方法上,教师力求运用多种教学方法促进学生身体、生理、心理和社会适应能力的全面发展,教会学生运用各种锻炼方法,全面锻炼身体,积极参加各项体育活动,以实现体育健康目标。同时,使学生能够正确评价自己和他人,在体能、技能、行为、态度、人际交往、社会适应能力等方面进行全面评价;使学生在宽松和谐的气氛中体验成功,享受快乐;为学生终身体育奠定坚实的基础。"韵动场"之健康体育课程群见表 4-15。

表 4-15　扬子洲学校"韵动场"之健康体育课程群表

一年级	韵动少年	跳绳	四年级	韵与协调	花样跳绳(低)	七年级	花样韵动	花样跳绳(高)
		队列队形			花式三大球			田径我最强
		广播操			团队接力		快乐韵动	拳球总动员
		越跑越开心			投掷我最棒			操控未来
二年级	韵与节奏	跳绳	五年级	韵与跃动	花样跳绳(中)	八年级	创新韵动	花样跳绳(高)
		广播操			花式球类			速度之王
		跑步达人			飞跃少年		认识韵动	武舞新花样
		开心三大球			再接再厉			拳球大作战
三年级	韵与技巧	花样跳绳(低)	六年级	韵动中国	花样跳绳(中)	九年级	风采韵动	花样跳绳(高)

4. 建设"雅之阁"课程群

(1)"雅之阁"课程之音乐学科课程群

我国是多民族国家,民族音乐是宝贵的文化财富,凝结着中华民族的精神。音乐教育以音乐形象感染和影响学生,增强其对美丽富饶的祖国源远流长的民族音乐文化的自豪感。学校依托音乐课程,让民族音乐作品以及多元化音乐作品走进音乐艺术课堂,培养学生的音乐审美能力、审美情趣以及与德育教育教学相结合的品质课程,提高我校学生的审美情操、审美品位和德育品格。"雅之阁"之音乐学科课程群见表4-16。

表4-16　扬子洲学校"雅之阁"之音乐学科课程群表

一年级	雅风	初识音符握握手	四年级	雅意	声部合唱和谐美	七年级	雅教	《菁菁校园》唱"扬校"
		童真童趣唱儿歌			体裁拓宽析意境			影视金曲同鉴赏
二年级	雅词	自然演唱好习惯	五年级	雅寓	众声合唱显风采	八年级	雅韵	革命红歌纵情唱
		律动表演做游戏			准确演唱作评价			山歌民曲浅浅唱
三年级	雅颂	听辨识音共欣赏	六年级	雅音	古风新韵赏民歌	九年级	雅乐	交响乐曲谱华章
		美妙歌声诉情感			拓展活动多创造			毕业之歌校园扬

(2)"雅之阁"课程之美术学科课程群

美术以视觉形象承载和表达人的思想观念、情感态度和审美趣味,丰富人类的精神和物质世界。美术课程要发挥更积极的作用,为国家培养具有人文精神、创新能力、审美品位和美术素养的现代公民。我校美术课程群围绕学校特色社团展开,充分利用优势资源,扬"扬校"学子之长。"雅之阁"之美术学科课程群见表4-17。

表4-17　扬子洲学校"雅之阁"之美术学科课程群表

一年级	雅之觅	图形变变变	四年级	雅之趣	童心童趣	七年级	雅之韵	名画名家
		五彩连环			巧思妙贴			城市广场
		鲜艳的花朵			一花一世界			城市足迹
		贴树叶			新家园			魅力棕编
二年级	雅之悟	趣味小花伞	五年级	雅之艺	小书签	八年级	雅之秀	名胜古迹
		大自然之美			我们的小天地			有趣的光影
		春夏的色彩			一花一世界			设计与生活
		一花一世界			色彩对比			魅力棕编
三年级	雅之意	趣味水墨	六年级	雅之彩	绿色田园	九年级	雅之境	多元文化
		秋冬的色彩			吉祥纹样			小小少年
		未来畅想			巧包装			写意山水画
		一花一世界			毕业小展览			名画世界

5. 建设"思创谷"课程群

(1)"思创谷"课程之信息学科课程群

提高学生的创造力,是教育者的责任与使命。"扬校"以培养学生信息素养为目标,建立了"思创谷"课程群。"思创谷"之信息学科课程群见表4-18。

表4-18 扬子洲学校"思创谷"之信息学科课程群表

四年级	"思创谷"冲浪	网上冲浪
		信息整理小能手
五年级	"思创谷"图文并茂	Word 报刊
		PPT 简报
六年级	"思创谷"新兴科技	Flash 动画制作
		Scratch 创意编程
七年级	"思创谷"信息时代	有声有色的 PPT 课堂
		Excel 图表一目了然
八年级	"思创谷"网络时代	安全互联网
		Photoshop 魔术师
九年级	"思创谷"程序时代	Flash 动画大师
		Pascal 编程

(2)"思创谷"课程之小学科学学科课程群

小学科学课程是一门以培养小学生科学素养为宗旨的义务教育阶段的核心课程,在小学课程设置中与其他主要学科一样,具有十分重要的地位。科学素养的形成是长期的,早期的科学教育将对一个人科学素养的形成具有决定性的作用。科学素养一般包括:对自然现象的好奇心和求知欲,运用基本的科学知识和技能认识自己和周围世界的能力,具备进行科学探究所必需的科学思维和方法,与自然界和谐相处的生活态度等。"思创谷"之小学科学学科课程群见表4-19。

表4-19 扬子洲学校"思创谷"之小学科学学科课程群表

低年级	"思创谷"生命世界	微生物小萝卜
		植物勘察员
中年级	"思创谷"物质世界	食物在身体里的旅行
		1. 认识体温计,水和空气的变化 2. 认识材料、岩石和矿物
高年级	"思创谷"科学探究	微小世界
		物质变化

(3)"思创谷"课程之生物课程群

生物学是研究各种生命现象和生命活动规律的科学。无论是过去、现在,还是未来,人类的衣、食、住、行都离不开生物,也就离不开生物学。特别是对处于人的一生当中重要的生长发育时期的青少年来说,要保证自己身心健康地成长,更是离不开生物学知识。通过学习生物学,不仅可以学到很多生物学知识,而且还可以学会一些观察、实验、探究生命现象的方法,学会从日常生活、生产实践或学习中发现并提出与生物学相关的问题,学会寻找问题答案的思路和方法,从而使自己的科学探究能力得到提高。"思创谷"之生物课程群见表4-20。

表4-20 扬子洲学校"思创谷"之生物课程群表

七年级 上学期	"思创谷"之 绿韵	走近植物	1. 植物的分类、结构、生活条件和生命历程 2. 班级农场体验课,养蚕课程,园艺课程
七年级 下学期	"思创谷"之 人体	神秘人体	1. 了解自己的身体构造、原理 2. 班级农场体验课,植树园艺课程,养蚕课程
八年级 上学期	"思创谷"之 律动	走近动物和微生物	1. 五花八门的动物和无处不在的微生物 2. 班级农场体验课,养蚕课程,园艺课程
八年级 下学期	"思创谷"之 绵延	生命的延续和健康的生活	1. 传染病、免疫、用药与急救知识 2. 班级农场体验课,植树园艺课程,养蚕课程

(4)"思创谷"课程之地理学科课程群

　　学校关注学生必备的地理素质的培养,使学生具备一定的地理能力和地理科学观,让学生感受到学的是"对生活有用的地理"和"对终身发展有用的地理",为此而引导学生利用掌握的地理知识和地理技能去获取与生活密切关联的信息,同时教会他们处理、分析、加工这些信息很有必要,这有利于培养他们的创造思维和创新能力。另外,现代社会要求公民能够科学充分地认识人口、资源、环境和社会等相互协调发展的重要性,树立可持续发展观念,不断探索和遵循科学文明的生产方式和生活方式。地理课程有助于学生感受不同区域的自然地理、人文地理特征,让学生能从地理的视角认识和欣赏我们所生存的这个世界,从而提升生活品味和精神体验层次,增进学生对地理环境的理解力和适应能力,有助于学生形成正确的情感态度、价值观和良好的行为习惯,有助于为国家乃至全球培养活跃的、有责任的公民。"思创谷"之地理课程群见表4-21。

表4-21　扬子洲学校"思创谷"之地理课程群表

七年级	思创林	确定位置:地球与地图
		地球五官:陆地和海洋
		风和日丽:天气和气候
		地球居民:居民与聚落
		共同成长:发展与合作
		亚洲雄风:自然与人文
		友好邻居:樱花之都——日本 山水相间——东南亚 圣水恒河——印度 疆域之最——俄罗斯
		远方朋友:热点地区——中东 水草丰美——欧洲西部 黑人故乡——非洲中南部 袋鼠故乡——澳大利亚
		大洋彼岸:山姆大叔——美国 足球王国——巴西
		冰雪世界:企鹅与北极熊的故乡

续 表

八年级	思创园	大江南北：疆域辽阔、人口众多
		山高水长：环境复杂、灾害频发
		丰饶大地：资源丰富、合理利用
		改革开放：交通便捷、发展工农
		南稻北麦：秦岭淮河、四大区域
		北国风光：中原大地、白山黑水
		稻花飘香：鱼米之乡、港澳台湾
		黄沙漫漫：深居内陆、西气东输
		雪域高原：高寒之地、三江源区
		拥抱世界：成就瞩目、责任担当
		热爱家乡：那山那水、服务家乡

（二）"扬长学科"评价标准

"扬长特色"学科评估标准的设计，依据教育发展的客观规律以及学科发展的内在逻辑，运用科学的原理与方法，对"特色学科"这一特定的内涵进行分析、归纳、综合、判断，寻找其本质特征的主要表现及其相关的制约因素，研究其构成要素和运作规律的过程。将与特色学科建设有关联的影响因素进行分解，从学科课程、学科团队、学科教学以及学科学习四个核心因素制定本校特色学科评估标准。"扬长学科"评价见表4-22。

表4-22 扬子洲学校"扬长学科"评价表

指 标	评 估 标 准	量化评分
学科课程 （20分）	有完整的学科课程体系以及多样化的学科课程。（10分）	
	形成以学科为核心的，与其密切相关的学科领域相互渗透、相互交叉、相互支持、互相依托的学科课程群。（10分）	
学科团队 （30分）	建设一支团结合作、富有活力、乐于奉献、勇于创新的学科梯队。（10分）	
	拥有在本学科治学严谨、教学和科研成绩显著、有一定影响力的学科带头人。（10分）	

续　表

指　标	评　估　标　准	量化评分
学科团队 (30分)	有一批教学水平较高,科研能力较强,在学科梯队中承前启后的学科骨干。(10分)	
学科教学 (30分)	在一个年级或多个年级的学科上,形成具有本校特色的学科有效教学方法和经验。(10分)	
	有两名及以上的教师建构个性鲜明的课堂教学,在教学思想、教学方式和教学技巧等方面形成具有个性特征的教学特色。(10分)	
	具有完善的学科教研制度,如集体备课制度、听课制度、评课制度、质量监测制度、小课题研究制度、核心课题集体攻关制度、教改实验制度等。(10分)	
学科学习 (20分)	在学科教学改革中,学生对学习具有浓厚的兴趣和主动学习的意愿。(5分)	
	学生能树立正确的学习观念,养成良好的学习习惯,掌握有效的学习方法,学习素养获得提升。(5分)	
	在学科教学质量方面(如全区质量调研或全校摸底考试),获得优秀的成果,产生积极的作用。(10分)	

三、建设发展"扬长社团",落实兴趣爱好课程

学生社团是现代学校建设的重要资源,随着课程内容的不断拓展,学生社团已经成为发展学生自主管理的新型课程,是实施素质教育的重要内容。以社团活动为平台,充分发挥教师优势,通过组织丰富多彩的社团活动,不断丰富学生的校园文化生活,发展学生的兴趣与特长,着眼于促进学生当前与未来生活质量的提高,着眼于促进社会的进步和可持续发展,结合学校的具体特点和传统优势,努力实现"以学生发展为本"的教育理念。通过学生社团活动,发现和培养学生的潜能与特长,陶冶其道德情操,培养其艺术情趣,提高其科学素养,锻炼其强健体魄,充实其课余生活,促进学生身心全面发展;发挥教师优势,培养教师的社团组织与研究实践能力,不断提高其自身专业素质。不断探索校园生活和校园文化,充分发掘校园可用资源,逐步形成具有特色的社团活动。通过社团活动,构

建健康的校园文化氛围。

(一)"扬长社团"的建设

扬子洲学校的社团活动,结合学生特色、根据学科特点,将社团活动的时间安排在课堂教学之外;发挥教师优势,不断探索校园生活和校园文化,充分发掘校内外可用资源,逐步形成具有特色的社团活动。"扬长社团"活动内容见表4-23。

表4-23　扬子洲学校"扬长社团"活动内容表

社 团 活 动	活 动 内 容
语言类	经典诵读社
	英语听力社
	趣味数学社
	历史社
	开心实验社
	化学实验社
	经济与法社
艺术类	素描社
	播音主持社
	管乐社
	剪纸社
	合唱社
	简笔画社
科技类	纸飞机社
	航空航模社
	车模社
	建模社
	无线电测向社

续　表

社　团　活　动	活　动　内　容
体育健身类	田径社
	乒乓球社
	足球社
	排球社
	篮球社
	羽毛球社
	花样跳绳社

(二)"扬长社团"实施步骤

学校依据师资情况和学生需求,组建学生社团并安排辅导老师。支持学生自发组织社团并聘请辅导老师,经学校批准后可以开展活动。社团名称由学生和辅导老师共同讨论确定。

一般每学期初进行社团招新和人员调整,控制人数,避免增加管理难度。坚持"自愿参加"和"双向选择"的原则,学生报名社团要先经家长同意。社团老师和成员一经确定,无特殊情况一学期内不再变更。

各社团制定科学合理的活动计划,按计划坚持开展活动并做好记录。活动时间为每周四下午 2:40—4:10,地点要相对固定。学校努力为社团活动的开展创造条件。各班主任要熟知本班参加各社团的学生名单和活动时间,并通过"致家长一封信"、短信、家长会等途径将学生参加的社团名称、辅导老师和活动时间告知家长。

每次活动时要认真组织,注意文明礼仪、纪律卫生,加强安全教育,避免发生安全事故。

(三)"扬长社团"的评价要求

为规范社团发展,充分调动各社团活动的积极性、创造性,加强社团工作的制度化、规范化,使各社团向着高层次、高格调、高品位的方向发展,特制定本校社团评价实施细目量表。"扬长社团"评价实施细目见表4－24。

表4－24　扬子洲学校"扬长社团"评价实施细目量表

指　标	评　估　标　准	评估方式	量化得分	
			自评	督评
安全管理 (20分)	社团活动指导老师及时到位。(5分)	访谈学生 查阅资料		
	活动安全保障有力,无出现安全事故。(10分)			
	每次活动学生出席率。(5分)			
材料管理 (30分)	活动点名及时,社团名册记载详实。(5分)	查阅资料		
	活动前有计划,活动后有记录,活动主题、内容、形式有创新。社团活动计划合理周密、详实、可行,每次社团活动有备课,每次备课中内容详实并有系列性,每次社团活动有书面总结或反思。(25分)			
活动管理 (30分)	活动内容丰富,形式生动,学生满意度高。进行学生调查,确定该社团学生对社团活动开展的喜爱程度。(5分)	访谈学生 查阅资料		
	能积极配合学校开展的各项活动,认真落实各项工作。(5分)			
	每学期能组织一次展示活动,并向学校考核组开放,活动有条不紊,活动时间安排合理,能成功地完成活动,达到预期效果活动的气氛热烈,社员热情参与、通力合作。(15分)			
	活动期间的秩序、组织纪律良好,活动过程中没有违规现象。(5分)			
场地管理 (10分)	内部物品管理有序,无丢失等现象。(5分)	现场查看		
	活动后场地内地面干净、桌椅整齐、墙壁无污迹、教学具无破损。(5分)			
特色成效 (20分)	活动有一定影响,有报道。校级、区级每篇加5、10分,以此类推。(10分)	访谈学生 查阅资料		
	活动有成果展示,参加校内校外展示获奖或展演受好评。校级每人每次5分,区级每人每次加10分,以此类推。(10分)			

四、"扬长节日"齐绽放，落实节庆文化课程

(一)"扬长节日"的创设

把节日文化作为课程资源，这是很多学校通行的做法。本校也有着独特的节庆文化课程，通过它们来为学生提供表现与展示自我的平台。

1. 传统节日课程

从传统节日里挖掘出丰富的教育资源。利用节日契机，将传统文化渗透到活动中，精选"春节""清明""端午""中秋""重阳"等富有文化蕴涵的传统节日设计课程，开展主题活动，让学生了解传统节日，传承传统文化。传统节日课程实施见表4-25。

表4-25　扬子洲学校传统节日课程实施表

节　日	主　题	活　动
春　节	欢欢喜喜过新年	照张全家福、春节元宵小报、灯谜会
清明节	文明祭祀	向英雄致敬、网上祭英烈、主题队会
端午节	端午粽飘香	"端午习俗我知道"主题队会、包粽子大赛、制作端午小报
中秋节	迎中秋	"中秋"诗歌朗诵会、主题队会、节日小报
重阳节	九九重阳节	"我陪长辈过重阳"、敬老志愿者服务活动

2. 现代节日课程

节日是文化的一种表现，节日文化可以为学生情感、态度与行为的发展提供充足的养料，促使学生热爱生活，提升其协作能力，增进师生情感。我校抓住现代节日课程，开展丰富多彩的活动，为学生搭建锻炼和展示的舞台。现代节日课程实施见表4-26。

表4-26　扬子洲学校现代节日课程实施表

节　日	主　题	活　动
元　旦	欢喜迎新年	手工制作大比拼、欢庆活动
五四青年节	入团最光荣	主题队会、新团员入团仪式
儿童节	欢喜六一	新队员入队仪式、六一节目展演

续 表

节 日	主 题	活 动
教师节	感恩老师	贺卡制作、主题队会
国庆节	唱红歌 迎国庆	歌唱祖国歌咏赛

3. 特色节日课程

以节日为载体,以学生特有的思想观念、思维方式为核心,以具有校园特色的方式开展丰富多彩的校园节日活动,营造积极的精神环境和校园文化氛围。调动学生的兴趣,提高积极性、参与性,"寓教于乐",以特色校园节日促进德育发展。校园节日课程实施见表4-27。

表4-27 扬子洲学校校园节日课程实施表

时 间	节 日	主 题	活 动
三 月	文苑节	我的文学梦 琅琅读书会	作文竞赛、朗诵、演讲、舞台剧、系列读书活动、书香班级评比等
四 月	快乐英语节	Happy English	口语、作文、手抄报、英文情景剧等
六 月	艺术节	"扬长杯"艺术节	合唱、舞蹈、美术展、舞台剧等
十 月	体育节	阳光体育节	运动会、广播操、球类赛、田径赛、趣味运动会等
十二月	科技节	科技大揭秘	"科学实验我知道""小发现大兴趣"科学活动展示等

(二)"扬长节日"的评价要求

通过展示活动进行表现性评价,为"扬长节日"定节拍。减少机械的、以复现为本职的教育评价弊端,以活动的主题、目标、内容、实施、方式作为评价的准则,通过"课程评价实施细目量表",关注表现性,体现过程性;完善"扬长节日"学分评价,使学生在活动中体验快乐,促进学生全面发展。"扬长节日"课程评价实施细目见表4-28。

表 4 - 28　扬子洲学校"扬长节日"课程评价实施细目量表

评价指标	评 价 内 容	评价分值
主题	1. 主题鲜明、立意新颖、寓意深刻。 2. 主题具有时代性、科学性、针对性、实效性、教育性。 3. 根据学生身心发展和成长中遇到的共性问题确定主题。	20分
目标	1. 目标明确,有明确的导向和时代性。 2. 达到学生情感态度价值观的转变。 3. 学生有认识、有感悟,自我教育能力得到增强,促进学生身心健康发展。	20分
内容	1. 贴近社会现实,贴近学生实际生活,贴近学生身心发展规律。 2. 紧扣主题,准确定位。 3. 分出层次,突出重点。	20分
实施	1. 情景设计合理,操作性强,能体现综合运用知识的能力。 2. 面向全体学生,关注学生的个性和差异,注重培养学生的实践能力。	20分
方式	活动设计有特色、有创意,体现课程的实践性、自主性、综合性、创造性和趣味性。	20分

五、推行"扬长之旅",落实研学旅行课程

"扬长之旅"以深入推进学生素质教育为宗旨,关爱学生的心灵健康,以树立学生正确的人生观和价值观为前提,通过组织学生集体综合实践的方式使学生走出校园,在与平常不同的学习生活中拓展视野、丰富知识,加深对传统文化的亲近感,增加对集体活动方式和社会公共道德的体验,培养爱国主义精神,增强民族自豪感,强化学生的创新精神和实践动手的能力,培养学生的思维品格。

(一)"扬长之旅"的课程设计

"扬长之旅"课程内容实施细目见表 4 - 29。

表 4 - 29　扬子洲学校"扬长之旅"课程内容实施细目量表

扬 长 之 旅	内　　容
研　学	春秋游拓展研学活动
三色文化游学记	红色(八一起义纪念馆等红色教育基地)
	绿色(户外拓展等)
	古色(滕王阁等文化之旅)
扬长志愿服务队	扬子洲学校学雷锋志愿者在行动

(二)"扬长之旅"评价标准

为了更好地推进"扬长之旅",切实有效地落实研学旅行的活动课程,加强此项工作的制度化和规范化,特制定"扬长之旅"评价实施细目量表。"扬长之旅"评价实施细目见表 4-30。

表 4-30　扬子洲学校"扬长之旅"评价实施细目量表

评 价 指 标	评 价 内 容	评价分值
研学方案	1. 把研学旅行纳入学校教育教学计划,与综合实践活动课程统筹考虑,促进研学旅行和学校课程有机融合。(15 分) 2. 精心设计研学旅行活动课程,做到目的明确、活动生动、学习有效。(15 分)	30 分
活动过程表现	1. 活动中学生队伍整齐、有序、安静,无追逐打闹。(10 分) 2. 乘车时,学生能安静、文明、有序,无抢先插队,有良好的卫生习惯。(10 分) 3. 在活动过程中,认真学习、积极参与,做到文明出行。(10 分)	30 分
过程性文本材料及展示	1. 活动策划书、研学地点介绍、活动照片、心得体会等。(20 分) 2. 活动分享会。(20 分)	40 分

总之,学校坚持以学生的发展为本,深入实施素质教育,优化课程结构,充分利用学校和社会的课程资源,开设满足学生个性发展和个性需求的个性化课程,建立全面调动师生主观能动性、体现"扬子之长,顺性生长"办学理念的特色教育体系。

第五章

课程实施：在地
文化的深度利用

课程的科学有效实施是达成课程目标的根本办法。课程实施是师生共同探索新知识的发展
过程，是师生交互作用、共同完成价值创造的过程。多维的课程实施途径让学生以多样的学
习方式参与课程实践，张扬学生生命活性。课程实施又是对在地文化的深度利用，关注课程
实施中丰富的在地文化特色，呼应学校的社会属性，尊重课程本身的历史和文化。

　　"一千个思想不如一次行动",课程的科学有效实施是达成课程目标的根本办法。"科学有效"的前提是充分理解课程思想,实现课程设置的内涵价值;"科学有效"的途径是落实到无形的渗透和有形的课堂,适时适地达成课程目标;"科学有效"的抓手是体现核心价值观的评价体系。

　　课程实施需对在地文化进行深度利用,它牵一发而动全身,它的神经末梢是学校里的每一个课堂,它的系统运行需要强有力的心脏搏动。南昌市南林小学的"青草地课程",是成于在地文化的自由呼吸的教育,课程实施的多维途径汲取在地文化的土壤、阳光、养料,在在地文化这片青草地上,自然落地生根、枝叶茂荣。课程在课堂、社团、研学旅行等途径实施,而在地文化的特征是多样性、扎根性、深刻性,课程实施从在地文化中受到启益,把课程规划付诸实践,是以学生为主体、教师为主导、学校为主创系统联动的过程,与整体价值取向、课程实施态度、学校在地文化等密切相关,实施的焦点是实践中发生改革的程度和影响改革程度的那些因素,因此,课程实施问题不只是研究课程方案的落实程度,还是对在地文化资源的深度利用的成效。科学有效的课程实施是情境化、人格化、在地化的,是孩子们与世界打交道的方式。让所有教师行动起来,让所有渠道畅通起来,学校课程实施必然能绽放出美妙绝伦的在地文化之美。

➡ 在地文化
茵茵绿洲之上

　　南昌市南林小学原名南洲小学,位于涛涛赣江之畔,茵茵绿洲之上,地处扬子洲镇南洲村,全村以种植业为主,主要种植时令蔬菜。放眼望去,一簇簇顽强的身躯静静地染绿了荒凉旷野,在铿锵的呼吸中绿得波澜壮阔。静静聆听,漫野细碎的轻吟,以一棵棵青草的姿态鲜亮水润,铺开茂盛的时节。那一眼绿,随风浩荡地生长着,踩着蓬勃的旋律,轻盈地摇曳。这里物华天宝,风景秀丽,环境幽美,景色宜人。南洲村追逐着风儿,享受一种无拘无束的快乐。那茸茸的绿植,那浛浛的流水,那幽微的花香,那安谧的山村,还有那田间幽雅的情调、湛蓝无瑕的天空,那"天人合一"的青草地,给人以遐想,飘向无边的远方……

➡ 课程图谱
南昌市南林小学: 青草地课程

　　南昌市南林小学始建于 1947 年,是一所有着 70 多年办学历史的学校。学校在传统国学中汲取养分和养料,传承儒家"仁善"思想核心,营造"静逸求道""谦和养德""博爱蕴慈""感恩扬善"的"有氧教育"师生价值取向,发展儿童"琴、棋、书、画、思、学、信、礼"多种行为品质,使其具备"琴、棋、书、画"的技艺来陶冶情操,促进儿童全面发展;儿童与他人交往中讲诚信、懂礼仪,思想品德和学业水平都得到提升。学校这个"大爱＋博学＋乐思＋自由＋实干"的自然、自由、自觉、自能俱佳的育人"青草地",环境整洁雅致,文明向上之风浓郁,先后被评为"新农村示范学校""区级文明单位""关心下一代工作先进单位"。

第一节　蓝天下,青草地,放飞梦想

一、学校教育哲学: 有氧教育

　　"有氧教育"的"氧",来自校名"南林小学"中的"林"字。一片树林,多好的氧吧呀。孩子们在这片树林里吸收氧气,快乐成长,多美呀。正如法国著名思想家卢梭所说,"教育即自然生长",这才是学校存在的本义和价值。"好学校"的价值,其实就体现在为学生创造一个好的生态环境,给他们适当的阳光、空气、水分、养料,让他们快乐幸福地成长。蓝天下,青草地,南林小学是孩子们放飞梦想的乐园,人生因有梦想而充满动力。因此,我们认为:

"有氧教育"是阳光的教育。阳光教育让孩子们在任何情况下都能积极面对人生。孩子们在成长过程中难免会犯错，犯错以后如果不能及时得到正确的教育，受负面影响很容易误入歧途，陷入阴影的泥潭而不能自拔。这个时候就需要老师们的阳光教育，教会孩子学会承担错误，从错误中获得成长，为自己的行为负责。

"有氧教育"是自然的教育。学生在学校得天独厚的生态环境中，在劳动中接受教育；释放孩子的天性，培养学生释放潜在能量，培养学生自立、自强、自信、自理等综合素养的同时，树立他们正确的人生观、价值观。

"有氧教育"是有根的教育。《论语·学而》有这样一句话："君子务本，本立而道生。"教育的根本出发点是：尊重学生的个体差异，根据学生的身心发展进行教育，让每一个学生都能受到平等的教育，让每个学生都生活得有尊严。切忌用一把"尺子"衡量所有的学生，我们要做到让教育成为教育，让教育回归教育！

"有氧教育"是自主的教育。我们的自主教育，就是要相信孩子，让孩子们在课堂上拥有更多的自由、更多的选择、更多生命的绽放。儿童教育心理专家张梅灵教授说过，教育是一个有机生命体，其核心就在于不断地自主生长，因此教育者应当"把课堂还给孩子"。

基于此，我们将学校的办学理念确定为：和绿叶一起呼吸，和小鸟一起歌唱。

我们的教育信条
我们坚信，
学校是一方池塘；
我们坚信，
童年是一首清新的自然诗；
我们坚信，
教育是生命成长最广袤的沃土；
我们坚信，
让儿童放飞梦想是教师职业的神圣使命；
我们坚信，
和绿叶一起呼吸、和小鸟一起歌唱是教育最美的图景。

二、课程理念: 蓝天下,青草地,放飞梦想

每一个孩子都是有梦想的,都是一棵向上生长的树木。学校课程建设,就是要给孩子提供适合的土壤、阳光、养料和环境,让孩子自然地、不断地生长,他就一定能够绽放他独特的美,他就一定能够成长得更加茁壮。我们认为,"有氧教育"使孩子在课程学习的过程中自然而然地不断生长着。因此,我们将学校的课程理念确定为"蓝天下,青草地,放飞梦想",并构建了"青草地课程"的学校课程模式。这意味着:

课程是自然的滋养。学校为孩子们提供的课程,是孩子们快乐所需的多种营养,犹如满汉全席。同时,每一个孩子都是独特的,他们所必需的营养也是因人而异的,他们有自主选择营养的权利和机会。有氧而丰富的课程如春之雨露、夏之清风、冬之暖阳,为的是每一个孩子的秋之收获。

课程是生命的场景。课程的价值追求就是生命的成长。课程的展开过程就是师生以其本真状态投入生命的过程。因此,生命呈现出的所有场景都是课程,包括学生的足迹所在,以及人际关系所在。教师应注重从学生的足迹所在和人际关系所在入手,发现课程,设计课程,让学生在真实的生命成长过程中得到发展。

课程是丰富的经历。经历让孩子们变得快乐。课程旨在为孩子提供各种各样经历的机会和平台,在互动交流中、在体验操作中、在角色演练中获得发展。

课程是个性的丰满。每一个孩子都是独一无二的,每一个孩子都是自然的。"青草地课程"是为了更好地帮助学生认识自己,发现自己的特点。同时,课程也会为学生提供展示的舞台,让每一个孩子展示自信、张扬个性。

总之,课程是一片青草地,是适合每一个孩子自由生长的天地,孩子们在这里可以自然生根、自主呼吸、自觉散枝、自能开花。

第二节　童年是一首清新的自然诗

一、育人目标

童年是一首清新的自然诗。大自然是最好的教育,它带给儿童最好的成长,它

让儿童诗意地栖居。根据未来社会发展对人的素养要求以及当前教育改革的要求,结合南林小学学生的特点,我校确定育人目标如下:

自然生根:亲乡土,懂感恩。"国者,乡之本也。"(《管子·权修》)。乡土文化源远流长,而广大农村则是滋生培育乡土文化的根源和基因。以亲乡土为本的生根教育,培养儿童的仁爱之心,种下爱国爱家的种子。以亲情为根的孝道教育,培养儿童的感恩之心,扎下做人之根。

自主呼吸:爱智慧,能思考。教育的艺术就在于善于拨开学生眼前的迷雾,点燃学生心中的希望之火,帮助学生体会到上进及学习进步时的欢乐,引导学生学会主动思维,自主学习。让孩子们成为一个爱智慧、能思考的新时代社会主义接班人。

自觉散枝:爱艺术,有情趣。尊重生态智能多元化,培养爱艺术,有情趣的学生,让他们在各个领域自觉散枝,尺子越多,优秀的学生就越多。

自能开花:爱运动,乐生活。"天行健,君子以自强不息",运动会让孩子更健康,会让孩子感受到生命的神奇,对于生活、对于人生就会看开很多。

二、课程目标

我们将"自然生根、自主呼吸、自觉散枝、自能开花"的培养目标进行了细化,形成了低、中、高年段的分年段课程目标。学校课程目标见表5-1。

表5-1　南林小学"青草地课程"目标表

	低 年 段	中 年 段	高 年 段
自然生根 (亲乡土, 懂感恩)	热爱家乡,热爱校园。尊敬师长,团结同学。能感受来自父母、老师以及所有关心自己的身边人的爱。	热爱祖国,热爱家乡,热爱校园,爱护公共设施。能感受并回馈身边亲友师长的爱。	热爱祖国,热爱家乡,热爱校园,感恩所有遇见的人。

续 表

	低 年 段	中 年 段	高 年 段
自由呼吸 （爱智慧， 能思考）	善于观察生活，有丰富的想象力，有强烈的好奇心。在教师的指导下，能围绕一个主题做出大胆的想象与推测，尝试多角度、多方式认识事物。尝试用不同工具，用身边容易找到的各种媒材，参与设计制作活动。	自主学习，自我管理；热爱阅读，主动思考；对新的知识充满好奇心，有一个求知进取的心。思维能随机应变，举一反三，能提出新观点，有旺盛的求知欲。能有力表达自己的观点，乐于尝试用多种思路、多样方法完成探究学习，会自主创作，体会创新的乐趣。	热爱学习，保持浓厚的学习兴趣，学习从不同的角度去思考问题，尽可能多地寻找解决问题的方法，能熟练地将所学运用于实践，处理生活中发生的问题。积极向上，博思进取，创新勇敢，博雅自信。有较强的交流沟通能力。
自觉散枝 （爱艺术， 有情趣）	爱学习，爱生活。能积极主动表达自己的想法、爱好。有良好的兴趣爱好。	爱学习，爱生活。能积极主动表达自己的想法、爱好。有良好的兴趣爱好。并且能在老师和家长的帮助下，坚持自己所选择的兴趣爱好。	爱学习，爱生活。乐于欣赏名家作品，感悟经典，有一定的欣赏、鉴赏能力。善于将好奇心转化为浓厚的兴趣，从而培养自己高雅的生活情趣。
自能开花 （爱运动， 乐生活）	热爱运动，积极参与集体活动，体验体育活动的乐趣，并积极参与各项体能活动。	体验体育活动的乐趣。有积极参与体育活动的意识，体验体育活动的乐趣。主动积极参加体育运动，增强身体素质。	积极参与集体活动及各项体育运动，能有一两项较擅长的体育项目。

第三节 青草地上绿油油

蓝天下，青草地，青草地上绿油油。学校以"青草地课程"为抓手，致力于实现培养"自然、自由、自觉、自能"的南林学子的育人目标，因此，建构了学校"青草地课程"的课程体系。

一、课程逻辑

　　学校基于"有氧教育"的教育哲学以及学校课程目标,设置了"青草地课程"课程体系,包括"语意林课程""体艺林课程""科创林课程""美德林课程"四大类课程。学校课程逻辑见图5-1。

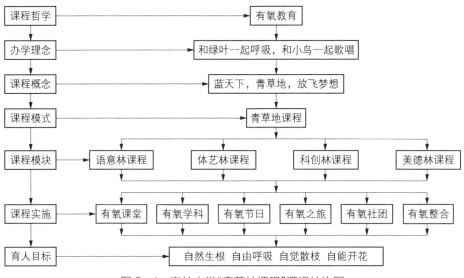

图5-1　南林小学"青草地课程"逻辑结构图

　　"语意林课程",即语言与交流课程。学生通过语言与交流课程的学习,通过师生互动交流与主动探究的学习方式,变"被动学习"到"主动学习",并在课程学习中,获得人际关系概述、人际交往、社会交往、沟通与沟通技巧等方面的知识,掌握人际关系的基本理论,并利用授课中的方法的学习与技能的训练提升人际沟通能力,提高综合素质,以适应未来工作、学习和生活的需要,并为人际沟通能力和社交礼仪的进一步提高奠定良好的基础。

　　"体艺林课程",即体育与艺术课程。体育课程是学生以身体练习为主要手段,通过合理的体育教育和科学的体育锻炼过程,达到增强体质、增进健康和提高体育素养的公共必修课程;体育与艺术课程是促进身心和谐发展,集思想品德教育、文化科学教育、生活与体育技能教育于身体活动,并有机结合的教育过程;是实施素质教育和培养全面发展的人才的重要途径。体育与艺术课程对于提高学生的体质和涵养水平,促进学生全面和谐发展,具有极为重要的作用。

"科创林课程",即科学与探索课程。承担科学启蒙任务的这门课程,将细心呵护儿童与生俱来的好奇心,培养他们对科学的兴趣和求知欲,引领他们学习与周围世界有关的科学知识,帮助他们体验科学活动的过程和方法,使他们了解科学、技术与社会的关系,乐于与人合作,与环境和谐相处,为后续的科学学习、为其他学科的学习、为终身学习和全面发展打下基础。学习这门课程,有利于小学生形成科学的认知方式和科学的自然观,并将丰富他们的童年生活,发展他们的个性,开发他们的创造潜能,让孩子们在新奇的科技体验中建立对科技的兴趣。

"美德林课程",即人文与修养课程。人文修养是指人们在人文方面所具有的综合品质或达到的发展程度。通过人文素养教育能够丰富学生的精神世界,培育他们的民族精神,增强其精神力量,促使其情感智慧的提升。我们应高度认识人文素养教育的重要意义和作用,不断实践,努力探索,推动学校人文素养教育不断向前发展。

二、课程结构

学校课程结构见图5-2。

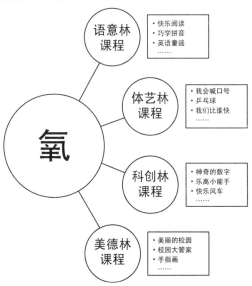

图5-2 南林小学"青草地课程"结构示意图

三、课程设置

　　每个孩子都有自己的特点,有自己独特的需求,那么不同的学生要有不一样的课程来实现"成为快乐的自己"的发展目标。"青草地课程"设置见表5-2。

表5-2　南林小学"青草地课程"设置表

课程 年级	语意林课程	体艺林课程	科创林课程	美德林课程
一年级 上册	快乐阅读 巧学拼音 拼音冲冲冲 我要做拼读高手	我是小解放军 我会喊口号 青蛙跳跳 快乐的操场操	神奇的数字 这个图形我会画 有趣的世界	美丽的校园 七个神奇的音符 美丽的色彩
一年级 下册	快乐阅读 经典诵读 我画你来说 读写你最棒	快来排排队 飞舞的蝴蝶 快乐丢沙包	乐高小能手 我会加和减	我们都是歌唱家 我们都是大画家 校园大管家
二年级 上册	绘本大阅读 编童谣 一起读唐诗 字词乐园	乒乓球 运动安全小知识 我是运动小明星	计算我最棒 磁性达达木 巧拼七巧板	小小童谣会 美丽花园 礼貌用语我知道
二年级 下册	童话故事汇 写童诗(一) 小古文(一) 小小表演家	乒乓球颠球赛 宝贝加油跳 飞奔中的少年	有趣的算珠 快乐风车 有趣的哈哈镜	手指画 我是小麦霸 我爱捏泥巴
三年级 上册	一起来学ABC ABC的由来 课本剧表演 小古文(二)	足球小将 运动操 比比谁跳的高 学跳绳	生活中的数学 综合实践活动 电脑世界	折纸的艺术 我要演话剧 我是环保小明星 创意涂鸦
三年级 下册	身体字母操 英语童谣 飞花令 写童诗(二)	足球跑跑跑 萝卜蹲 我们比谁快 快乐贴贴贴	怎样买才最省 太阳系的秘密 大家来找茬	最好听的小歌谣 我要当演员 会唱歌的杯子
四年级 上册	我来做主角 学英文歌谣 争当宣传员 我是一名小导游	踢毽子 快乐的有氧运动 背靠背快走 托乒乓球竞走	我是小管家 信息技术 小木匠	口琴真好听 国画鉴赏 中国窗花纸 华夏传统节日
四年级 下册	谜语猜猜猜 校园歌曲秀 英文歌谣大比拼 改歌词我最棒	跟我学体操 我是武术高手 跳绳一百次 蹦蹦又跳跳	心算大师 不一样的植物园 宇宙的奥秘	美丽的中国 歌唱祖国 中国地图彩绘 校园小舞蹈

续　表

课程 年级	语意林课程	体艺林课程	科创林课程	美德林课程
五年级 上册	世界经典名著 英文电影鉴赏 我的校园故事 说说身边的故事	足球小对抗 健身知识要知道 跳田字格 飞盘我来了	数独好好玩 做风筝 魔方入门 Scratch 编程(一)	摄影入门 我的校园画展 魅力南昌行 讲讲你爱的老师
五年级 下册	来讲英语故事 小小英语角 电影趣配音 话剧表演秀	我爱翻跟斗 双人跳绳 我的铁人三项	数独小高手 魔方进阶 我要做电风扇 Scratch 编程(二)	创意音乐会 最美毛笔字 最美的舞蹈
六年级 上册	细数我看的名著 带你看世界奇观 我来当导游 模拟辩论会	篮球运球 我们比一比谁更快 运动场上"协同作 战"	快速拧魔方 Scratch 编程(三) 我要做发电机	摄影展 开心艺术节 我是诗人 中国·母亲
六年级 下册	经典名著分享 听 BBC 广播 我是广播员 创意写作	跑在第一位 花式投篮 团队运动 我最棒	生活大发明 Scratch 编程(四) 有趣的航模	我的演唱会 920 南昌 我镜头中的校园 寻找最美同学

第四节　和绿叶一起呼吸,和小鸟一起歌唱

　　课程实施就是为学生创设成长快乐的过程,让教师享受教育幸福的历程,让学校彰显育人特色的进程。为了让孩子们和绿叶一起呼吸,和小鸟一起歌唱,南林小学从"有氧课堂""有氧学科""有氧节日""有氧之旅""有氧社团""有氧整合"六方面入手,践行"有氧教育",让每一个孩子成为更加快乐的自己,实现"青草地课程",见证"有氧教育,最本真的生命成长"。

一、建构"有氧课堂",落实学科基础课程

(一)"有氧课堂"的内涵与要素

　　"让教育充满氧气,让学生自由呼吸。"教育要返璞归真,真正释放孩子的天性,

使其在自由自主的环境氛围中全面而有个性地成长。在教育过程中尊重孩子的生命成长,挖掘孩子的内在潜质,倡导自主的"有氧课堂",为孩子个体生命自由发展和个性化成长搭建平台,实现学生最本真的生命成长。让学生在生态、阳光、绿意、快乐里打好人生的底色,去追逐自己的梦想,这便是"有氧教育"的追求。"有氧课堂",是和谐多元、释放天性、返璞归真、自主学习的课堂。

"有氧课堂"是和谐多元的课堂。基于"立德树人"教育根本任务和"社会责任感、创新精神、实践能力"的人才要求,我们根据孩子们的多元智能,致力于培养顺应时代变化、全面和谐发展的人才。所以,我们的课堂也是多种评价形式并存的和谐课堂。

"有氧课堂"是释放天性的课堂。孩子们在课堂上不再是被动学习。教师们打破传统"老师教,学生学"的模式,利用各种知识技能激发学生的灵感,释放孩子的天性。多方位引导学生主动探求,自主思考,大胆想象,勇于表达。

"有氧课堂"是返璞归真的课堂。作家于丹说:"这个世界上的真理,永远都是朴素的。"朴素的课堂,应该是有生命力的。"有氧课堂"把一些形式主义的东西过滤出来,让学生在有限的课堂里,拥有无限的收获。

"有氧课堂"是自主学习的课堂。以问题为主线,指导学生思考、探索和解决问题,最终又把问题变成知识;让学生开动脑筋,发现并解决问题,在构建知识结构的同时,锻炼学生的思维能力、学习能力,培养和提高学生的科学探究能力、创造能力。

"有氧课堂"采取两大评价方式:用适度的表扬进行评价,帮助学生建立自信,表扬要适得其所,要关注学生的需要与状态,使表扬真正起到激励与促进的作用;用委婉含蓄的批评进行评价,维护学生尊严,批评要真诚有度,更要谨慎,要注意方式方法,比如可以采用幽默式批评、自省式批评。

(二)"有氧课堂"的实践操作

"有氧课堂"在实践操作过程中应体现互动,让学生充分参与到课堂中来,健康的课堂不是老师的一言堂,也不是学生个人的独角戏,不是单一的学生吞食文本的过程,也不是学生随意解读的过程,不是学生独自一人应对问题的过程,更不是学生超脱于生活之外的理解文本的过程。健康的课堂应有互动在里边，能体现师生、生生、学生与文本、学生与已有生活经验的有效互动。学生在交流中彰显自我的价值，学习他人的智慧。

如何做到让教育返璞归真，真正释放孩子的天性，使其在自由自主的环境氛围中全面而有个性地成长，让教育充满氧气，让生命自由呼吸呢？

"有氧课堂"在教师操作层面上，全面落实"五有"标准：有明确的可以检测的学习目标、有不少于 20 分钟学生自主合作探究学习的时间、有明确的学习策略、有不少于 5 分钟的学习反馈、有积极互信的教学关系。通过教师教学方式的转变，打破传统课堂模式，为课堂注入新鲜的元素和活力。"有氧课堂"评价见表 5-3。

表 5-3　南林小学"有氧课堂"评价表

评价项目		具 体 要 求	星级	星级	星级	星级
目标		1. 目的明确，能针对学科特点和学生实际，确定符合儿童心理、符合儿童认知的要求； 2. 突出态度、情感、价值观在教学目标中的定位，把方法、兴趣习惯等非智力因素纳入教学目标； 3. 教学重心定位于学生的可持续发展。				
内容		1. 准确把握教材，丰富拓展资源； 2. 重难点把握准确，并有所突破； 3. 关注学生学习经验和认知水平，内容有儿童性和趣味性，是传播美的教育。				
过程	学生	1. 学习积极性高，情绪饱满，思维活跃，有竞争合作意识； 2. 通过动手实践、相互合作、尝试探索等手段，运用多种感官参与学习； 3. 为解决问题积极主动地搜集信息、整理信息，形成自己的假设、观点； 4. 善于倾听他人的意见，并进行正确的评价，勇于提出自己的观点，说出独特的感受。				
	教师	1. 情绪饱满，尊重学习；教育观念新，教学中运用新的教育教学理论、研究成果； 2. 能创设有利于学生个性发展的开放的学习环境，关注、尊重学生独特的情感体验；				

续　表

评价项目		具　体　要　求	星级	星级	星级	星级
过程	教师	3. 重视培养学生的创新意识、创造性思维和实践能力； 4. 重视引导学生独立探究、独立分析、主动合作，让学生在自主探索、动手实践和合作交流中准确掌握知识技能，提高素质；能合理利用现代教学资源。				
效果		1. 学生能较好地完成教学目标； 2. 学生有积极的情感反应； 3. 不同层次的学生能感受到成功的喜悦，都有不同的收获； 4. 学生有主动学习的热情，体会到学习的快乐。				
总评						
备注						

二、建设"有氧学科"，落实学科拓展课程

（一）"有氧学科"的建设路径

"有氧学科"的各类课程均是在基础学科层面，通过课堂内、外拓展，以及开设相关研究型课程建立起"1＋X"特色学科课程群，多维度满足学生的学习需求，为学生的潜能释放和特质发展提供课程基础。在构建过程中应做到：

①"吸氧"需求：点燃学生的兴趣点，找准学生的症结点，即从问题性学习情境中，发现学生的兴奋点，暴露学生的困惑点；

②"吸氧"方式：自学有目的，讨论有深度，发言有价值，学生的学习行为不是演戏，而是体验和思考；

③ 指导"吸氧"：教师发现及时，点拨到位，方法成型，对学生的学习信息搜集敏锐、扩展有度、提炼有方、评价有力。

(二)"有氧学科"的评价要求

① 要有学科特色理念: 学科特色是"有氧学科"的核心所在,提炼独特的学科理念,然后形成学科特色,这是建设"有氧学科"的首要任务。

② 要有学科实施方案: 学科实施方案是建设"有氧学科"的路径和保障,方案应符合特色学科的理念,并且操作性要强。

③ 要有丰富的课程内容: 只有丰富的课程内容才能满足学生日益发展的学习需求,才有满足学生多元发展需求的可能性。满足学生学习兴趣、充实学生学习生活、丰富学生学习体验的多元课程内容,是"有氧学科"建设的基础。

④ 要有高品质的学科教学: 高品质的学科教学是保证学科质量的基础。以正确的教学目标为前提,以丰富的课堂活动为主线,以提高学生的自学能力为保证,以深度的课后反思为助推,打造"有氧学科"高品质的教学模式。

⑤ 要有有效的学法指导: 有意识地进行学科学习及学法指导,把重点放在培养学生良好的学习习惯上,注重对他们进行学习方法、学习能力的指导和训练。注意教法和学法相结合,课内与课外相结合,聚焦"自主学习"的教学理念,这是"有氧课堂"建设的突出特色。

⑥ 要有高效的学科教研: 建立有效的学科团队教研机制是教学资源有效整合和推进课程有效实施的有效形式。学科团队进行有效教研有利于推动学校教学内容和方法的改进,有利于教学经验的交流,有利于增进学校各方面工作的协作,从而提高学科的品质,这是建设"有氧学科"的中坚力量。

"有氧学科"评价是肯定,是督促,及时给予评价会使学生信心倍增。评价分为肯定式和提醒式。当学生的表现优异,值得表扬的时候给出的就是肯定式评价,肯定式评价不单单是一句"好,不错"就算作肯定,一定要让学生清晰地知道哪里做得好、好在哪,同时也给其他学生指明方向,让学生真切地了解到什么是"好"。而至于提醒式评价就是当发现学生的错误或者不足时给予的委婉的提示,而不是简单的一句"不对"。

三、创设"有氧节日",落实节庆文化课程

中华民族的传统节日文化有着许多精彩纷呈的文化内容,它包括饮食文化、民

间艺术文化、诗词文化、戏曲文化、娱乐文化等,对提高人们的文化素质、维护社会公德、增强民间凝聚力、进行爱国主义教育等方面有着不可低估的作用。为了让我们的国粹再现其精华,也让我们的学生更深入地了解传统节日文化,增强民族自豪感,我校将创设"有氧节日",落实节庆文化课程,让学生传承节日文化,用经典浸润人生。

(一)"有氧节日"的实施方法

我们将一年中的传统节日和重大事件纪念日整理出来,使活动时间、内容一目了然,便于开展工作。我们将挖掘传统节日教育资源,努力打造出"一条爱国主线,串起多彩亮点"的系列化主题教育活动。

1. 传统节日

① 传统节日课程的设置。端午节、清明节、中秋节、元旦、春节、元宵节等节日,是中华民族的传统节日,这些优秀的传统文化,应当把它们继承下来。我们深入挖掘其传统的教育因素、文化内涵,并赋予其新的教育意义。传统节日课程设置见表5-4。

表5-4 南林小学传统节日课程设置表

节 庆	主 题	活 动	备 注
新 年	喜气洋洋过新年	手抄报、设计春联	
元 宵	热闹元宵节	手工"元宵"、猜灯谜	
清 明	缅怀英烈	网上祭英烈、文明祭扫	
端 午	快乐端午	了解节日文化、包粽子	
中 秋	团团圆圆过中秋	讲关于月亮的古诗、吟诵关于月亮的古诗	
重 阳	敬老尊贤	参观敬老院,慰问老人,给爷爷奶奶喂重阳糕	

② 传统节日课程的实施。为了让师生在学习中了解传统节日民俗,学习节日文化,树立国家意识,增强民族自豪感,自觉弘扬民族文化,传承民族精神,"有氧节

日"开展丰富多彩的传统节日文化教育、宣传活动,挖掘传统节日文化的内涵,营造浓郁的传统文化教育氛围,进一步提升校园文化,提高学校的教学质量,凸显学校的特色教育,提升学校的形象。我校通过充分挖掘传统节日教育资源,发挥社团活动的示范和辐射作用,推动传统节日宣传教育实践活动的深入开展,定期展现师生员工在传统节日宣传教育实践活动中的阶段性成果。

2. 重大事件纪念日

① 重大事件纪念日课程的设置。我们充分挖掘我国重大事件节日教育资源,努力打造出"一条爱国主线,串起多彩亮点"的系列化主题教育活动。我校结合本校实际及当地资源,特设置重大事件纪念日课程。重大事件纪念日课程设置见表5-5。

表5-5　南林小学重大事件纪念日课程设置表

时　间	节　日	主　　题	活　　动
一　月	元旦	新年新气象	说说我的新年计划
三　月	植树节	我给大地披绿装	1. 在学校植一株自己喜欢的植物 2. 在班级建设"植物角"
五　月	劳动节	今天我当家——当家小能手评比	1. 低年级自理能力比赛 2. 中年级钉纽扣比赛 3. 高年级剪贴画比赛
五　月	母亲节	知母爱、感母恩、行孝心	1. 低年级组:贺卡设计比赛 2. 中年级组:和妈妈照一张合影,在合影上写下祝福 3. 高年级组:给妈妈的一封感恩信
五　月	学雷锋日	予人玫瑰	帮助单亲或留守同学
六　月	儿童节	欢度六一	开展"中国好家风 吟诵传美德"六一文艺汇演
八　月	建军节	拥军爱军	1. 了解军人 2. 学唱军歌 3. 开展"少年军校"活动
十　月	国庆节	祝福祖国,放飞梦想	1. 听红色教育讲座 2. 爱国歌曲合唱比赛
十一月	感恩节	学会感恩,学会做人	1. 开展"感恩有你"主题班会 2. 开展一次"感恩自然"的环保教育

② 重大事件纪念日课程的实施。为进一步丰富课堂资源,创新课堂教学形式,培养学生的感恩之情以及爱国主义情怀,我校把一些重大事件纪念日,像"雷锋在身边活动月""经典诵读月""科技节"、七一党的生日、十一国庆节等提炼为教育项目,这样不但继承好原有的教育作用,还要开拓出更宽更广的教育作用。

(二)"有氧节日"的评价准则

积极组织全校师生参加"有氧节日"各类活动,选拔优秀作品或节目参加各级相关比赛,在生活中对所学知识内容实践应用。

① 组织学生活动,包括社团中的相关活动,按新修订的教师评价中的规定执行。

② 在各项节日活动中,教师做好相关知识传授及活动组织工作,教导处不定时进行专项督察,对落实情况量化计分。对活动中取得的成绩按相关文件给予奖励。

四、推行"有氧之旅",落实研学旅行课程

"读万卷书,行万里路"强调行中去悟,实践中学,学以致用,这一人文精神贯穿古今。我校的"有氧之旅"课程,是课本内容的延伸,也是校园生活的补充,不但能拓展学生的视野,丰富学生的知识,而且可以拉近学生与自然、文化的距离,继而从多层面提升学生的创新精神、实践能力和独立自主能力;其目的是为了让学生接触社会和自然,在体验中学习和锻炼,重在全员参与、集体活动、走出校园、实践体验。

(一)以专题形式推进"有氧之旅"

① 拾翠、踏霜之旅:每个学期,我校在相应的季节都会有组织有计划地带领孩子们进行拾翠和踏霜之旅。孩子们以班级为单位,由相应的老师带着享受大自然赐予的珍贵礼物,以及进行各种集体活动。孩子们不但玩得开心,而且也学到了很多校园内学不到的知识,真正做到玩中学、学中玩。

② 敬老爱老之旅:重阳节是中华民族的传统节日,又名老人节。为了落实学校的传统文化课程,亦为了培养学生敬老爱老的感恩之心,我校结合周边资源,由

老师们带领一批批"小志愿者"去离校不远处的敬老院进行关爱老人、慰问老人之旅。

③ 红色之旅：少年兴则国兴, 少年强则国强。我们所培养的是共产主义接班人。学生们应该接过长征精神的光辉旗帜, 适应时代发展的要求, 锐意进取, 自强不息。我校的"红色之旅"主要是以学习中国革命史为目的, 以旅游为手段, 学习和旅游互为表里, 营造出自我启发的教育氛围, 达到"游中学、学中游", 寓教于游、润心无声的境界。我校结合周边地理资源, 每年安排学生依次参观南昌八一起义纪念馆、方志敏纪念馆、江西革命纪念堂、江西省博物馆、南昌八一广场。

(二)"有氧之旅"的评价要求

"有氧之旅"研学旅行中, 着重评价孩子们注意力、纪律性、文明意识和团队意识。

① 学生结合自己在研学旅行中的表现和评价标准, 用一张统一的表给自己的表现评分。

② 老师汇集个人、小组意见再结合被评分小组的综合情况进行总评, 完成学生的研学旅行的学期评定。

③ 老师和学生共同完成"有氧之旅"心得。

④ 对"有氧之旅"评价进行登记, 登入学生素质评价手册。

五、建设"有氧社团", 落实兴趣爱好课程

(一)"有氧社团"的建设

为了让学生的素质得到全方面的提高, 我校根据本校师资结构, 挖掘教师的特长, 通过对学生的兴趣爱好的摸底, 从原有的体艺类 6 个兴趣班增至囊括体育类、艺术类、科技类等 13 支社团。"有氧社团"设置见表 5-6。

① 以"精灵舞社、百灵鸟合唱团"为核心的音乐欣赏特色。在音乐教学中, 把识谱、唱歌、乐器演奏、欣赏、舞蹈律动等熔于一炉, 改善了音乐课堂教学结构, 使歌曲与形体结合, 声乐与器乐结合, 促使学生手、耳、脑并用, 增强节奏感, 发挥了小学音乐教学的合力作用。我们还在音乐教学的基础上, 成立了舞蹈社团、合唱社团, 加大力度进行训练。

表 5-6   南林小学"有氧社团"设置表

社 团 类 型	社 团 名 称	实 施 方 式
语言类	林之声文学社	学生根据个人兴趣,自主选择一至两个社团,向班主任提出申请。社团辅导老师根据社团规模和学生特点进行综合考查,成立学生社团组织训练,完成社团课程。
	I秀邦	
	博雅学堂	
体艺类	乒羽社团	
	篮球社	
	精灵舞社	
	丝音袅袅	
	七彩书画	
	百灵鸟合唱团	
	手工编织社团	
科学类	科普社团	
	鲲鹏航模队	
	头奥社团	

② 以"乒羽社团、篮球社"为形式的体育健康特色。学校以健康、乐学、宽容、博爱为培养目标,把培养具有健美体魄、健全人格的小学生作为首要目标。学校坚持每月组织班级间体育联赛,将各种适合小学生的体育活动有机地整合到联赛中。由体育专业出身的教师负责组织训练,成立乒羽社团、篮球社团等,选拔学生参加区小学生运动会及体育各项赛事。

③ 以"七彩书画"为载体的美学教育特色。学校成立书画社团小组,分为书法、绘画、手工制作等项目。每周由几位专长类老师为学生授课。平时抓全面,发现典型,推荐参加各级各类比赛。

④ 以"手工编织社团"为媒介传承民间艺术的教学特色。学校注重民族艺术的传承,特别是在十字绣编织上进行了重点的突破。学校汇集了几名有此专长的女教师,在一至六年级挑选心灵手巧、有兴趣的学生参加,逐步培养学生动手编织能力,让学生感受到祖国传统民间艺术的魅力。

⑤ 以校园"科普社团、头奥社团"为基地的科学教育特色。我校充分结合本校自身特点创立"科普社团",以此来促进学校的科普教育工作,推动校园科技文化活动的全面开展,培养学生"敢于探索、勇于创新"的科学精神。

(二)"有氧社团"的管理与评价

"有氧社团"实行"六定"的管理办法,确保社团质量,加强有氧特色教育。

定内容:各组要按照学校的统一安排,结合本组实际,依据教师特长与学生特点在规定范围内确定社团的名称及内容。

定学生:各组学生可在班主任的指导下自己选择参加一项活动,班主任组织报名,确定人员,落实人数。

定时间:全校各个社团建立以后,每周要组织学生按时参加活动,辅导教师要保证充分的辅导时间,做到不迟到、不早退、不随便旷课。

定地点:各有关部门要负责协调好各社团的活动场所,要尽力排除外界干扰,保持清静的学习与辅导环境。

定指导教师:每个教师要结合自己的特长,充分发挥自己的优势,必须辅导好一个小组的课外活动,每个辅导教师辅导的社团在一个学年里不变化(除其他特殊原因被调整工作以外),要充分做好年度的辅导计划和安排,保证辅导质量。

定目标:辅导教师要认真分析学生实情,根据辅导项目及特点,确定本组辅导目标,学期结束,辅导教师要汇报辅导成果,在学年终了按此目标进行评估。

六、做活"有氧整合",落实"有氧主题"课程

我校根据学校地处农村的背景和自然资源、文化底蕴等方面的优势,结合我校的校园文化为特点,以及学生的兴趣和需要,做活"有氧整合",自主开发适合我校的"有氧主题"专题教育课程。

(一)课程设置与实施

为了让孩子们能自由快乐地成长,根据我校办学理念,结合周边的自然资源以及文化底蕴我们设置了专题教育。"有氧主题"课程设置见表5-7。

表5-7　南林小学"有氧主题"课程设置表

主　　题	实施对象	课　程　内　容
蔬菜秘密我知道	中低段	陶泥制作 剪贴画 绘本分享 我是小菜农
	高　段	蔬菜成长的秘密 蔬菜知识小报 食物之间的相克与相宜 种植能手
公共安全要注意	中低段	远离陌生人 安全知识知多少
	高　段	交通安全记心间 防溺水
我是礼仪小标兵	低年段	日常养成教育 我是小主人
我是文化传承人	全年级	吟诵经典 家乡讲解员
我是小诗人	全年级	写儿童诗 古诗吟诵

(二) 课程评价

　　整合课程中,我们立足于学校地域特色,借助周边丰富的自然资源,将它们作为课程资源进行整合,让孩子们在蓝天下,在青草地,放飞梦想。我们希望看到这样的愿景:教学站在儿童的立场上,基于任务驱动,让孩子以自然为课堂去探索,去发现问题,以自己的亲身体验去获得直接经验。整合课程的评价方式也从"跨学科教学目标的确定是否有可融性""教学任务的设计是否能检测任务的达成""教学情境的创设是否有利于学生知识能力的建构""教学设计是否低结构"四个维度出发。整合课程评价见表5-8。

表 5-8 南林小学整合课程评价表

评价项目		具 体 要 求	星级
目标		1. 学生通过体验活动获取自主探究、合作学习的能力,激发学习兴趣; 2. 教师以"四个维度"为抓手,重点关注价值塑造和能力培养; 3. 教师转变学生的学习方式,让他们学会学习、学会实践; 4. 学生通过对自然、社会和文化的认识,增强责任意识和使命感。	
内容		1. 准确把握教材,达成学习目标; 2. 丰富拓展学习资源,根据课堂实际高效生成; 3. 关注学生年龄特点和身心发展状况,根据学生的学习经验和认知水平,设计有儿童性和趣味性的课堂体验。	
过程	学生	1. 有主动性、参与面广,有团队合作意识; 2. 能发现问题、独立思考问题,并解决问题,有独立思辨能力和解决问题的能力; 3. 为解决问题积极进行探究,形成独到见解,有沟通协调能力; 4. 有创新意识,善于创造性地解决问题。	
	教师	1. 能创设贴近学生生活经验的、生动的问题情境; 2. 能给学生一个独立探索的空间和多元化信息渠道; 3. 具有驾驭整合课程的能力; 4. 能指导学生制定科学合理的活动计划,并成为学生实践过程中的合作伙伴; 5. 能对学生的学习效果进行合理的评价。	
效果		1. 老师能较好地完成教学目标; 2. 学生有独立学习与思考的习惯; 3. 学生能理解同伴的思路并积极交流,在知识和方法上都有相应的收获; 4. 学生学习积极主动,能体验到成功的喜悦; 5. 学生通过作品展示、汇报演出、竞赛等形式展示成果。	
总评			
备注			

　　总之,学生、家长、社区以及学校在"有氧教育"的理念上达成共识,并以此作为指导,优化课程结构,充分利用学校和地方的课程资源,进一步调动学校自主开发课程和自主管理课程的积极性,逐步形成适应地方、学校和学生的特殊需要的,体现学校办学特色的学校课程体系。

第六章

课程评价：在地文化的价值牵引

课程评价价值多元、主体多个、内容多维、手段多样，学校课程评价应关注过程取向，强调评价的过程性、真实性以及情境性，重视情境性评价，不同情境要用不同的评价方法，评价要超越封闭的框架走向开放。每所学校以自己的课程评价语言解释其在地文化在课程实施过程中的重要意义，将独特的在地文化与学生具身性体验有机融合，扩展和放大认知的效果。课程评价自觉地寻找与学校在地文化的相通之道，形成基于在地文化价值牵引的独特课程评价。

　　课程评价过程实质上是一个确定课程与教学计划实际达到教育目标的程度的过程。课程评价具有发展性功能,既要重视学生解决问题的结论,也要重视其得出结论的过程,重视对学生学习潜能的评价,立足于促进学生的学习和充分发展,为"适合学生的教育"创造有利的支撑环境。

　　课程评价受在地文化的价值牵引。学生的认知过程是身体、环境与心理融为一体的过程,是适应环境的一种活动,强调互动共生的历程和生命意义的追求。南昌市滕洲小学"沉养式课程",提出了"沉根自养,花开群美"的办学理念,将课程评价深植于学校周边那眼无边的荷田,全校师生漫步荷塘,零距离地置身学校在地文化之中,与之水乳交融,独特的感悟和体验成为了课程评价的特色创意。独特的在地文化与学生具身性体验有机融合,学生利用环境并且与之相配合,从而扩展和放大认知的效果。课程评价中需充分考虑学生与环境之间的互动,找到其合身属性。在地文化的价值牵引的评价要区别于形成性评价,突出过程性评价的激励作用,不断地促进学生与在地文化的交融发展,体现在地文化育人的核心价值。一方面要确定符合课程目标的内容、方法的评价指标体系,使课程教学有据可依;另一方面要完善诊断性评价的方法体系,让在地文化的价值具有生命活力地渗透教学活动的各个环节、各个方面。建构教师在地文化素质的评价指标,让教师的发展在教育改革中先行一步,使教育者首先受教育,提高应对能力,提高内在的生存价值。区分评价是在地文化育人的本质要求,教育的目的是让受教育者的情感、认知和能力的状态改变,要形成良好的评价氛围,致力于激励评价,增加被评价者的成就感,促进课程教学的良性发展、可持续发展。

➡ 在地文化
映日荷花别样红

　　学校地处扬子洲镇滕洲村,学校周边遍布荷田,"接天莲叶无穷碧,映日荷花别样红"。荷的沉养精神正是我们要教给学生的品质。荷是中国文化中的一朵奇葩。荷花是国人喜爱的名花之一,有"花中君子"之誉。古往今来的文人墨客写荷、赞荷、咏荷、画荷,尤为爱荷,留下了浩如烟海的诗书画文,其中有很多千古绝唱、无价墨宝,形成了源远流长的荷文化。荷花不仅有情有义,有色有香,更难能可贵的是它还有节操。荷花是圣洁、和平、吉祥的象征,那高雅风韵令人折服。荷品位高洁,含义隽永,以超凡脱俗的气质,令世人珍惜传承。

➡ 课程图谱
南昌市滕洲小学: 沉养式课程

　　沧桑滕王阁畔,沉淀着厚重的汉唐风韵;悠悠赣江流水,涤荡着灿烂的现代文明。人杰地灵的赣鄱大地,孕育了一颗教育明珠——南昌市东湖区滕洲小学。南昌市东湖区滕洲小学坐落在美丽的赣江之滨扬子洲镇滕洲村,创建于 1962 年,50余年的奋斗与追求,50 余年的光荣与梦想,50 余年老校的厚重历史与现代教育的崭新理念完美融合,学校文化呈现出多元化发展,形成了独特的育人特色。学校基础设施完善,环境整洁雅致,文明向上之风浓郁,学校先后有 70 多名学生在体育、美术、音乐、舞蹈、习作各类活动中获得省、市、区级奖励。南昌市东湖区滕洲小学全体师生将与时俱进,锐意进取,在全面推进素质教育、均衡教育发展的道路上,再创辉煌!

第一节　沉根自养，花开群美

一、学校教育哲学: 沉养教育

学校周边遍布荷田，为此，学校提出了"沉养教育"的教育哲学。"沉根自养"，实际是荷之生存状态，寓荷为人格化身，强调师生的心性修养。荷深深静植于泥中，寓意着师生不苟且、不浮躁，扎根学校、沉心事业及学业的生活状态；"沉根自养"，还有静水流深的意境，寓意着校园里生意盎然、蓄势待发的勃勃生机；"自养"，倡导个性自主，成长自觉。"沉根自养，花开群美"，是儿童沉根自养的过程，也是教师静待花开的过程。教育是一种慢的艺术。慢，需要平和；慢，需要细致；慢，需要耐性。

我们的教育信条

我们坚信，

每一位学生都是一朵荷花；

我们坚信，

教育能够发现每一个孩子的优势；

我们坚信，

每一位学生都会开出独特的那朵荷花；

我们坚信，

沉根自养，花开群美是学校最绚丽的图景；

我们坚信，

彰显每一个孩子的优势是教育最动人的气质。

在"沉养教育"的学校教育哲学基础上，学校提出了"沉根自养，花开群美"的办学理念。沉根自养，是学生的沉养状态，不马虎，沉心学业；沉根自养，是教师的沉养状态，不浮躁，扎根事业；沉根自养，是学校的沉养状态，不苟且，发展教育；等到花开，那将是放眼花开，花开群美。

二、学校课程理念: 给孩子们带得走的能力

悉心编制课程,倡导个性自主,学生、教师成长自觉。在静养中学到能力,并成为学生永久的能力。为此,基于学校教育哲学与办学理念,我们提出了"给孩子们带得走的能力"的课程理念,并确立了"沉养式课程"的课程模式。"沉养式课程"寓荷深深静植于泥中,寓意着师生不苟且、不浮躁,扎根学校、沉心事业及学业。

第二节　每一位儿童都是一朵荷花

每一位儿童都是一朵荷花,一朵出于淤泥却不苟且、不浮躁的荷花,一朵蓄势待发、成长自觉的荷花,一朵凝练心性修养、飘逸隽永的荷花。根据新时代发展对未来人才培养的需要,按照国家基础教育的基本要求和当代中国学生核心素养的发展框架,结合学校的教育哲学,以培养全面发展的学生为宗旨,学校提出自己的育人目标,并指定相应的课程目标。

一、学校育人目标

学校的育人目标是培养"品洁、基强、体健、趣广、灵美、行创"的新时代滕小新人。

品洁:崇德尚礼,自立自强

基强:知识广博,乐学善思

体健:身心健康,自信乐观

趣广:才艺丰盈,情趣高雅

灵美:热爱生活,审美至美

行创:勤于实践,敢于创新

二、课程目标

我们将"品洁、基强、体健、趣广、灵美、行创"的育人目标进行了细化,形成了低、中、高年段的分年段课程目标。学校课程目标见表 6-1。

表6-1　滕洲小学"沉养式课程"目标表

	低 年 段	中 年 段	高 年 段
品洁	热爱祖国、热爱家乡、热爱学校、热爱班集体。尊敬师长、礼貌待人;团结同学、与同学友好相处。具有集体荣誉感、爱护公物、遵守校规校纪、勤奋学习、努力上进,积极参与劳动,自己能做的事自己做。	知晓基本的文明行为标准,具备社会公德,遵守公共秩序,不乱吐乱扔、不乱涂乱画、维护环境卫生,有节约环保意识。尊敬、关心长辈,见面主动问候。积极参与班级活动,争做班级小主人。	认识自我,悦纳自我。遵守社会公德和文明行为习惯,做事有毅力,自立自强,懂得帮助别人,逐步成为有理想、有道德、有文化、有纪律的社会主义公民。
基强	有安全意识、遵守交通法规,有时间观念,对学习有兴趣,按时完成学习任务,养成基本的学习习惯。能提出问题并认真思考。	爱学习,爱思考,主动积极,养成良好的听说读写的学习习惯,遇到困难不畏惧,勇于尝试解决困难,努力上进。能发现问题,并通过各种方法解决问题。	积极参加各项实践体验活动,具有探索精神,善于思考,具有浓厚的学习兴趣,形成积极主动的学习态度,能运用所学知识,提高解决问题的能力。
体健	爱运动、爱锻炼。养成良好的锻炼习惯,积极参加学校组织的各项体育活动,增强体质,感受到体育运动的活力及魅力,给自己带来快乐,促进成长。	坚持运动、坚持锻炼。掌握基本体育技能,与人共同参与体育活动中,团结协作、认真倾听;有不理解的地方能向人虚心请教,共同探讨。	激励学生积极进行体育锻炼,积极参与体育团体活动,准确了解自己体质健康状况,动作协调。体质健康测试达标,掌握3项体育运动技能,培养团结拼搏精神,收获快乐和信心。
趣广	拥有多方面的知识和兴趣,向往美好的事物,培养自己广泛的兴趣。	阅读多方面、多学科的书籍,积极培养广泛兴趣,充实精神世界。	开拓思维,培养良好且广泛的兴趣,涉猎多方面的学问。
灵美	培养审美情感、启迪美的心灵。培养浓厚的艺术活动兴趣,增强参与意识,感受艺术活动带来的快乐和成就感。	感受艺术魅力、提高艺术修养、欣赏名家作品、体味经典,提高欣赏美、鉴赏美的能力。	提高鉴赏能力、提高艺术综合素养,提高对艺术的热爱之情。
行创	具有创新意识、探索精神。积极参加各项实践创新活动,拓展思维,增长生活经验,培养创新精神和创新能力。	勤思考、勤动手,在实践活动中,勇于创新,善于积累创新经验,提高综合实践能力。	善于探索、善于发现问题、分析问题,提高独立解决问题的能力,提高思辨能力及探究能力,感受创新实践活动的快乐和收获。

第三节　给孩子们带得走的能力

一、课程逻辑

　　学校基于"沉养教育"的教育哲学以及学校课程目标,设置了"沉养式课程"体系,包括"荷语课程"(语言与交流)、"荷智课程"(思维与逻辑)、"荷健课程"(体育与健康)、"荷美课程"(艺术与审美)、"荷创课程"(科学与探索)、"荷品课程"(自我与社会)六大类课程,给孩子带得走的能力。学校课程逻辑见图 6-1。

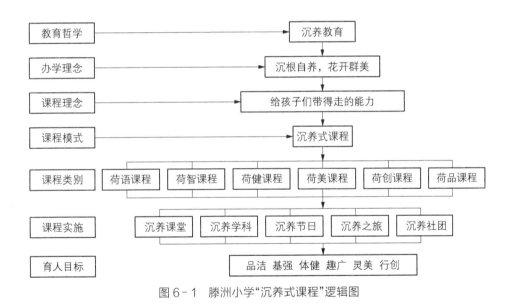

图 6-1　滕洲小学"沉养式课程"逻辑图

二、课程结构

　　每个孩子都有自己的特点,有自己独特的需求,那么不同的学生要有不一样的课程来实现"沉根自养,静待花开"的发展目标。学校课程结构见图 6-2。

荷语课程：语言与交流

荷智课程：思维与逻辑

荷品课程：自我与社会

荷健课程：体育与健康

荷创课程：科学与探索

荷美课程：艺术与审美

图 6-2　滕洲小学"沉养式课程"结构示意图

三、课程设置

学校课程设置见表 6-2。

表 6-2　滕洲小学"沉养式课程"设置表

课程 年级		荷语课程 语言与交流	荷智课程 思维与逻辑	荷健课程 体育与健康	荷美课程 艺术与审美	荷创课程 科学与探索	荷品课程 自我与社会
一年级	上学期	趣味游戏拼 汉字碰碰碰 语言表演	珠心算 中国象棋 地球知多少	健康教育 跳绳达人 摇摆吧小荷叶	托盘艺术 小小荷画家	巧手纸花 研学总动员	课堂礼仪
	下学期	童诗诵读 读写绘 提前读写	百变七巧板 五子棋 电脑画画	少儿健美操 跳绳达人	T台秀 小小荷画家	贴画 小荷才露尖尖角	安全教育 集会礼仪

续　表

课程年级		荷语课程 语言与交流	荷智课程 思维与逻辑	荷健课程 体育与健康	荷美课程 艺术与审美	荷创课程 科学与探索	荷品课程 自我与社会
二年级	上学期	韵文诵读 字母乐园	趣味魔方 昆虫大地	花式篮球 飞行棋	树叶贴画	创意丝袜花	用餐礼仪 感恩教育
	下学期	拼音日记 呱呱小青蛙 绘本新编	数学日记	武林争霸 趣味体能	金话筒	植物种子的秘密	红色故事 快乐的节日
三年级	上学期	日记之旅	数独 扫雷世界	跳棋 乒乓球	形体表演 音乐馆	形体入门	互助教育
	下学期	小古文 英语角	数学魔术 神机妙算	军棋 田径	合唱艺术	插花	志愿服务
四年级	上学期	英文口语 单词串烧 课本剧社	思考力训练营	快乐呼啦圈 青蛙跳跳跳	合唱艺术 国画	航模	法治常识 国防教育
	下学期	百花文学社 英文歌谣 演讲与朗诵	数学游戏	围棋 快乐篮球	想象画 快乐音乐	机器人课程	生命教育 合作交往
五年级	上学期	英语诵读 课本剧场	电子编程	中国象棋 田径	舞蹈艺术	无线电	成长礼仪 节日课程
	下学期	口语秀 悦读与写作	数学与运用	围棋 足球	中国画入门	衍纸手工 头奥课程	民族精神教育
六年级	上学期	小小演说家 小导游	扑克魔术	乒乓球 田径	舞蹈 名画模仿秀	科学小实验	志愿服务
	下学期	英文课本剧 创意写作	数学与运用	灌篮高手	器乐社团 时装达人	机器人	社区手拉手

第四节　彰显每一位儿童的优势

彰显每一位儿童的优势,让儿童自信成长,是教育的追求。课程实施就是为学生创设成长快乐的过程,让教师享受教育幸福的历程,让学校彰显育人特色的进程。南昌市东湖区滕洲小学从"沉养课堂""沉养学科""沉养节日""沉养之旅""沉养社团"五方面入手践行"沉养式教育",秉承"给孩子们带得走的能力"的课程理念,实现"沉养式课程",见证"沉根自养,静待花开"。课程评价就是引领课程开发的启明星,把握六大类课程设计的风向标,支撑课程实施效果的"伞骨架"。课程的实施与评价体现了对课程理念的贯彻与执行,是一个行动的过程,是通过课程行动将课程的意识形态转化为老师和学生的行动,从而实现课程内在的意义。

一、开展"沉养课堂"研究,推进基础性课程的实施

(一)"沉养课堂"的内涵与关键要素

"沉养课堂"寓荷深深静植于泥中,寓意着师生不苟且、不浮躁,扎根学校、沉心事业及学业,从而达到"品洁、基强、体健、趣广、灵美、行创"。"沉"即静下心来,学会控制自己;"养"即学习知识,提高综合能力。

"沉养课堂"是质朴的课堂,明确而精要。明确地直指全面育人,让每一个孩子变得更优秀;简明聚焦问题,培养学科思想,发展综合素养,在质朴中求优质。

"沉养课堂"是生成的课堂。关注"生成",发挥学生的主体地位,满足学生探求知识的欲望;孕育"生成",展现课堂教学的真实性;创造"生成",表现素养自身养成的特点。

"沉养课堂"是"花开群美"的课堂。它是师生关系、生生关系的完美体现,是民主尊重的多元互动,是优势互补的和谐交往。在互动中相互沟通、相互补充、相互影响,从而形成"花开群美"的共荣状态。

(二)"沉养课堂"实施的操作要求

"沉养课堂"的教学目标: 厘定是科学的、指向是明晰的、描述是具体的、制定是适切的。

"沉养课堂"的教学内容丰富,基于教材,立足学科素养,立志将课程变得更丰富,学以致用。

"沉养课堂"的师生关系要体现人与人之间广泛而积极的互动,在互动中相互沟通、相互补充、相互影响,从而形成师生的共识、共享、共进,从而达到共生的关系。

"沉养课堂"的教学方法要体现: 课堂思路简明、教学环节简化、教学手段简便、课堂提问简要。"沉养课堂"要求体现学生对知识获取的渴望、有敏锐的问题意识、有参与交往合作的精神、有自我管理的能力。

(三)"沉养课堂"的评价标准

"沉养课堂"评价见表6-3。

表6-3 滕洲小学"沉养课堂"评价表

类　别	标　准　解　读	效　果
教学目标	1. 学习目标紧扣课标和学段要求,体现教材特点,切合学情,简单、明了。 2. 学习目标表述能将"三维目标"有机渗透融合,具体、明确,可操作、可检测,直指核心素养。	
教学内容	1. 主线清晰,重难点突出;结构合理,循序渐进。 2. 能够根据内容分配时间,单位时间效率高。 3. 课堂立足学科素养,教学内容丰富。	
教学方法	1. 将课堂自主权还给学生,倡导个性化、多样化学习,使用自主自学,合作探究,多元互动,和谐共生的多种学习方式。 2. 切实贯彻"以学定教"原则,最大限度地了解学生学习中遇到的问题,并对问题进行梳理归纳,聚焦问题。 3. 教师善于引导、鼓励学生质疑,培养学生的质疑能力。学生在课堂中敢于质疑,并表现出一定的质疑能力。 4. 学习目标问题化,以明确的学习任务作为启动和组织学生学习活动的操作把手,激发学生探究新知的热情。	

续　表

类　别	标　准　解　读	效　果
教学文化	1. 用问题引领、指导学生探究,学生自主探究时间充分。 2. 教师参与学生探究活动,能兼顾到各个层面的学生。 3. 学生参与展示交流时,态度积极,参与面广,参与度深。 4. 学生在自学和展示的过程中,体现合作、探究、实践、质疑等学习方式;学生能够恰当评价;教师进行适时引导,关注有效生成,问题获得解决。	
师生关系	1. 教师努力营造探究学习的条件:激发学生探究的欲望,设计发散性和探究性的问题,留足探究问题的空间,要给学生足够的自主学习时间和互动交流时间。 2. 在目标的达成程度及实现的方式方法上,尽可能照顾到学生的个性差异,尊重学生的心理需求,促使其能进行知识意义的主动建构。 3. 根据学生学习方式创设恰当的问题情境,鼓励学生有效参与教学过程;指导学生灵活运用各种行之有效的学习方法,体验学习过程。	

二、"沉养学科"的建设路径

(一)"沉养学科"课程群建设

"1+X"学科课程群建设。"1"指的是一门基础性课程,"X"指的是教师围绕基础课程自主开发的基于儿童需求,指向核心素养,突出学科特点的多门延伸课程。打造"沉养学科"的"1+X"课程群,我校从两方面入手:一方面通过挖掘学科内部或学科之间的逻辑来构建专业的学科课程群;另一方面充分利用地域特色来渗透多门学科。各学科基于特色追求,教师根据对学科的独特理解、独特优势、独特资源,开发课程、汇聚课程群、打造特色课程群。

(二)"沉养学科"的评价要求

我们根据"沉养学科"的意涵,依据以下评价标准,在全校范围内评选"沉养学科"。

① 学科理念独特。学科理念引领课程建设,树立独特的学科理念,有利于形

成学科特色,这也是"沉养学科"的核心所在。

② 学科方案新颖。学科建设方案是"沉养学科"建设的路径和保障。合理、新颖的学科方案设计,应体现明确的办学方向,凸显独特的办学特色,能充分利用优质的办学资源展现学科特色,让"沉养学科"溢彩。

③ 学科目标精准。精准定位教学目标,合理设计,适合学生学习,能有效将教学目标转化为学生的探究问题,全面丰富课堂活动,凸显"沉养课堂"建设的实施成效。

④ 课程内容多元。多元、发散的课程内容满足学生的学习兴趣,充实学生的学习生活,丰富学生的学习体验。课程内容应适应不同学生的学习基础,创造性地运用教材开展学习活动,赋予"沉养学科"之内涵。

⑤ 教学方法多样。激发学生学习的主动性是实现有效教学的重要途径。多样的教学方法给予学生不同的感官体验,营造良好的师生互动氛围。关注学生学习能力和态度的培养,提供学生自主发展、自主学习和自主反思的机会,让"沉养学科"独具魅力。

⑥ 学科教研高效。教科研推动课程的发展,提升学校办学质量。以研促教,彰显学科品质,让教学教研成为"沉养学科"的中坚力量。

三、以主题活动为主要形式,进行"沉养节日"课程实施

(一)"沉养节日"课程实施

为浓郁校园文化,我校以"传统节日课程""现代节日课程"及"校园节日课程"为互动主题,努力营建校园文化课程。传统的节日具有丰富的和谐文化内涵,民族的文化精神通过课程系统的传递,使传统的文化变得可感可触、生动形象。我们以节日课程为依托,通过体验节日文化习俗,开展"精神寻根"。现代节日包含着人们对美好生活的寄托和希望,我们开展"现代节日课程"引导学生关注生活,增强生活仪式感。校园节日以学生的校园生活为依托,主要包括安全消防日、爱牙日、学雷锋纪念日等。由学生自主设计的校园文化课程,充满了仪式感,增强了学生的责任心和参与度。

(二)"沉养节日"的评价要求

"沉养节日"评价见表6-4。

表6-4　滕洲小学"沉养节日"评价表

评价指标	评　价　内　容	评价分值
主题	1. 目标突出,主题明确,寓意深远。 2. 主题活动与实际相结合,弘扬积极生活态度,传承文明理念。 3. 紧跟时事,有效开展主题活动。	
目标	1. 通过对节日的深入挖掘,丰富学生精神文化生活,提升学生的品德素养,激发他们热爱生活的情感。 2. 丰富学生学习内容,充实校本课程开发。 3. 搭建平台和空间,提升学生自我学习、自我保护、自我管理能力。	
内容	1. 结合主题,贴近生活,尊重学生身心发展需求。 2. 重点突出,目的明确,弘扬节日教育价值。 3. 形式新颖,内容丰富,帮助学生形成正确价值观。	
实施	1. 优化教育环境,注重节日教育的隐性渗透,突出节日教育活动的氛围。 2. 分析学情,选题切合学生实际,因材施教,注重学生实践能力。 3. 学习要点简单明确,有针对性,有时效性。 4. 课堂教学生动活泼,兼具情境性、知识性和趣味性。 5. 合理设计,呈现方式创新,可操作性强。 6. 细化活动内容,根据学生需求有选择地开展活动。 7. 加强师生互动,充分体现学生主体、教师主导的活动理念。 8. 体现拓展性、开放性,留有学生思考的空间。	
方式	1. 形式多样,为学生提供展示自我的平台。 2. 尊重学生,注重学生的感受和体验,鼓励积极参与。 3. 注重引导学生合作互动,尊重个体差异性。 4. 学校、社会、家庭三位一体,互相配合,提升活动品质。	

四、以"沉养之旅"着力落实研学旅行课程

(一)"沉养之旅"的实施

《中小学综合实践活动课程指导纲要》中明确指出"研学旅行课程"是基础教育课程体系的重要组成部分。"知在学堂,行在路上",最好的学习在路上。作为活动课程,"沉养之旅"首先强调其过程性、体验性和开放性。"沉养之旅"主要方式包括

研学实践、社会服务、设计制作、职业体验等，并且根据内容、出行时间、路线、年级与人数做可行性论证，在不断的总结中找到最适合本校校情的实施路径，使学生通过"沉养之旅"更有效地获取知识、提高实践水平、体验和升华情感。

(二)"沉养之旅"的评价要求

南昌市东湖区滕洲小学的"沉养之旅"课程要做到"学"之扎实，"研"之尽兴，"旅"之有获，"行"之成长。

① 系统的课程设计。设计完善的研学旅行课程。研学旅行的落脚点应该在于"学"，而"旅"是形式，是服务于"学"的。因此，每次的研学旅行应有明确的研学目标、研学内容、评价方式，而不仅仅是简单的游玩。研学旅行课程应该更多地体现出实践性和创新性。

② 充分的课程实施准备。做好实施准备，是提高研学旅行课程教学效果效率的需要，是研学旅行课程中培养学生良好学习习惯的需要，是促进研学旅行课程教师专业成长的需要。

③ 精致的课程实施安排。精致的课程实施安排有利于研学旅行课程内容的深度有效学习，有利于多种学习方法的内化。

④ 丰富的课程实施体验。研学旅行课程中丰富的体验是学生们最真实的学习，学生在最真实的场景中留下独特、美好的感受，从而获得多方面的成长。

⑤ 足够的安全保障。在实施研学旅行计划时，一定要做好安全方案和应急预案，以确保课程的顺利进行。

五、丰富"沉养社团"，全面优化兴趣特长课程

(一)"沉养社团"的实施

根据学生在"品洁、基强、体健、趣广、灵美、行创"六方面全面地、健康地发展的需要，学校开设"沉养社团"课程。"沉养社团"课程以培养学生的核心素养为依托，以"给孩子们带得走的能力"为理念，开展多彩的社团课程，丰富校园文化，充分挖掘学生的兴趣特长，促进学生的身心健康，让学生在参与的过程中体验到社团活动的魅力和收获成功的喜悦。

（二）"沉养社团"的评价要求

"沉养社团"评价见表6-5。

表6-5　滕洲小学"沉养社团"评价表

项　目	"沉养社团"指标	评估方式
社团管理	1. 成立社团管理领导小组，社团活动计划周密、详实，具有可操作性。 2. 社团工作制度化、规范化，有评比考核细则。 3. 建立科学的社团成员选拔、培养、考核体系。	实地查看 材料核实 师生座谈 成果考核 活动展示
活动开展	1. 制定活动安全应急预案，保障活动安全顺利进行。 2. 指导教师认真负责，文明有序、切实有效地开展社团活动。 3. 充分调动学生在社团活动中的主体性和创造性，让学生在活动中学有所获，带动社团的全面发展。	
实施效果	1. 定期开展社团活动，组织有序、内容丰富、形式多样。 2. 社团活动能满足学生的兴趣发展需求，培养学生的创新和实践能力。 3. 社团活动主题鲜明，文化建设取得良好的效果。	

　　总之，我们的"沉养式课程"将全面贯彻"沉养式教育"的教育哲学，实现"给孩子们带得走的能力"的课程理念，并已经融入课程建设的方方面面。我们坚持以学生的发展为本，深入实施素质教育，优化课程结构，充分利用学校和社会的课程资源，调动师生积极性，做活特色教育体系。"沉养式教育"已启幕，"沉养式课程"的蓝图已描绘，"给孩子们带得走的能力"的征程已深入实践。在"沉养式教育"的影响下，一批批"品洁、基强、体健、趣广、灵美、行创"的学子正在茁壮成长！

第七章

课程管理：在地文化的应然关注

课程管理是制定合适的、具有一定挑战性的目标，并将目标和措施、资源等进行匹配的过程。挖掘课程内涵、深化课程实践，加强课程管理是在地文化的应然关注。课程管理的本质是激发和释放在地文化背景中的人们，用善性和潜能去发挥他们的最大价值，指挥在地文化中的他人用最好的办法去工作。好的课程管理把每一个细节融入在地文化的灵魂深处，并为课程提供思考途径和实践借鉴。

　　课程管理"面向实践、来自实践、为了实践",需关注学校现实的管理问题和管理行为。学校是所有课程的出发点和最终归宿,是课程实践的发生之地,挖掘课程内涵、深化课程实践,加强课程管理是在地文化的应然关注。在地文化的个体性与独特性,有利于张扬课程管理过程的个性化意义和对价值创造性的追求。把握在地文化的普遍规律,也就把握了一个活生生的世界。

　　思想统一是根本,组织建设是保障,建章立制是关键。课程管理应为学校课程实施和开发提供价值规范和行为目标导引。课程管理是所有理论思辨和逻辑实证的源泉,课程评价中应充分考虑:课程本身给予学生的东西,教师事实上所做的事情以及将要达到的目的。这三个因素逻辑上的共识和一致性,正是课程创生之源泉。南昌市红星小学的"大自然课程"秉持"让学习像呼吸一样自然"的课程理念,面对学校在地文化,师生们在面向课程、张扬个性、动态发展的过程中,在积极体验和充分感悟中自由生长。课程管理既要因势利导,也要在思想统一上下功夫;要强化组织领导,各级都有责任、各级都有任务,人人成为课程建设、课程开展的主人;正规、法规化课程教学是成效的关键所在,让制度机制在保证顺畅运行、保证成效落实的同时激发师生的强大凝聚力、创造力。

➡ 在地文化
绿地鱼的尾巴

　　南昌市红星小学是东湖区一所边远农村小学,其前身是莘洲小学,学校环境幽雅,地处南昌市扬子洲中心公路边,坐落于扬子洲东郊,与南昌县南新乡相邻。远离城市的喧嚣,学校置身大自然中,和绿树一同葱茏,与花朵相约绽放,平如镜的水面在这里静养,芬芳的果菜在这里休憩,静谧的丛林在这里吮吸,高飞的鸟儿在这里遨游,湛蓝的天空深情地挽着白云看着这自然净化的大地,淳朴的地域特色夹杂着现代气息，低调而朴实。如果说扬子洲是赣江南北分支冲刷成的一条绿地鱼的话，那红星小学就是那鱼的尾巴，多年来沉寂着，与稻田为邻，与蔬菜为伴。如今，鱼的尾巴活泼翻动，溅起美丽的水花，在阳光下闪烁着新田园红星光芒。扬子洲上，红星闪闪。当教育与文化、历史在这片土地上相遇，这所与共和国同龄的学校，必将光芒闪耀。

➡ 课程图谱
南昌市红星小学大自然课程

　　南昌市东湖区红星小学是东湖区一所边远农村小学，其前身是莘洲小学，创建于 1949 年，学校地处南昌市扬子洲中心公路边，坐落于扬子洲东郊，与南昌县南新乡相邻，接收四个行政村适龄儿童入学。学校环境幽雅，校园建设不断提升，教学设施日趋完善，配备有电脑房、图书室、仪器室、实验室、多媒体教室以及气象站，这对学校实施现代化教学、实现网络远程教学、推进实施素质教育和课程改革起到了重要作用。学校在不断的历史变革中，积淀形成了"以生为本，立德树人"的学校文化，这成为了红星小学师生努力奋进的内驱力，为学校课程改革和内涵发展奠定了文化基础。

第一节　在这里，享受自然与美好

　　扬子洲上，红星闪闪，在这里，可以尽享自然与美好。

一、学校教育哲学：新田园教育

　　如果说，教育是一片田野，学校就是一片田园，新田园课程提供的是有思想、有情怀、有活力的教育，在孩子的基因里种下博爱、活泼与热情的"种子"。因而，"新田园教育"是芬芳教育，是向阳教育，是自然教育，是根土教育。在这里，孩子们可以自由享受自然与美好。

芬芳教育,即每一个孩子都是花,芬芳扑鼻。

向阳教育,即每一个孩子都是种子,向阳成长。

自然教育,即每一个孩子都是独特的,自然生长。

根土教育,即每一个孩子都是有根的,铭记历史。

"新田园教育"有着这样一种憧憬——让儿童有田野般的宽广,有田园般的怡然,有田间般的欢快,让孩子们在这美好的大自然自由呼吸,冲破城乡的断裂,由此走向诗意和生机勃勃。基于学校的教育哲学,我校提出了"在这里,享受自然与美好"的办学理念。我们深刻地体悟到:"学习必须亲身去体验,亲身去感受,亲身去倾听,亲身去品尝。"因此,在"大自然课程"这个学习主题中,我们不厌其烦地引领学生深入大自然,为的就是学生能衷心地喜爱大自然,愿意接近大自然,成为德智体美劳全面发展的学生。

我们的教育信条

每一个孩子都是花朵,芬芳扑鼻;

每一个孩子都是种子,向阳生长;

每一个孩子都是独立的,自然生长;

每一个孩子都是有根的,铭记历史;

让我们,在这里,享受自然与美好;

让我们,在这里,使学习像呼吸一样自然。

二、课程理念: 让学习像呼吸一样自然

基于学校教育哲学和办学理念,我校确立如下课程理念: 让学习像呼吸一样自然。

课程即清新自然。在"大自然课程"的引领下,孩子们回归自然、融入自然,在自然与美好中自由呼吸。孩子们的头脑、双手、身体,尽情沐浴在清新的课程之中。学习,成为孩子们的最爱,它自然而然地发生,每一个孩子尽享清新教育之美。

课程即微妙体验。内涵丰富的课程,不仅让孩子们掌握相关知识,也使孩子们

在积极体验和充分感悟的过程中,丰富内心世界,发现自身优势。微妙而丰富的课程体验,培养孩子们科学的人生观、价值观和良好的意志品质,形成健康进取的生活态度以及对他人、对社会的责任感。

　　课程即潜能开发。每一个孩子都拥有非凡的天赋,发掘孩子们的内在潜能,唤醒其生命源动力,让学习融入孩子们的生命。勤奋,是潜能的密码。积累、沉淀,孩子们用持续的行动精进,不断突破,抵达自在、丰盈,能够自主掌控的课程自觉。

　　课程即适性生长。基于农村孩子,着眼孩子们的成长,适应每个孩子个性需要、自主选择、个体独特发展,让每一个孩子在适性课程中得到滋养,自能生长。让孩子们喜迎绚丽的朝霞,肩背神奇的书包,哼唱幸福的歌谣,开启求知的旅程,遨游课程的田园。

　　基于学校的课程理念和学校已有的课程实践,我们确定了"大自然课程"的课程模式。"大自然课程"回归了新农村教育的本真,是真正属于新农村儿童的素质教育,它让新农村教育散发出崭新的泥土芬芳。

第二节　每个孩子都是大自然的一员

　　每个孩子都是大自然的一员,孩子们深入大自然,亲身去体验、感受、倾听、品尝,孩子们是大自然中的花朵、种子。孩子们与大自然融为一体,愿意接近大自然,喜爱大自然,成为德智体美劳全面发展的学生。根据新时代发展对未来人才培养的需要,按照国家基础教育的基本要求和当代中国学生核心素养的发展框架,结合学校的教育哲学,以培养全面发展的学生为宗旨,学校提出自己的育人目标,确定相应的课程目标。

一、育人目标

　　我校培养"爱家乡,有情怀;勤学习,有智慧;广兴趣,有情趣;爱运动,有体魄"的少年儿童。

二、课程目标

培养目标是通过课程目标去达成的。为了实现培养目标,我校从"爱家乡,有情怀;勤学习,有智慧;广兴趣,有情趣;爱运动,有体魄"之育人目标,按不同的年段将"大自然课程"的培养目标进行细化确立我校课程目标。学校课程目标见表7－1。

表7－1　红星小学"大自然课程"目标表

	低　年　段	中　年　段	高　年　段
爱家乡,有情怀	1. 了解家乡的风土人情。 2. 懂礼貌,尊敬老师、孝敬父母、长辈,团结同学;喜欢班集体,愿意为集体服务;热爱校园环境,讲究卫生,爱护公物;遵守学校纪律,听从老师的教导;勤奋学习,自己的事情自己做。	1. 培养热爱家乡的情感。 2. 树立环保意识,能积极参加劳动,勤俭节约、不攀比;懂得尊重老师,孝敬长辈,能和谐、融洽地与人相处;拥有良好的意志品格和活泼开朗的性格。	1. 给家乡发展提建议,描绘蓝图。 2. 能够帮助别人,愿意为集体服务;为成为有理想、有道德、有文化、有纪律的社会主义公民,打下初步的基础。
勤学习,有智慧	1. 乐于动脑,基本养成听说读写的良好习惯。 2. 培养勤复习、早预习的学习习惯。 3. 热爱生活,敢于从日常生活中发现问题,提出问题,并能尝试探究问题的答案。	1. 培养浓厚的学习兴趣,进一步养成听说读写的好习惯,能注重联系实际。 2. 热爱生活,能对自然现象和生活中的现象提出疑问,并能尝试独立探究问题的答案,能独立思考,能表达自己的感受,有自己解决问题的方法与策略。	1. 激发自主学习的内在动力,让学习自然而然地发生。 2. 培养刻苦学习的优良品质,勇敢面对困难,形成不断创新、开拓进取的良好素质。 3. 培养自主学习能力,勤学善思。

续 表

	低 年 段	中 年 段	高 年 段
广兴趣, 有情趣	开展丰富的听说读写活动, 拥有多方面的知识和能力, 培养关注现实、热爱生活、积极向上的生活情趣。	1. 提高阅读质量, 注重情感体验, 发展感受和理解能力, 丰富自己的精神世界。 2. 逐步形成热爱祖国优秀文化传统和尊重世界文化多样化的价值观。	1. 拓展思维空间, 培养观察、思考、表达和创造能力。 2. 培养视野开阔、心态开放、心智豁达、情感纯净、意志坚强的品质, 积淀较为丰厚的人文底蕴。
爱运动, 有体魄	1. 培养积极参加体育活动的兴趣, 通过广播体操、舞蹈等多种形式, 感受体育活动给自己带来的快乐。 2. 精力充沛, 对生活充满热情与自信, 会玩 1—2 项目体育类游戏活动。	1. 积极参与体育运动, 形成参与运动的兴趣和爱好, 形成坚持锻炼的好习惯, 养成健康的生活方式, 培养积极乐观、坚强自信的生活态度。 2. 基本掌握 1—2 项运动技能, 并积极参与各项实践体验类活动。	1. 能初步掌握锻炼身体的方法, 培养认真锻炼的态度。 2. 掌握各种运动技能, 拥有良好的身体素质, 提高身体活动能力。 3. 培养坚强、勇敢、胜不骄、败不馁的优良体育品质, 把运动当作生活的一部分。

第三节　自然生长的"全情"呵护

一、课程逻辑图

　　教育是自然生长, 是有价值的自然生长, 是基于学生身心发展规律、符合学生认知规律的有效干预和呵护, 是对孩子们自然生长的"全情"呵护。学校基于"新田园教育"的教育哲学以及学校课程目标, 设置了"大自然课程"体系, 包括语言类、体艺类、科学类、社会类课程。学校课程逻辑见图 7-1。

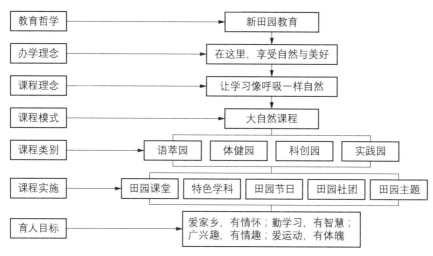

图7-1　红星小学"大自然课程"逻辑图

二、课程结构

课程是学校学生所应学习的学科总和及其进程与安排,是对教育目标、教学内容、教学活动方式的规划和设计,是教学计划、教学大纲等诸多方面实施过程的总和。因此,我校"大自然课程"结构见图7-2。

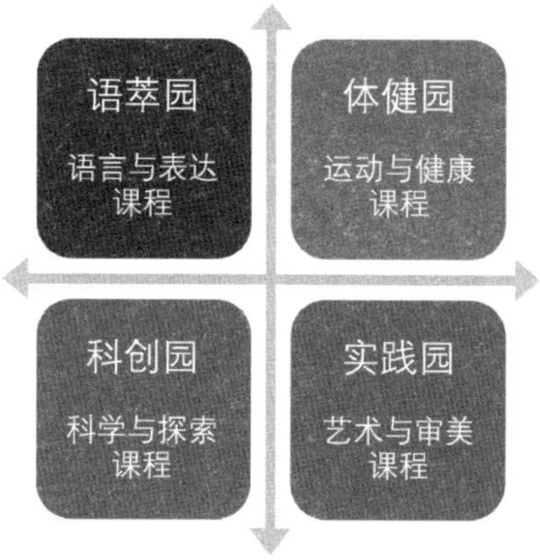

三、课程设置

依据上述四类课程,我校按照年级和学期设置校本课程,学校课程设置见表7-2。

图7-2　红星小学"大自然课程"结构图

表7-2　红星小学"大自然课程"设置表

	语萃园 语言与表达课程	体健园 运动与健康课程	科创园 科学与探索课程	实践园 艺术与审美课程
一年级	语言表演	跳绳、体育游戏	趣味闯关	儿童画、手工制作
二年级	童心童诗	短跑、体育游戏	生活与科学	硬笔、折纸飞机

续　表

	语萃园 语言与表达课程	体健园 运动与健康课程	科创园 科学与探索课程	实践园 艺术与审美课程
三年级	经典诵读 英语课本剧表演	长跑、体育游戏	科学小实验	剪纸、手工
四年级	英语课本剧表演 古诗诗会	艺术操、体育游戏	生活与科学 技术与创新	声乐、合唱艺术
五年级	古诗诗会 诗词诵读	足球、体育游戏	技术与创新 头奥社	素描、合唱艺术 舞蹈艺术
六年级	诗词诵读 课本剧社 外国文化	篮球、体育游戏	生活与科学 技术与创新	舞蹈艺术 器乐社团 舞蹈社团 钢笔

第四节　让学习像呼吸一样自然

让学习像呼吸一样自然,回归了新农村教育的本真,让新农村教育散发出崭新的泥土芬芳。课程实施就是为学生创设成长快乐的过程,让教师享受教育幸福的历程,让学校彰显育人特色的进程。红星小学从"田园课堂""特色学科""田园节日""田园社团""田园主题"五方面入手践行"大自然课程"。

一、建构"田园课堂",落实学科基础课程

(一)"田园课堂"的特点

学校在探索农村办学过程中,以田园特色为依托,根据社会和受教育者的需要,充分利用农村教育资源,引导学生从小认识田园、体验田园、热爱田园、创造田园、心向田园。第一,让学生真正走进大自然,重新以上课的形式去了解本村的自然风光,呼吸大自然的新鲜空气,感受大自然;第二,激发他们热爱大自然、热爱家乡的情感,从而促进探索大自然的求知欲望;第三,培养孩子们的团队合作、探索求知的意识,增进彼此的了解,加深友谊,提高同学之间的交往相处能力,并从大自然

的课本中学到了丰富的知识。

(二)"田园课堂"的评价标准

"田园课堂"评价从教学目标、教学内容、教学方法等方面着手,详见表7-3。

表7-3 红星小学"田园课堂"评价表

类 别	标 准 解 读	效 果
教学目标	1. 符合课程标准,结合学生的实际需求。 2. 将"田园"理念渗透到教学当中。 3. 让学生形成积极的学习态度,热爱学习与生活。	
教学内容	1. 知识结构合理,突出重点、兴趣点,难易适度。 2. 融入学生经验之中,联系学生生活和社会实际,适时适量拓展。	
教学方法	1. 因材施教,善于鼓励学生,点评适宜。 2. 引导学生提出问题,自主解决问题,调动学生的学习热情,把学生的思维引向深入。 3. 倡导自主、合作、探究性学习,有效落实三维教学目标。	
课堂文化	1. 以实践为前提,引导学生生成新的知识。 2. 形成以学生为中心的课堂活动,强调学生把自己的知识、技能、态度、情感、价值观带进课堂。 3. 以教师为主导,对不同的学生分层次地提出问题,激发学生的积极性、主动性。 4. 评价主体多元化,鼓励学生、教师、家长共同参与评价,帮助学生认识自我,实现自主学习和发展。	
教学效果	1. 学生在教师指导下,掌握有效的学习方法,获取知识,提升能力。 2. 教学效果反馈合理、有效。 3. 调动学生积极性,发展学生提出问题、分析问题、解决问题的能力。	

二、建设"特色学科",建立课程体系,落实学科拓展课程

根据学校各学科师资力量,倡导教师在国家课程校本化实施的基础上总结经验,以某门学科为原点,设计基于某门学科特色"1+X"课程群。"1"是教师所教授的国家基础性课程,"X"是指教师根据国家课程开展的拓展性课程,是基础性课程的延伸。

(一) 基于学科的校本课程设计与开发研究

　　课程,是学生成长的核心供给力。我们思考: 怎样尊重和契合学生生理和心理特征,依着儿童生命成长的节点,以课程为媒介,将生命、自然、生活联结起来? 我们确立了我们的课程哲学: 让学习像呼吸一样自然。我们认为: 课程即炫丽的生命历程,课程即个性张扬的情境,课程即文化的亲密相遇,课程即灵动的多元组合。

　　① 确立课程目标。为了落实"爱家乡,有情怀;勤学习,有智慧;广兴趣,有情趣;爱运动,有体魄"的少年儿童的培养目标,我们提出了自己的课程哲学和课程目标,以关注儿童、关注生活、关注科学,帮助儿童在实践、体验、探索中构建起生活世界和科学世界的连接,在课程的浸润下学会做事的方法,明白做人的道理,练就健康的体魄,培育积极向上的精神追求。

　　② 建立课程体系。遵循以学生发展为本和凸显校本特色的原则,根据我校"大自然课程",设定五大板块课程: 学科特色课程、兴趣爱好课程、实践体验课程、节日文化课程和仪式典礼课程。

　　③ 完善学科特色课程。学科特色课程是指国家规定的基础性课程和教师根据基础性课程的设计,自主开发的适合自我需求的微型课程,形成了"1 + X"的课程模式。"1"指的是一门基础性课程,"X"指的是一课时或者若干课时的微型课程。每位教师基于学科特点和自己的教学主张开发了系列"X"课程,形成了各学科的校本课程群。如英语学科的"Classical English I""Classical English II""小小表演家""唱起来""英语俱乐部""英语儿歌"等;美术学科的"墨趣(一)""活泼的小猴""童心童画""奇妙纸盘画"等;数学学科的"快乐七巧板""巧玩扑克牌""小学生最感兴趣的 10 个数学故事""24 点探秘""小学生要掌握的 10 种数学思想""生活数学大转盘""小学生必须掌握的 10 个数学小游戏""指尖数学""古题今探"等。

　　④ 学科课程的实施。这些微课程或渗透于学科教学的过程中,或通过兴趣课、社团活动和"学习节"活动实施,有行政班的学习,也有走班式的学习。例如:语文老师在上《扬州茶馆》一文时,要求学生复述扬州小吃的制作方法,领会作者如何使用精准的动词生动地描述扬州小吃的色、香、味,体会中华文化的博大精深。

校本教材《舌尖上的文化》作为孩子们课后延学的内容,让孩子们知道中华民族的"食文化"渊源流长,扬州茶馆只是其中薄薄的一页。再如,美术学科国家课程中安排了中国画的内容,一个主题的学习无法满足喜爱中国画的孩子们,美术老师利用自己的特长开设了"墨趣"课程,成立了"墨韵社团",利用兴趣活动课时间和乡村少年宫时间指导孩子们泼墨挥毫。

(二) 基于学科有效教学经验的总结与提炼的研究

把儿童放在学科的中央,是所有学科共同的价值追求。

① 英语学科:基于英语教研组"I-English"学科理念,结合英语组的实际教学发展需求从学生学习兴趣出发,关注学生语用体验。基于英语课程标准,在教材分析和学情分析的基础上,英语教师针对一个单元,整合组织教学内容,整合设计教学方法,整合安排教学时间,整合设计单元主题作业。内容整合、单元统整的教学有利于组内教师实现多样化教学方式的统一;整合时间资源,使有限的课时产生乘法的效益;注重学生的语用体验,有利于学生合理认知组块的建构,促进学生知识的记忆、保持和提取,促进学生语言综合运用能力的发展。

② 语文学科:让学生感官动起来融入课堂。唱唱、画画、演演、说说是孩子们喜爱的活动。充满天真童趣的课堂,可以充分调动小学生的各种感官,激发他们的学习兴趣,使他们在轻松、和谐、愉快的环境中,积极主动地参与语言文字训练活动。相对其他学科教学,小学语文教学更具形象性、情境性、情趣性优势。教师若能营造良好的课堂氛围,学生就会深受气氛美的感染。

③ 数学学科:改革的目标是打造"活力数学"。开发"235"活力课堂操作手册,包括:两个价值追求,即教得享受、学得快乐;三个关键变量,即精心讲、主动学和勤反馈;五个核心环节,即备课、上课、作业、辅导和评价。

④ 科学学科:科学探究离不开实验教学,教具、学具是实验教学中不可缺少的物质手段,对实现教学目标、提高课堂教学效率和教学质量具有十分重要的作用。科技组的教师开始了教具学具开发、使用的探索研究,总结了三条经验:利用自制教具营造问题情境,激发学生的求知欲;优化教学过程,提高实验的科学性;化抽象为直观,化微观为宏观,突破教学重难点。

(三) 基于学科的学法指导的研究

课程给了学生成长的养分,课堂给了学生成长的时空,而生命成长的原动力还在于成长的经历和体验中获得的经验和方法,古人云:授之以鱼,不如授之以渔。

① 数学学科从学会"听"(听课)、能"读"(读懂题意)、多"说"(说说解题思路)、善"记"(记住公式、数量关系)和勤"思"这五个方面入手,形成"数学有效学习36计"。

② 语文学科通过"慧雅书童"项目,组织孩子们开展学习方法交流,将孩子们的"阅读小窍门"和"写作小窍门"整理后贴在图书漂流站。老师自编的校本教材《小学生摘录笔记六法》向学生介绍了六种做读书笔记的方法。即:圈点式读书笔记、摘要式读书笔记、评注式读书笔记、心得式读书笔记、卡片式读书笔记和剪报式读书笔记。

③ 英语学科提出落实小学英语课程标准要求关键抓住听、说、读、写四项技能的和谐发展。通过"听读"结合,有效连接;"读说"结合,有效互动;"读写"结合,有效相长。全面提高学生的英语素养。

④ 科学学科在学生生疑、质疑、释疑、答疑上做文章,保护孩子的好奇心,探究欲望,指导孩子开展自主学习。

(四) "特色学科"的评价要求

① 重视生本性。从学生全面发展的需求出发,关注学生的学习状态和情感体验。教学过程中,尊重学生的人格和个性,强调学生主体地位的体现和主体作用的发挥,鼓励学生发现问题、主动探究,培养学生的创新精神和实践能力。

② 体现开放性。体现课堂教学的一般特征,为不同学科和不同条件的课堂教学留有可变通的余地。融合信息化教学方式,提倡创新,鼓励特色教学。教师以朋友的身份与学生相处,创设和谐、融洽的课堂情境,让学生在轻松、愉快的学习环境中获得新知。

③ 坚持可行性。评价标准是期待实现的目标,但又必须是目前条件下能够达到的,以利于发挥评价的激励功能;评价要点必须是可观察、可感受、可测量的,便于评价者进行判断;评价方法要注重质的评价和综合判断,力求简单、易于操作。

学校"特色学科"课程评价见表7－4。

表7－4　红星小学"1+X"课程评价表

A级指标	B级指标	评　估　标　准	评　估　方　式
课程哲学	课程哲学	课程哲学与学校教育哲学相一致。	查看课程方案
	课程理念	课程理念彰显学科课程特色,特色鲜明。	
课程目标	课程总目标	总目标指向清晰,高于学科课程标准,与核心素养相对应。	查看课程方案
	分年级目标	年级目标与学生年龄特点相符合,设定科学、可行,具有层次性。	查看课程方案、学科课程纲要
课程内容	整体设置	课程内容丰富,整体设置具有逻辑性、有梯度、有难度。与课程目标相一致,暗含课程目标,内容与学生生活实际相结合,	查看学科课程纲要
	教材资源	教材准备充分,适合学生学习,资源丰盈,形式多样。	查看学科教材
课程实施	课时安排	课时安排合理,有一定的科学性。	查看学科课程纲要
	课堂教学	课程实施方法得当,措施有力,充分体现学生的主体地位,有利于学生兴趣的激发。 组织有序,指导学生运用探究、合作等方法。	入班观课"行知课堂"评价表评价
	教学效果	学生能在课程中知识技能明显提高,学生喜爱程度高。	
课程评价		评价内容具体,措施方法得当,权重明确。	入班观课查看学科课程纲要及学生学业评价档案

三、建设"田园节日",落实兴趣爱好课程

(一)"田园节日"的创设

我校每年会开展"田园节日"的活动,如"田埂上的梦""六一游园会""二十四节

气诵读"等。为浓郁校园文化,我校以"传统节日课程""现代节日课程"及"校园节日课程"为互动主题,努力营建校园文化课程。"田园节日"评价见表7-5。

表7-5　红星小学"田园节日"评价表

评价指标	评　价　内　容	评价分值
主题	1. 围绕"新田园教育"主题。 2. 贴近生活,紧跟时代,富有特色。 3. 根据学生需求和生活、学习中的共性问题确定主题。	
目标	1. 使学生获得亲身参与活动的积极体验。 2. 使学生获得从活动中发现问题并解决问题的能力。 3. 使学生养成合作、分享、积极进取等良好个性品质。	
过程	1. 能够根据活动目标,采取适当的组织形式。 2. 丰富学生的体验,发展学生实践能力。 3. 充分发挥学生主体性、积极性、创造性。 4. 针对不同年段的学生,分层次地提出要求。 5. 师生共同参与、相互合作,培养合作意识和探究精神,师生共同学习,共同成长,升华师生情感。	
效果	1. 引导学生协作交流、反思成长。 2. 拓宽学生知识面,运用所学知识解决实际问题。 3. 强化探究意识和创新能力。 4. 活动内容丰富多彩,活动形式多种多样。 5. 活动的趣味性强,学生参与度高。	
反馈	1. 学生交流感想,谈一谈活动中所获得的启示或感受。 2. 师生交流对于活动的看法。	

四、建设"田园社团",落实兴趣爱好课程

(一)"田园社团"的主要类型

我校的"田园社团"有"种植社团""气象社团"等,各种社团正在积极开展活动,以后还会继续增加新的社团,增加孩子们对田园的兴趣。开展"田园社团"是以"提升学生的主体性和注重学生学习经验,促进学生全面、和谐和有个性的发展"为理念,以核心素养为依托开展丰富多彩的社团课程。

1. 种植社团

在学校领导的大力支持下,根据我校的实际情况,"种植社团"因地制宜,在学

校教学楼后及小平房后开垦了十多块土地,作为我校"种植社团"的实验基地。这样既能给孩子们提供丰富多彩的课余生活,又能让他们亲近生命的成长过程。

(1) 种植社团活动目标

① 通过活动,学生能说出一些蔬菜、农作物的名称、生长特点等,懂得种植需要"翻土、整地、施肥、播种、管理"等环节,初步掌握一些种植方法,学会栽种一种植物。

② 培养学生的劳动观念,激发学生劳动的热情,体会劳动人民的艰辛,从而达到珍惜和分享劳动成果的教育目的。

③ 激发学生的好奇心和求知欲,初步养成从事探究活动的正确态度;使学生获得一些亲身探索的体验,培养学生提出科学的问题、科学的分析问题、科学的解决问题的能力,使其具有一定的种植实践能力。

④ 通过蔬菜种植活动,树立正确的劳动观念,端正劳动态度,养成良好的劳动习惯,并培养良好的道德品质。

⑤ 通过蔬菜种植活动,体验劳动带来的喜悦,感受"一份耕耘一份收获"的道理。

⑥ 围绕种植的蔬菜、花卉进行研究,了解植物简单的病虫害症状,了解植物基本的生长情况及栽培方法。

⑦ 通过小组活动,学生学会分享共同的劳动成果,学会相互合作。

(2) 种植社团活动安排

① 活动对象:红星小学种植社团成员。

② 活动内容:把学校种植基地划分成十多块,发放到每个中队负责。

③ 活动形式:实行中队负责制。每个中队对自己所属的方块实行四包:包种植、包培育、包管理、包收获。具体操作由种植社团老师组织学生实施。

④ 活动要求:各个中队每天应安排队员值日(2 个左右),负责对菜地播种、浇水、施肥、除草和收获等。

(3) 种植社团成果展示

① 展示学生的观察日记。

② 展示种植实验基地花草树木的丰收成果。

2. 气象社团

(1) 指导思想

"气象"是学生熟悉又陌生的科学术语，虽然每天打开电视、网络，都能听到或看到天气预报的消息，但学生甚至部分成人对气象的"具体指向"都是模糊不清的，希望通过考察实践、参观访谈、网上搜索、实验操作等途径，使学生知道气象与人们生活的关系，了解一些基本的气象科学知识，体会气象工作者的劳动及价值，培养学生参与社会公共事务的公民意识，发扬学科学、爱科学、用科学的科学精神。

(2) 活动目标

① 气象兴趣小组活动是培养学生参与意识、追求真理、崇尚科学、与自然和谐共处等公民价值观的一个良好机会。建立以四年级学生为主的"气象兴趣小组"，利用校内气象观察场地，定时、定点、定人员、定内容，分工合作，做到持之以恒地开展第二课堂活动。

② 从培训学生数据记录、日常管理、观察报告撰写等工作形成制度，坚持不懈地推行，把气象观测小组做成我校第二课堂活动的一个品牌。

(3) 观测计划

将所有组员分成 6 个小组，各组推选 1 名组长统管本组的观测活动(组员当中还需明确资料查询员、观测记录员等分工)。

先进行实习观测，每天轮流观测由指导老师带领进行(总共 2 周)。再由小组长统领本小组观测，每小组轮流 1 周进行观测；观测后要认真填写气象观测记录表。

(4) 观测项目

包括室内气温、气压、风向、风速、干湿球温度表，并查算湿度、温度计、湿度计(换纸并找出气温和湿度的范围)、最高气温、最低气温、蒸发量或降水量。

(二)"田园社团"评价要求

从唐诗到宋词，诗人们或喜或悲，多是愁苦之态，但只有一个地方例外，那就是田园乡村。在田园乡村，诗人们的心情都是闲适放松的，他们写下许多名篇，至今读来，依然让人对田园之乐心向往之。"田园社团"评价见表 7 - 6。

表7-6　红星小学"田园社团"评价表

项　目	"田园社团"指标	评估方式
社团管理	1. 社团活动指导老师及时到位。 2. 活动安全保障有力,无安全事故。 3. 社团名册记载详实。 4. 指导教师专业性强、态度端正。 5. 活动前有计划,活动后有记录,活动主题、内容、形式有创新。 6. 社团活动计划合理周密、详实可行,每次社团活动有备课,每次备课中内容详实并有系列性,每次社团活动有书面总结、反思。	1. 实地查看 2. 材料核实 3. 师生座谈 4. 活动展示
活动开展	1. 活动内容丰富、形式多样,学生满意度高。 2. 积极配合学校开展各项活动,认真落实各项工作。 3. 有活动展示,积极参加各种比赛。 4. 活动有一定的影响,有报道。	

五、聚焦"田园主题",落实专题教育课程

我们依托开心农场,全面开展劳动实践活动。学校开辟了校园围墙边的一大片空地,作为学校的"开心农场",有效整合、合理利用,开展了一系列种植活动。

(一)"田园主题"的实施

在这块"开心农场"中,我们把土地分给各班进行劳动种植的实践活动,培养学生学知识、爱劳动的意识,从而使其明白"成功的收获需要付出辛勤的汗水"的道理。同时,各班在收获的过程中还能体会到分享果实的喜悦,现在,有师生们亲手种下的瓜果和时令蔬菜。从开垦、整地、播种、施肥、浇水……师生们一路走来,在这块热土上倾注了万分热情。

(二)"田园主题"的评价要求

通过组织一系列行动、实践类的发展课程,学生体验科学探究的主要过程,了解科学探究方法的一般环节,并能尝试运用所学的科学知识和技能去发现并解决生活中的问题,以提升探究意识,动手操作能力与创造能力,从而促进学生提升自

己的生活与学习能力。

① 系统的"田园主题"活动课程设计。"田园主题",由"新田园教育"而来,它是课堂教学的延展和深化,可以不分年级,由兴趣爱好相近的同学组成,旨在通过丰富多彩的主题活动挖掘学生特长、关注兴趣爱好、培养公民意识,为学生发展提供更广阔的时间与空间,真正做到"让学习像呼吸一样自然"。因此,主题活动要有明确的主题目标、主题内容、评价方式,应该更多地体现出实践性和创新性。

② 充分的主题活动实施准备。做好实施准备,是提高主题活动课程教学效果效率的需要,是主题活动中培养学生良好学习习惯的需要,是促进教师专业成长的需要。

③ 精致的主题活动课程实施安排。精致的课程实施安排有利于主题活动课程内容的深度有效学习,有利于活动的有效开展。

④ 丰富的主题活动课程实施体验。"田园主题"活动课程中丰富的体验是学生们最真实的学习,学生在真实的场景中留下独特、美好的感受,从而获得多方面的成长。

⑤ 有效的成果展示。在实施"田园主题"活动后,我们要把良好的成果展示出来,做到学有所得。好的东西,就是要展示给大家看的,带动大家共同学习,创造良好的学习氛围。

综上所述,全面贯彻党的教育方针,坚持以学生的发展为本,深入实施素质教育,优化课程结构,充分利用学校和地方的课程资源,进一步调动学校自主开发课程和自主管理课程的积极性,逐步形成适应地方、学校和学生特殊需要的,体现学校办学特色的学校课程体系尤为重要。我校的"大自然课程"将全面贯彻"新田园教育"的教育哲学,立志实现"在这里,享受自然与美好"的办学理念以及"让学习像呼吸一样自然"的课程理念,让它们融入课程建设的方方面面,落实到每一门学科的课堂教学及课外实践活动中。

后 记

　　优秀传统文化是中华传统文化中历经沧桑而积淀传承下来的精华部分,是中华民族五千年文明智慧的基本元素和珍贵结晶。在很大程度上,优秀传统文化具有超越时代局限、反映中华文明永恒价值的特征,我们应进一步传承和弘扬中华优秀传统文化。对祖国悠久历史、深厚文化的理解和接受,也是爱国主义情感培育和发展的重要条件。我们要引导孩子们了解中华民族的悠久历史和灿烂文化,从历史中汲取营养和智慧,自觉延续文化基因,增强民族自尊心、自信心和自豪感。

　　乡土文化既是一方水土独特的精神创造和审美创造,又是人们乡土情感、亲和力和自豪感的凭借,更是永不过时的文化资源和文化资本。2018 年始,南昌市东湖区教科体局在全国品质课程联盟团队的指导下,区域推进品质课程建设,打造了东湖课程品牌。现在,东湖品质课程走出实践探索,汇聚了有鲜明学校特色和地域特色的"在地文化与课程图谱",东湖教育人用智慧和情感追求大道,追求价值和意义,从学校在地文化与课程哲学、课程目标、课程架构、课程布局、课程实施、课程评价、课程管理等方面的深度关联,挖掘鲜明的在地文化元素,让特色在地文化等独有的文化元素融入课程图谱之中,把在地文化特质"化"到课程图谱创意设计中去,让在地文化与课程图谱能够在品质课程的腹地焕发出永恒的光彩。

　　东湖推进品质课程中,平凡与不平凡的历程均为无可再版的故事——以核心素养为中心,以教师教育教学能力发展为着眼点,以学生的幸福成长为本的真正落实,东湖教育人用智慧超越知识,实事求是,探寻规律,携手同行,共同成就课程变革之美,并成就于课程变革之美。

　　感谢东湖区教育科技体育局搭建学习和成长平台,感谢上海市教育科学研究院杨四耕教授专家团队的精心指导与细致引领,感谢学校领导和老师们的不懈努力与大力支持!

秦文英

写于 2020 年 2 月

教师专业发展的理论与实务	978 - 7 - 5760 - 0721 - 3	42.00	2021 年 1 月
课堂教学的 30 个微技术	978 - 7 - 5760 - 1043 - 5	52.00	2020 年 12 月
教学诠释学	978 - 7 - 5760 - 0394 - 9	42.00	2020 年 9 月
原点教学：提升区域育人质量的策略研究			
	978 - 7 - 5760 - 0212 - 6	56.00	2020 年 8 月
聚焦学科核心素养的课堂教学	978 - 7 - 5675 - 8455 - 6	36.00	2018 年 11 月
指向学科核心素养的课堂教学范式	978 - 7 - 5675 - 8671 - 0	54.00	2019 年 6 月

学校课程发展丛书

数学学科课程群	978 - 7 - 5675 - 9445 - 6	58.00	2019 年 8 月
科学学科课程群	978 - 7 - 5675 - 9593 - 4	34.00	2019 年 9 月
核心素养与课程设计	978 - 7 - 5675 - 9462 - 3	46.00	2019 年 9 月
语文学科课程群	978 - 7 - 5675 - 9441 - 8	56.00	2019 年 9 月
品牌培育与学校课程	978 - 7 - 5675 - 9372 - 5	39.00	2019 年 9 月
英语学科课程群	978 - 7 - 5675 - 9575 - 0	39.00	2019 年 10 月
体艺学科课程群	978 - 7 - 5675 - 9594 - 1	34.00	2019 年 10 月
跨学科课程的 20 个创意设计	978 - 7 - 5675 - 9576 - 7	34.00	2019 年 10 月
学校课程与文化变革	978 - 7 - 5675 - 9343 - 5	52.00	2019 年 10 月

品质课程实验研究丛书

学校课程框架的建构：HOME 课程的旨趣与架构			
	978 - 7 - 5675 - 9167 - 7	36.00	2019 年 9 月
聚焦育人目标的课程设计：红棉花季课程的愿景与追求			
	978 - 7 - 5675 - 9233 - 9	39.00	2019 年 10 月

核心素养导向的课程设计：花园式课程的文化与聚焦

  978 - 7 - 5675 - 9037 - 3　48.00　2019 年 10 月

学校课程文化的实践脉络：百步梯课程的逻辑与架构

  978 - 7 - 5675 - 9140 - 0　48.00　2019 年 11 月

学校课程发展策略：SMILE 课程的逻辑与深度

  978 - 7 - 5675 - 9302 - 2　46.00　2019 年 12 月

聚焦内涵发展的课程探究：芳香式课程的理念与实施

  978 - 7 - 5675 - 9509 - 5　48.00　2020 年 1 月

以儿童为中心的课程：欢乐谷课程的旨趣与维度

  978 - 7 - 5675 - 9489 - 0　45.00　2020 年 1 月

学校课程体系的建构："小螺号课程"的架构与创生

  978 - 7 - 5760 - 0445 - 8　45.00　2020 年 9 月

特色学校聚焦丛书

每一个孩子都是一棵树　978 - 7 - 5675 - 6978 - 2　28.00　2018 年 1 月

教育不是一个人的事："众教育"36 条

  978 - 7 - 5675 - 7649 - 0　32.00　2018 年 8 月

不一样的生命，一样的精彩　978 - 7 - 5675 - 8675 - 8　34.00　2019 年 3 月

童味正醇：特色学校的文化图谱　978 - 7 - 5675 - 8944 - 5　39.00　2019 年 8 月

特色普通高中课程建设探索　978 - 7 - 5675 - 9574 - 3　34.00　2019 年 10 月

儿童是天生的探索者：360°科学启蒙教育

  978 - 7 - 5675 - 9273 - 5　36.00　2020 年 2 月

做精神灿烂的教师：教师自我成长的 5 个密码

  978 - 7 - 5760 - 0367 - 3　34.00　2020 年 7 月

让教育温暖而芬芳　978 - 7 - 5760 - 0537 - 0　36.00　2020 年 9 月

快乐教育与内涵生长　978 - 7 - 5760 - 0517 - 2　46.00　2020 年 12 月

故事教育与儿童发展　　　　　　　978 - 7 - 5760 - 0671 - 1　39.00　2021 年 1 月

跨学科课程丛书

大情境课程：主题设计与创意评价

　　　　　　　　　　　　　　　978 - 7 - 5760 - 0210 - 2　44.00　2020 年 5 月

社会参与素养的培育模型与干预机制

　　　　　　　　　　　　　　　978 - 7 - 5760 - 0211 - 9　36.00　2020 年 5 月

大概念课程：幼儿园特色主题活动设计

　　　　　　　　　　　　　　　978 - 7 - 5760 - 0656 - 8　52.00　2020 年 8 月

核心素养导向的课堂教学丛书

漾着诗性智慧的课堂教学　　　　　978 - 7 - 5675 - 9308 - 4　39.00　2019 年 7 月

转识成智的课堂教学：核心素养导向的历史教学

　　　　　　　　　　　　　　　978 - 7 - 5760 - 0164 - 8　40.00　2020 年 5 月

学导式教学：学会学习的教学范式

　　　　　　　　　　　　　　　978 - 7 - 5760 - 0278 - 2　42.00　2020 年 7 月

高阶思维教学的关键技术　　　　　978 - 7 - 5760 - 0526 - 4　42.00　2021 年 1 月

特色课程建设丛书

教师，生长的课程　　　　　　　　978 - 7 - 5760 - 0609 - 4　34.00　2020 年 12 月

学校课程发展的实践范式　　　　　978 - 7 - 5760 - 0717 - 6　46.00　2020 年 12 月

丰富学习经历：如歌式课程的愿景与深度

　　　　　　　　　　　　　　　978 - 7 - 5760 - 0785 - 5　42.00　2020 年 12 月